电子商务推荐方法

庞秀丽　著

科学出版社

北京

内 容 简 介

电子商务推荐系统直接与用户交互，模拟商店销售人员向用户推荐商品，帮助用户找到所需商品，从而顺利完成购买过程。本书介绍了电子商务推荐方法，分为两篇。第一篇介绍了电子商务推荐用户采纳行为的相关模型及研究现状，第二篇为电子商务推荐技术方法，并分别介绍了相关的研究成果。目前大多数电子商务推荐方法相关研究及书籍要么侧重用户对推荐的采纳行为研究，要么侧重推荐的技术方法，但实际上这两个部分是不可分割且内在逻辑联系紧密的整体。电子商务推荐方法的效用不仅取决于推荐的技术，还取决于对用户行为的深刻理解。因此本书通过上下两篇将两者结合，这也是本书的特色。

本书可作为高等院校管理类专业高年级本科生和研究生的教材，也可供工程技术人员、管理人员、教师及相关领域科学研究工作者参考使用。

图书在版编目 (CIP) 数据

电子商务推荐方法/庞秀丽著. —北京：科学出版社，2023.12

ISBN 978-7-03-074627-6

Ⅰ. ①电⋯ Ⅱ. ①庞⋯ Ⅲ. ①电子商务—研究 Ⅳ. ①F713.36

中国版本图书馆 CIP 数据核字（2022）第 255421 号

责任编辑：王丹妮 / 责任校对：贾娜娜
责任印制：张 伟 / 封面设计：有道文化

科学出版社 出版
北京东黄城根北街 16 号
邮政编码：100717
http://www.sciencep.com

北京中科印刷有限公司 印刷
科学出版社发行 各地新华书店经销

*

2023 年 12 月第 一 版 开本：720 × 1000 1/16
2023 年 12 月第一次印刷 印张：16
字数：320 000
定价：172.00 元
（如有印装质量问题，我社负责调换）

前　　言

随着互联网的普及和电子商务的发展，电子商务系统在为用户提供越来越多选择的同时，其结构也变得更加复杂，用户可能会迷失在大量的商品信息空间中，无法顺利找到自己需要的产品。电子商务推荐系统直接与用户交互，模拟商店销售人员向用户提供商品推荐，帮助用户找到所需商品，从而顺利完成购买过程。在日趋激烈的竞争环境下，电子商务推荐系统能有效保留客户、防止用户流失，促进电子商务系统的销售。

目前大多数电子商务推荐方法相关研究及书籍要么侧重用户对推荐的采纳行为研究，要么侧重推荐的技术方法，但实际上这两个部分是不可分割且内在逻辑联系紧密的整体。电子商务推荐方法的效用不仅取决于推荐的技术，还取决于对用户行为的深刻理解，研究顾客采纳行为的影响因素从而进行技术改进十分必要。针对电子商务推荐系统用户采纳的关键因素，尝试给电子商务推荐系统的技术实施者以意见和建议，这对提高电子商务推荐的用户体验、保留用户是十分有效的，因此，从顾客的行为角度进行相关的研究是十分必要的。同时，如何有效客观地评价推荐系统的优劣也是目前研究的热点，因此，本书总结了常用的评价方法及适用条件。本书旨在全面介绍有关电子商务推荐中用户采纳行为、评价方法及相关推荐方法与技术，使得阅读本书的人对目前电子商务推荐方法有一个系统、完整的认识。

本书分为两篇：第一篇为电子商务推荐用户采纳行为研究方法，第二篇为电子商务推荐技术方法。第一篇介绍了电子商务推荐用户采纳行为的相关模型及研究现状，又由于移动电子商务近几年异常迅猛发展，还介绍了移动电子商务推荐及其顾客满意度相关理论。在此基础上，我们介绍了两种基于技术接受和使用整合（unified theory of acceptance and use of technology，UTAUT）的电子商务推荐系统用户采纳影响因素研究，以及一种基于改进信息系统成功（the DeLone and McLean model of information systems success，D&M）模型的移动电子商务推荐用户满意度影响因素研究。第二篇介绍了电子商务推荐评价指标的确定、常用的评价方法及常用推荐技术方法，在此基础上又介绍了推荐中特征缺失补偿方法、基于用户偏好聚类的电子商务推荐方法以及推荐领域语义知识构造方法。最后介绍了推荐方法在合著中的具体应用。

　　在撰写的过程中，感谢课题组成员黄学、苗楠、朱青同学的大力帮助，本书的撰写受国家自然科学基金项目（项目编号：71202168）、黑龙江省重点学科的资助，在此表示诚挚的感谢！

庞秀丽

2023 年 4 月

目　录

第一篇　电子商务推荐用户采纳行为研究方法

第1章　电子商务推荐用户采纳行为国内外研究状况及相关理论

1.1　国外电子商务推荐用户采纳行为相关研究

国外电子商务推荐用户采纳行为的研究成果较为丰富。Wang 和 Benbasat（2005）验证了初始信任的三个维度在推荐系统中的作用，发现信任因素与易用性、有用性相比在用户技术采纳行为中更重要。另外，他们通过研究解释三个方面（解释方式、解释原因与折中解释）对信任三个方面（胜任力、善意、正直）的影响，发现了关于推荐结果的解释能增加顾客对推荐系统能力和善意的感知（Wang and Benbasat，2007）。另外，基于信任在电子商务推荐中的重要性，在分析总结了六大信任理论后，他们通过实验发现了用户信任和不信任的来源，从而针对影响因素提出了相应的建议（Wang and Benbasat，2008）。Komiak 和 Benbasat（2006）验证了用户感知的推荐系统的个性化能影响其认知信任和情感信任，从而接受推荐。同时，推荐系统的用户熟悉度也能对信任产生影响。

Xiao 和 Benbasat（2007）用 28 个假设从产品的类型与复杂度、用户的专业度和风险感知、推荐系统的类型和输入输出特点、用户与系统交互的相似度与熟悉度等方面详细阐述了影响消费者对推荐系统的采纳与评价的具体因素，并为系统的设计与实施者提供了一些具体建议。Pu 和 Chen（2007）通过将传统的推荐界面和经过设计的有组织的界面进行比较，说明了通过将推荐结果建立为有序的解释界面能减少用户认知努力，相信推荐系统的能力，从而接受推荐。Qiu 和 Benbasat（2009）从社会关系角度研究了人与推荐系统的交互过程，发现将推荐系统赋予人的特征能使人们更好地接受推荐。另外，他们又有另一项研究发现，用户对推荐系统的社会临场感与感知的愉悦性将影响其对推荐系统的感知有用性，进而影响采纳意愿。

Wang 和 Doong（2010）从对顾客的调查中得出，用户接受推荐主要受两个方面的影响：用户学习和接受推荐建议的倾向与个人对推荐系统做出推荐的相关度感知。另外，推荐建议对于带目的寻找商品的顾客更有用，相对于专业顾客，新顾客更加满意与推荐系统的交互过程。Choi 等（2014）研究了社会文化因素对顾客采纳推荐系统的影响，他们通过对中国、韩国、英国三国数据的分析，发现了文化作为调节变量，影响着人们对于推荐系统功能性、内容性、社会性的感知，从而造成对推荐系统不同的态度。在中国、韩国等集体主义国家中，社会因素对用户采纳有较大影响。

1.2 国内电子商务推荐用户采纳行为相关研究

国内对电子商务推荐系统用户采纳行为的研究也有一定成果。马庆国等（2009）以电子商务推荐系统为例，通过对 164 名参与者的实验，研究了积极情绪对用户信息技术采纳意向的影响，证明了用户的积极情绪能提高其感知新技术的有用性与易用性。宋辉（2011）不仅研究了有用性与易用性对用户采纳推荐系统的影响，而且针对影响用户感知推荐系统有用性与易用性的外部因素进行了探索，最后利用研究结果为电子商务推荐系统的设计者提供了意见和建议。南京大学的 Lin（2014）利用中国最大的 B2C（business to consumer，企业对消费者）平台——天猫，比较了电子商务中用户推荐和系统推荐在产品销售中的不同，发现 1%用户推荐的增加带来了 0.013%销量的增加，而 1%系统推荐的增加带来了 0.006%销量的增加。因此，卖家应该付出更多的努力和预算去刺激消费者表达他们对产品的评价，减少差评。另外，鉴于两者在产品销售中是替代关系非补充关系，对于顾客评论少的商品应使用系统推荐，而评论多的商品则无须系统推荐，从而使推荐更有效率。

通过对前人的研究成果进行分析整理得到表 1-1。

表 1-1　国内外电子商务推荐系统研究综述

写作角度	作者	研究内容
用户角度	Wang 和 Doogn（2010）	用户接受推荐的倾向、参与度
	Choi 等（2014）	社会文化
	Qiu 和 Benbasat（2010）	用户的社会临场感与感知愉悦性
	马庆国等（2009）	积极情绪
系统角度	Wang 和 Benbasat（2005）	系统推荐的解释
	Pu 和 Chen（2007）	有序的解释界面
	Qiu 和 Benbasat（2009）	拟人化的界面设计和推荐结果输出的拟声化
	宋辉（2011）	推荐结果的准确性、多样性、交互设计等
两者兼有	Xiao 和 Benbasat（2007）	产品、用户、推荐系统的特点等
	Lin（2014）	比较了用户推荐和系统推荐
	Komiak 和 Benbasat（2006）	推荐系统的个性化设计和用户的熟悉度
信任角度	Wang 和 Benbasat（2007）	初始信任的作用
	Wang 和 Benbasat（2008）	对推荐系统信任的影响因素

可以看出，学者主要从两个角度进行用户采纳推荐系统的研究——用户角度和系统角度，并分别从几个具体因素出发进行研究。基于信任在推荐系统中的作用，有学者专门进行了信任因素的探索。由此可见，对电子商务推荐系统用户采纳影响因素进行综合全面的模型建立鲜有研究。以下为电子商务体验用户采纳行为的相关理论。

1.3　理性行为理论

1.3.1　理性行为理论的提出

理性行为理论（theory of reasoned action，TRA）从社会心理学发展而来，是人类行为理论最基础和最有影响力的理论，用来预测个体行为的多个方面。该理论自提出后广泛应用于信息系统领域技术接受研究。Fishbein 和 Ajzen（1975）的理性行为理论主要有两个前提假设：①个体采取某种行为，是在出于自愿的情况下；②个体在决定采取行为前会先考虑到其行为动作的隐含意义。

1.3.2　理性行为理论的内容

理性行为理论（图 1-1）指出（Ajzen and Fishbein，1980）个体的行为主要由其行为意向决定，而行为意向受两个因素影响：行为态度和主观规范。行为态度即个体表现出目标行为的积极或消极感受，它由个体对执行某项行为产生结果的信念和对产生的结果的评估决定，信念是指对执行某项行为将会产生的结果的一种主观意识，评估是指对产生的结果的一种可估计的反映。主观规范指个体感知的重要的人对自己行为的想法。主观规范是规范信念与依从动机的函数。规范信念指社会环境对个人行为意向的影响，也就是一个人相信大部分的人都认为他应该采取某种行为。依从动机指一个人对其他人或团体意见的依从程度。行为态度和主观规范在影响个体行为中的重要性是不同的，它们各自有相应的权重。行为意向指一个人对从事某种行为的意愿强度，该变量常被用来预测或解释实际行为

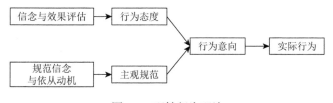

图 1-1　理性行为理论

的表现，即要预测一个人是否会采取某一行为就必须了解他对该行为的意愿。由于行为意向与实际行为间有非常强的直接关系，因此对实际行为的衡量可用行为意向来替代。

综合前人研究，理性行为理论在用户采纳系统应用上，各变量的测量指标如表 1-2 所示。

表 1-2　理性行为理论因素的测量指标

模型	关键变量	变量的测量指标
理性行为理论	行为态度	使用这个系统是一个坏/好的主意
		使用这个系统是一个愚蠢的/明智的选择
		我不喜欢/喜欢使用这个系统的主意
		使用这个系统令人感到不愉快/愉快
	主观规范	能够影响我行为的人认为我应该使用这个系统
		对我来说重要的人认为我应该使用这个系统
	行为意向	近期我会使用这个系统
		我以后会使用这个系统
		我会向身边的人推荐使用此系统

1.3.3　理性行为理论的评价

从信息技术采纳的角度来看，理性行为理论最有价值的地方就在于它认为外界因素只能通过影响行为态度和主观规范来间接决定人们的行为，所以系统设计特征、用户特征（包括感知的形式和其他的个性特征）、任务特征、发展或执行过程的本质、政策的影响、组织结构等因素都通过影响行为态度和主观规范来影响用户行为。这样理性行为理论就综合考虑了影响用户行为的不受控制的环境因素和能够进行控制的因素。因此，理性行为理论本身给出了一个相对基础和稳定的理论框架用于解释个体的行为形成，如人的使用行为态度主要由个体的行为意向导致，而行为意向的形成主要来源于个体的态度和相应的主观规范。然而，作为一般性的模型，理性行为理论并未指定特别的信念或行为，因此对于各种有关于态度或行为模式的研究，往往可以通过针对不同行为找出其相关的信念，进而用理性行为理论加以解释。例如，Davis（2010）将理性行为理论应用到个体对信息技术接受行为的研究，发现理性行为理论在解释技术接受行为方面与解释其他行为领域的结论非常一致。

虽然它的应用范围很广，但是并没有为某一特殊行为开发量表，因此拿来研究信息科技相关的行为时，仍有不足之处。另外，理性行为理论的应用首先必须满足"行为的发生是基于个人的意志力控制"的前提条件。当研究所要预测的行为符合此条件时，理性行动理论可以对个人行为进行很好的预测，但当所研究的行为受到非意志因素影响，如需要资源、机会、自我能力、知识或他人协助等因素才能展现行为时，理性行为理论对行为的解释力就会减弱，从而无法对个人的行为加以合理的解释。这也是理性行为理论最大的弱点，计划行为理论就是为了克服理性行为理论的这个局限性而产生的。

1.3.4　理性行为理论的拓展

由于理性行为理论被认为可以进一步进行深化研究或加入其他的预测变量，因此它具有开放性和简洁性。根据研究主题和侧重点的不同，可以将现有的理性行为理论拓展研究划分为三类：①理性行为理论自身完善的理论深化研究；②加入情景变量的理性行为理论适用性的拓展研究；③将新变量纳入理性行为理论模型中的模型拓展研究。

1. 理性行为理论的深化研究

一些研究学者认为在理性行为理论模型中添加其他结构，会降低理性行为理论模型的精练性。因此一个常见的拓展研究就是对理性行为理论中已包含的变量进行进一步的深入研究，这些研究主要分为三个方面：对行为态度的研究、对主观规范的研究以及对行为意向的研究。

1）对行为态度的研究

对行为态度的研究是理性行为理论自身扩展研究的一个热点。从现有的研究来看，主要有两类研究关注于行为态度。一类是将行为态度划分为认知态度和情感态度两个维度；另一类是将行为态度划分为个人态度和社会态度两个维度。

A. 认知态度和情感态度

行为态度的认知成分更多是从认知的角度评估行为是否有利。行为态度中情感成分是行为所引发的情感，是关于执行行为的情绪，它与行为态度中的认知成分相对应。很多学者认为，理性行为理论中所包含的变量、关系以及测量方式并没有充分地考虑行为决策形成过程中的情感作用。例如，有的研究对行为态度的测量只体现认知成分，有的研究虽然在测量时包含了情感成分，但不区分态度的认知与情感成分。为了弥补这一研究不足，有学者在研究个体参加体育活动时，区分了行为态度的情感和认知成分，发现区分行为态度维度的理性行为理论模型比没有区分态度的理性行为理论模型的预测能力更强。此外，还有一些研究探查了行为态度的认知和情感成分在预测不同行为时的相对能力，结果发现，从总体上看，态度的情感成分要比认知成分的预测性更好。

B. 个人态度和社会态度

人们在分析行为态度和主观规范的关系时发现，个体在决策的时候不仅仅考虑行为对自己影响，即个人结果，被称为行为态度的个人成分，简称个人态度；同时也会考虑行为对他人的影响，即社会结果，被称为行为态度的社会成分，简称社会态度。个人行为经常对他人产生影响。对某些人来说，行为带来的个人结果对他决定是否从事该行为是重要的；但对另外一些人来说，他们会更看重使他人受益的行为结果。其中，行为的个人态度是由个体对个人结果的行为信念以及对这些个人结果的评价所决定，而行为的社会态度是由社会结果的行为信念，以及对这些社会结果的评价所决定。

2）对主观规范的研究

随着对理性行为理论的进一步发展和完善，很多研究者发现主观规范还可以进一步地细化。例如，有学者区分了两种主观规范。一种称为指令性规范，这一规范主要关注个体对他人赞成或不赞成行为的感知（如什么是应该做的），测量上采用传统的理性行为理论对主观规范的测量；另一种称为描述性规范，这一规范主要关注个体对其他人的行为的感知（如其他人在特定情形下做什么）。研究发现，描述性规范独立于理性行为理论中的其他变量，并对行为意向产生影响。

3）对行为意向的研究

对理性行为理论的另外一个深入拓展研究就是对行为意向的深入研究。Fishbein 和 Ajzen（1975）最初将意向定义为：在给定的环境中，人们对自己行为的预期，即一个人意向于行动的可能性。有学者对这种观点的理论基础提出了质疑，他们认为行为意向更像是代表一个人是否能明确地表达了自己有计划地做某事，而行为预期是个体在考虑了自己意向、个人能力以及环境因素后，对自己行为是否能够容易或者困难地实施的估计。尽管对行为意向和行为预期的回答通常相似，但很多时候一个人意向于做什么和他实际上预期做什么是不同的。

2. 理性行为理论适用性的拓展研究

1）情景研究

最常见的情景研究是，利用理性行为理论来预测不同的行为或是在不同的文化背景下验证理性行为理论，其中对理性行为理论的跨文化研究数量最多。

文化对理性行为理论的影响研究主要关注于两个方面的问题：一是探查理性行为理论在不同文化背景下的普适性；二是探查在不同的文化背景下，行为态度和主观规范对行为意向影响作用的变化。文化的差异主要体现为文化价值观的差异，即是个人主义还是集体主义，文化的不同导致了行为态度和主观规范对社会行为影响的差异。对于集体主义者来说，社会行为主要由主观规范、责任和义务所决定，而对于个人主义者来说，他们的基本态度、个人需要、感知到的权利和契约决定了他们的行为。有学者一方面证实了理性行为理论跨文化的适用性，另一方面也发现个人主义群体的行为态度与行为意向更为一致，而集体主义群体的主观规范与行为意向的联系更为紧密。

由于理性行为理论是在美国发展出来的，即在一种独立文化中发展出来，同时强调内部状态的作用，因此很多研究认为它更多地解释了西方文化而不是东方文化。研究结果也证实了研究者的设想。

2）个性特征研究

针对个性特征的理性行为理论研究通常与行为态度和主观规范预测作用的相对重要性联系在一起。例如，有学者在他们的研究中将消费者分为两类，一类是态度控制型，另一类是主观规范控制型。如果个体行为态度与意向的相关程度大于主观规范与意向的相关程度，那么个体就被认为是由态度控制，反之由规范控制。另外一些学者认为尽管大多数人由态度控制甚于由规范控制，但是还是有小部分人受规范控制，正是这些人导致了理性行为理论研究中规范意向的关系虽然很弱但有时却很重要。

3. 理性行为理论模型的拓展研究

为了进一步提高理论对行为的解释能力，研究者常常在理性行为理论中加入新的解释变量，其中最常加入理性行为理论中的变量主要有三个，分别是知觉行为控制、情感和过去行为。因为加入知觉行为控制变量的理性行为理论即为计划行为理论，我们将在 1.4 节进行详细介绍。

1）加入情感的研究

关于如何将情感纳入到对消费者行为的预测中已经越来越引起人们的兴趣。由于理性行为理论常常被认为是认知决定行为的理论，很多学者认为这个模型没有考虑到情感成分。因此一些研究侧重于将消费者对行为的情感加入到这一理论中。例如，有学者在利用理性行为理论预测消费者是否愿意执行一个新行为时发现，将消费者对行为的热情加入到理性行为理论当中，新模型的解释能力要大于原来的理性行为理论。在利用理性行为理论研究目标导向行为时，学者发现理性行为理论中的行为态度和主观规范只是提供了一个行动的理由，并没有包括能够触发一个行为的动机。

2）加入过去行为的研究

理性行为理论认为行为态度与主观规范对于意向的预测是充分的。也就是说，其他可能影响意向的变量只能通过行为态度和主观规范间接地影响意向，而行为态度和主观规范对行为的影响只能通过行为意向。但是，研究已经发现有一些变量并不经过行为态度或主观规范，而是直接对行为意向或行为产生影响，过去行为变量就是这种情况。过去行为能够体现个体自动性的活动，如习惯性反应等。很多研究者在研究理性行为理论时，都把过去行为加入到他们模型中。研究发现，不仅过去行为对行为意向的作用是直接的，而且过去行为对行为的作用也是直接的。

1.4　计划行为理论

1.4.1　计划行为理论的提出

理性行为理论描述的是一种理性的、意志的、系统性的自愿行为，其包含着重要假设，即人是理性的，有完全控制自己行为的能力。而在实践中，个体能力、时间的有限及无意识的习惯，环境或组织上的阻碍都会限制个体表现某种行为。于是在理性行为理论的基础上，Ajzen（1991）又提出了计划行为理论（theory of planned behavior，TPB）。

计划行为理论是从信息加工的角度、以期望价值理论为出发点解释个体行为一般决策过程的理论。在国外，计划行为理论广受社会行为研究者的青睐，它已被成功地应用于多个行为领域，并且绝大多数研究证实它能显著提高个体对行为的解释力与预测力。

1.4.2　计划行为理论的内容

计划行为理论有以下几个主要观点：①非个人意志完全控制的行为不仅受行为意向的影响，还受执行行为的个人能力、机会以及资源等实际控制条件的制约，在实际控制条件充分的情况下，行为意向直接决定行为；②准确的知觉行为控制反映了实际控制条件的状况，因此它可作为实际控制条件的替代测量指标，直接预测行为发生的可能性（如图1-2所示的虚线部分），预测的准确性依赖于知觉行为控制的真实程度；③行为态度、主观规范和知觉行为控制是决定行为意向的三个主要变量，行为态度越积极、知觉行为控制越强，行为意向就越大，反之就越小；④个体拥有大量有关行为的信念，但在特定的时间和环境下只有相当少量的行为信念能被获取，这些可获取的信念也叫突显信念，它们是行为态度、主观规范和知觉行为控制的认知与情绪基础；⑤个人及社会文化等因素（如人格、智力、经验、年龄、性别、文化背景等）通过影响信念间接影响行为态度、主观规范和知觉行为控制，并最终影响行为意向和行为；⑥行为态度、主观规范和知觉行为控制从概念上可完全区分开来，但有时它们可能拥有共同的信念基础，因此它们既彼此独立，又两两相关。用结构模型图表示计划行为理论，如图1-2所示。

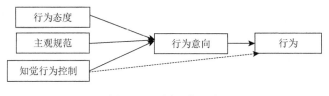

图 1-2 计划行为理论

其中，计划行为理论各变量的具体含义如下。

1. 行为态度

行为态度是指个人对于行为的态度，它受个人行为信念与结果评价的影响。行为信念指个人认为行为所能产生的重要结果；结果评价则指该行为产生的结果对个人的重要程度。换言之，个人对某一特定行为的态度，指个人对该项行为所持的正面或负面的感觉。行为态度的组成成分（认知、情感和行动）经常被当作是个人对该行为结果的显著信念的函数。行为态度由认知、情感、行动等三个因素所组成且它们之间互有关联。其中，认知因素指个人对情境及事物的知识、信念、价值观及意象，但不涉及个人的主观情感；情感因素指个人对事物情绪性的看法，包含喜爱厌恶、尊敬轻视、同情排斥等正负面的感觉；行动因素指个人对事物产生行动的倾向。需要说明的是，该理论所指的态度并非人们对一般事物的广泛态度，而是对于所关注行为的特定态度。

2. 主观规范

主观规范是指个人对于是否采取某项特定行为所感受的社会压力，由规范信念和依从动机构成。其中，规范信念指个人感觉到重要的个人或团体对是否应该采取某项特定行为的压力；依从动机指个人在是否采取某项特定行为时，对于这些重要的个人或团体对其所持有期望的依从意愿。因此，主观规范受到其他个人或团体对个人采取行为的意见，由个人依从意愿所决定。主观规范越高，表示受到社会压力越高或是依从意愿越高，则行为意愿越高；反之，主观规范越低，表示受到社会压力越低或是依从意愿越低，则行为意愿越低。

3. 知觉行为控制

计划行为理论与理性行为理论主要不同之处就在于其对行为意愿的预测上增加了知觉行为控制变量。知觉行为控制是指个体感知到完成某一行为容易或困难的程度，它反映个人对某一行为过去的经验和预期的阻碍。当个人认为自己所拥有的资源与机会越多并且所预期的阻碍越少时，个人对行为的认知控制就越强。它由控制信念和感知的便利性共同决定。控制信念指个人对自己所拥有执行行为所需的资源、机会或阻碍多少的认知，感知的便利性指这些资源、机会或阻碍对行为的影响程度。所以，知觉行为控制是由个人采取行为所需的资源与机会，以及资源与机会对行为的重要程度所决定。当知觉行为控制越高，则行为意愿越高；反之，当知觉行为控制越低，则行为意愿越低。

为帮助研究者更好地应用计划行为理论，Ajzen（1991）设计出了一套计划行为理论研究的一般问卷模式供研究者参考。一般问卷包含整体的直接测量和基于信念的测量，测量项目采用利克特等级评分法，其中行为态度的直接测量使用语义区分法。行为态度的项目内容应包含工具性态度和情感性态度；主观规范的项目内容包括指令性规范和描述性规范；知觉行为控制的项目内容包括自我效能感和控制力。因此得到如表 1-3 所示的测量指标。

表 1-3　计划行为理论因素的测量指标

模型	关键因素	因素的测量指标
计划行为理论	行为态度	使用这个系统是一个坏/好的主意
		使用这个系统是一个愚蠢的/明智的选择
		我不喜欢/喜欢使用这个系统的主意
		使用这个系统令人感到不愉快/愉快
	主观规范	能够影响我行为的人认为我应该使用这个系统
		对我来说重要的人认为我应该使用这个系统
	知觉行为控制	我能控制使用这个系统
		我有使用这个系统所需的资源
		我有使用这个系统所需的知识
		给我使用这个系统所需的资源、机会和知识，我将会很容易使用这个系统
	行为意向	近期我会使用这个系统
		我以后会使用这个系统
		我会向身边的人推荐使用此系统

1.4.3　计划行为理论的适用范围

第一，计划行为理论的对象是个体理性行为，不包括个人在集体中的行为（如集会、游行、群体论战等），不包括受情感（如悲伤、愤怒、激动等）驱使的行为，也不包括个人为集体做出的行为（决策者行为）。

第二，计划行为理论只考察具体时间和语境下具有具体目标的个体行为（周末看某场电影），而不是一般泛指类行为（看电影）。

第三，一致性原则。一致性原则指所有研究变量的测量必须包含相同的行为元素，即所测量的行为意向、行为态度、主观规范和知觉行为控制应是对特定行为的行为意向、行为态度、主观规范和知觉行为控制，并且所测量的行为应与其真实条件下发生的行为一致。因此，计划行为理论要求研究者在测量前对所研究的行为进行严格定义。在计划行为理论中，行为指个体在特定时间与环境内对特定目标做出的外显的可观测的反应，因此研究中行为的操作性定义应包括对象（target）、行动（action）、环境（context）和时间（time）四个元素，称为行为的 TACT 元素。很多没能支持计划行为理论的研究违背了这一条，用具体态度（愿不愿意看这一场电影）预见泛化行为（看电影），或者以泛化态度预测具体行为。

第四，计划行为理论通常指用于预测新行为，不包括稳定语境下的重复性行为和习惯性行为。尽管后期研究将既有经历和习惯添加为计划行为理论的新变量以扩充理论的应用范围，但并非其理论初衷。

1.4.4　计划行为理论的评价

任何理论都有其适用范围和应用边界，在此前提下，计划行为理论的局限性可以归纳为以下三个方面。

第一，计划行为理论的适用范围仅止于个体理性行为，而不能解释那些非完全理性行为。然而，从生理学角度而言，没有哪一种人类行为可以脱离情感而存在。并且基于自主神经系统的情感反应先于认知反应产生，并设定了后者的基调。正是因为现实生活中大量的人类行为都是基于情感做出的或由情感主导的，包括情绪、冲动、直觉等。因此，计划行为理论这一基于理性人前提的理想模型，并不能对与情感相关的个体行为提供解释。

第二，计划行为理论的隐含前提是将人视为均质的个体，基于态度、主观规范和知觉行为控制三个模块实现行为意向决策。这就将个体、文化和语境差异等要素排除在理论模式之外。计划行为理论弱化乃至忽略了人类行为的具体性和差异性，以简单的线性模型来预测人类行为。

第三，计划行为理论并不是一个穷尽模型。在基本模块之外，还有大量的空间留给新的调节变量、中介变量乃至独立变量出现，有的就成为公认的补充要素。

1.4.5　计划行为理论的应用

计划行为理论的应用可以总结为以下三个类别。第一，预测个体行为。尽管计划行为理论的初衷是解释个体如何计划行为以实现特定目标，但大多数研究都专注于如何通过影响计划行为理论诸要素来预测个体行为，以实现特定目标。这类研究广泛用于健康传播、营销学、管理学、临床医药学等领域。研究对象包括健康两性行为、吸烟或戒烟、酗酒或戒酒、药物使用或滥用、有机蔬菜消费、减肥瘦身等。

第二，计划行为理论向新媒体领域的扩展。随着新媒体成为日常生活的一部分，研究者致力于考察计划行为理论对在线行为的预测力和解释力。这一类研究集中于 21 世纪第一个十年，研究对象包括网络购物、在线服务使用、在线活动等。对计划行为理论在网络环境中的作用模式目前尚无一致结论。但大部分研究表明，相比于现实行为而言，网络行为中行为态度的影响力略有上升，主观规范对负面行为的影响力依旧强大，而知觉行为控制的影响力则大大削弱。这主要是由于在线行为的虚拟性：具备上网条件的人在执行在线行为时，对外部要素的要求不高，从而使得对现实行为具有重要影响力的因素在网络环境中作用锐减。

第三，计划行为理论的跨文化应用。计划行为理论是在北美文化语境中提出和检测的，因此，众多研究者致力于检测其在异质文化语境中的适应性。例如，一项关于献血行为的研究发现，计划行为理论对东方人（如韩国人、日本人）行为的预测力明显低于对西方人（如美国人）行为的预测力：西方人的主观规范更接近一般社会规范，而东方人的主观规范则主要是来自对家庭成员期望的顺从；此外，行为意向和实际行为间的一致性关系在韩国人中被颠覆，仅有 17%表示出献血意愿的韩国人真正实施了献血行为，而这一比例在美国和日本分别为 61%和 77%。这一研究和类似研究都为计划行为理论的跨文化适用性做出了有益探索。

1.5　技术接受模型

1.5.1　技术接受模型的提出

虽然理性行为理论和计划行为理论在预测行为意向与行动方面取得了一定的成功，但在信息技术采纳研究中却有一定的局限性：①理论中的信念因素是一个笼统的概念，应用到具体的技术采纳研究中需要事先确定，这使得理论的实际应用效率比较低；②理论提出的主观行为规范对采纳行为的影响还没有在实证研究中得到充分的证实。技术接受模型（technology acceptance model，TAM）是为适应信息系统的出现而产生的，用来预测个体在工作中对于信息技术的采纳和使用。其与理性行为理论的不同之处在于该模型旨在解释和预测使用者经过一段时间与系统交互后接受信息系统的情况，试图研究人们为何接受或者拒绝信息系统，解释信念因素与使用者的态度、意向和真正使用信息技术行为之间的关系。

1.5.2　技术接受模型的内容

技术接受模型的内容如图 1-3 所示（Davis，2010）。

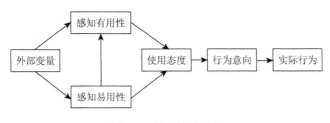

图 1-3　技术接受模型

技术接受模型认为系统使用是由行为意向决定的，行为意向是由某人的使用态度决定的，使用态度由感知有用性和感知易用性共同决定，感知有用性是由感知易用性和外部变量共同决定，感知易用性是由外部变量决定的，同时外部变量为技术接受模型中存在的内部信念、态度、意向和不同的个人之间的差异、环境约束、可控制的干扰因素之间建立了一种联系。其中，根据技术接受模型，技术的感知有用性与感知易用性是影响技术使用态度和行为意向两个主要的信念因素。感知有用性是指未来用户使用某一系统能增加其工作绩效的主观可能性，当使用者感知到的系统的有用性程度越高，采用系统的态度越强烈。感知易用性指未来用户对使用某一技术所投入精力的感知程度，也就是个体认为容易使用某个信息系统的程度。在其他条件等同的情况下，一项技术越容易使用，该技术对使用者也就越有用。根据 Davis（2010）的研究，在新系统接受行为中，各因素的测量指标如表 1-4 所示。

表 1-4　技术接受模型因素的测量指标

模型	关键因素	因素的测量指标
技术接受模型	感知有用性	使用这个系统能使我更快地完成任务
		使用这个系统将会改进我的工作业绩
		使用这个系统将会增强我的生产能力
		使用这个系统将会提高我的工作效率
		使用这个系统将会使得我更加容易工作
		在工作中，我将会发现这个系统有用

模型	关键因素	因素的测量指标
技术接受模型	感知易用性	学习使用这个系统对我来说将会很容易
		我将会发现使用系统做我想做的事是容易的
		我与系统的交互将会是清楚的
		我将会发现系统能很灵活地进行交互
		熟练地使用系统对我来说将会是很容易的
		我将会发现这个系统容易使用
	行为意向	近期我会使用这个系统
		我以后会使用这个系统
		我会向身边的人推荐使用此系统

通过对比不难发现，技术接受模型中的感知有用性与理性行为理论及计划行为理论中行为态度变量有着极大的相似性，即个体都是受利益驱动而决定采取行动的。技术接受模型中的感知易用性与计划行为理论中的知觉行为控制概念也有一定的重合部分。不同的是，技术接受模型没有将这两个理论中的主观规范纳入考虑，而是发现了有用性和易用性之间的关系，并且感知有用性与感知易用性变量并非直接对行为意向产生影响，而是通过使用态度对行为意向产生作用。最后，该模型还加入了外部变量。外部变量影响了用户感知的有用性与易用性。因为该模型相对全面又简洁地表达了用户技术采纳的认知过程，因此成为此领域研究的代表模型。这三种理论的异同点如表 1-5 所示。

表 1-5　理性行为理论、计划行为理论和技术接受模型比较

理论	影响变量	影响机制
理性行为理论	行为态度、主观规范	变量通过行为意向影响实际行为
计划行为理论	行为态度、主观规范、知觉行为控制	变量通过行为意向影响实际行为，同时知觉行为控制直接影响使用行为
技术接受模型	感知有用性、感知易用性	变量通过使用态度影响行为意向，进而影响实际行为，同时，存在外部变量影响感知有用性与感知易用性

1.5.3　技术接受模型的评价

技术接受模型的优点在于其严谨性和实用性。它简化了理性行为理论，对外部因素影响系统使用的渠道进行了描述，构建了影响技术接受行为因素之间的逻

辑关系和内在结构，在解释力和简洁度上都得到了广泛的认可和肯定。其不足之处在于以下几个方面。

（1）实验对象主要是学生。尽管以学生为实验对象具有容易取得学生的合作、样本容易获取的优点，但是以学生为实验对象并不等同于真实的情境。学者的研究普遍认为技术实施与组织动态性是紧密关联的。组织动态性对技术实施结果存在显著的影响。因此学者认为技术接受模型只有在模型中引入组织以及社会方面的因素才能提高其对技术接受行为的解释能力。因此，相关的实证研究如果能够在真实的环境中进行应该可以得到更精确的结论。

（2）正是因为技术接受模型多采用学生样本进行研究，所以研究对象不会受到来自组织的压力。而在组织环境中，信息系统的使用者会感受到很多社会压力，如来自主管和同事的压力等。因此学者认为技术接受模型舍弃主观规范因素是值得商榷的。

（3）技术接受模型对外部变量的阐述不够清晰。尽管 Davis（2010）也指出外部变量包括系统特性、训练、系统设计阶段的使用者介入、系统设置过程的性质等，不过还是笼统了一些。因为有些外部变量影响有用认知的评估，有些则影响易用认知的评估，因此无法从技术接受模型中找出稳固的外部变量。

（4）大部分研究所采用的软件都是一些办公自动化软件或系统开发软件。学者认为如果能将研究置于真实的事务处理应用中，那么得到的结论应该更可靠。

（5）研究手段基本上都采用自我报告的形式，而对该数据采集方式的准确性有学者持有异议。

（6）动机理论认为人们产生的动机可以包括内部动机和外部动机，外部动机和内部动机共同作用影响个体的行为，并且个体的行为可以看作一个个体从内部动机到外部动机的连续体，而技术接受模型只考虑了外部动机，没有包括内部动机因素。

1.5.4　技术接受模型的修改与扩展

1. 技术接受模型的修改

最初的技术接受模型被提出后，许多学者用其进行实证研究并修正模型，使其更具说服力。其中，Davis 及其同事通过进一步的实证研究后，建议对最初的技术接受模型进行修改，将使用态度这一变量从原有的模型中删除，直接基于感知有用性、感知易用性这两个前置变量来预测用户的行为意向和实际行为。因为实证数据分析结果表明，使用态度并不在感知有用性对行为意向的作用过程中起完全中介作用，只起部分中介作用；感知有用性和使用态度间的直接关系较弱，但与行为意向间存在很强的相关关系；并且出于简化模型利于后续运用的考虑，最终 Davis 及其同事进一步修正了原始的技术接受模型，之后也有研究表明将使用态度这一变量从模型中剔除是合理的。精简后的理论模型具体如图 1-4 所示。与此同时，该研究结果再次表明，在用户信息技术使用决策过程中，感知有用性和感知易用性两者均为重要的驱动因素，但相比于感知易用性，感知有用性的决定性更强，并且在纵向研究中表明，感知易用性的驱动力会随着时间的推移而减弱。

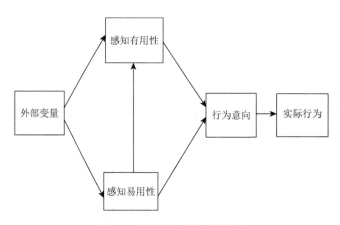

图 1-4　技术接受模型精简版

2. 技术接受模型的扩展

技术接受模型从建立开始就受到研究人员的广泛关注和应用，此后经过不断完善，引入了更多的内部和外部变量，形成了更加系统的模型体系。对模型的扩展主要从以下两个方面进行：①在模型中针对不同采纳对象加入新的因素变量。例如，Venkatesh 等（2003）把一些社会和工具因素引入了模型，包括主观规范、自身形象、经验、自愿、产出质量、工作相关性、结果可展示性，从而构建了扩展的模型——TAM2（technology acceptance model 2），如图 1-5 所示。②将技术接受模型与其他模型结合进行研究。有学者在研究企业大型管理信息系统中，将技术接受模型和任务技术匹配模型组合形成新的模型，很好地解释了企业管理信息系统的采纳决策。

1）技术接受模型的扩展——TAM2

在理性行为理论和技术接受理论中，都曾提到外部变量对感知有用性和感知易用性的影响，Davis（2010）主张未来技术接受的相关研究必须定位哪些外部变量会影响有用性、易用性和用户接受。Venkatesh 等（2003）对技术接受模型进行了修改，提出了扩展模型——TAM2，实证研究证明，TAM2 对使用意愿的解释力

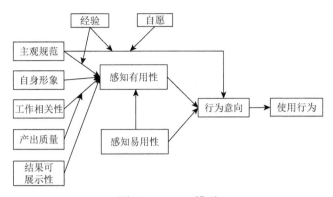

图 1-5　TAM2 模型

达 34%~52%。TAM2 主要在模型中引入了社会影响过程以及认知工具性过程，并将其作为感知有用性的决定变量，从而改变了先前模型中感知有用性仅受外部变量和感知易用性影响的格局。社会影响因素包括主观规范以及自身形象；认知因素有工作相关性、产出质量、结果可展示性。

针对社会影响因素的作用。在 TAM2 中，主观规范对使用意愿的作用方式有多种途径：第一，主观规范三个连续性的过程即内化、认同、顺从的方式，通过外部个体、组织本身的信念、文化和规范影响个体本身的信念和规范，形成新的规范以改变个体对一个技术的态度和认知，即通过改变对技术的有用性感知从而影响使用意愿；第二，主观规范也会通过自身形象间接地作用于感知有用性；第三，主观规范也可以直接作用于使用意愿。

认知工具性过程主要体现为用户对相关技术本身作为一种工具所带来的相关成果的考察，这种结果性的考察可以体现为技术与工作的相关性，另外则是技术对改变产出质量的影响，在前两者满足的情况下还需要考虑的是产出结果的可理解性和易用性，即结果可展示性。认知工具性过程指人们对有用认知的判断，部分是来自该技术是否足以完成其任务需求的认知。其中，工作相关性指个人认为技术可以应用到其工作中的程度，TAM2 中工作相关性是一种认知判断，而非源于主观规范，将直接对感知有用性产生影响。当使用者确定系统能够满足任务需求之后，接着要关心的就是该系统能够将工作做到更好的程度。TAM2 用产出质量描述了这种程度，在许多与自身工作紧密相关的系统中，使用者会倾向于选择技术最优的系统。不过，如果系统很内秀、界面不够友好的话，那么尽管内在技术实现得非常优秀，与工作的适配程度也很高，使用者仍然无法了解该项技术究竟有多大程度的可用性，因此学者将结果可展示性引进了 TAM2。因此，可以清晰地发现 TAM2 的模型特点：态度变量已经被 TAM2 摒弃；TAM2 中扩展了相关的社会影响因素，包括主观规范以及自身形象；认知工具性过程被纳入 TAM2 中；技术接受模型将对系统使用的信念限定在感知有用性和感知易用性上，排除了理性行为理论中社会因素的影响。总而言之，TAM2 深入分析了系统使用中感知有用性形成的两大过程——社会影响过程与认知工具性过程所带来的影响，因而理论上更完善，解释能力也更强。

TAM2 中还引入了两个调节变量——自愿和经验。自愿指一个潜在的使用者认为使用某项技术不是被强迫的程度。TAM2 研究表明主观规范对行为意图的作用被用户自愿和经验所调节。研究表明在非自愿使用的环境中主观规范对行为意向的影响比较大。在一个组织的环境中，一个个体如果本身具有相对较高的行为意向或者符合个体本身的认知规范，那么个体采纳一项技术受到自愿影响的可能性会相对较小。而同时，主观规范对行为意图和有用性认知的影响还可能受到经验的影响，一个个体如果本身对一项技术使用相对较多，且经验相对较为丰富，这种深度的技术性的理解可能改变个体在一项技术采纳决策过程中对他人意见依赖程度的影响，即当使用者对系统比较陌生的时候，主观规范对使用者的影响明显，但是随着经验的增加，对他人意见的依赖程度就会显著降低。

和技术接受模型相比，TAM2 主要体现为对有用性认知本身的外部影响因素的细化。但在这个理论模型中，仍然存在一定的不足，即缺乏对外部控制因素以及内部动机本身的深度理解。

2）技术接受模型的扩展——加入任务-技术匹配模型

TAM2 引入的工作相关性，让学者看到了任务-技术匹配（task-technology fit，TTF）模型的影子，因此有学者将技术接受模型与任务-技术匹配模型进行了整合。

A. 任务-技术匹配模型

任务-技术匹配被定义为技术可以有效地辅助使用者完成工作任务的程度（图 1-6）。任务-技术匹配可分解为两个层面，一个是技术特性与任务特性之间的匹配，另一个是技术特性与使用者特性之间的匹配，两个层面都实现匹配之后，才能达到最佳的任务-技术匹配效果，对于个人绩效的改善才会最大化。

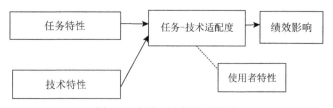

图 1-6　任务-技术匹配模型

技术特性与任务特性之间的匹配为技术对任务的支持程度，即技术可以在多大程度上配合任务的处理流程，为任务处理提供及时和足够的数据与信息。某一特定任务的特性会需要技术以特定的功能来支持，如非独立任务可能会需要使用许多不同部门的数据，此时就需要信息技术提供一个集成企业各部门数据的数据库。当任务需求与技术功能之间的差距越小时，任务与技术的匹配度就越高。也就是说，当任务需求变化或者技术提供的功能相对减少时，任务-技术匹配度就会降低。

技术特性与使用者特性之间的匹配是指信息技术的操作、功能等与使用者的职位、技术知识、使用经验等相适应的程度，如果使用者可以很容易地理解系统的结构、功能并且使用该技术来处理任务的操作方式与过程对使用者来说也很简单，则认为技术特性与使用者特性匹配程度较高。

对于任务-技术匹配与信息技术使用行为之间的关系，任务-技术匹配模型理论认为，任务-技术匹配度对技术使用行为的影响，是通过个人对技术使用行为的绩效期望来实现的。个人绩效是任务-技术匹配模型理论研究的因变量，指的是个人的一组工作任务的完成。绩效表现的提升是更高的工作效率、更好的工作效果以及更高的工作质量的结果。

技术使用是任务-技术匹配模型理论中另外一个解释技术应用绩效的重要变量，其定义为使用者使用信息技术来完成其工作的行为。技术使用的测量主要有两个指标，即技术使用的频数和技术所处理的任务的种类，但对于测量的方式尚没有一个统一的认识。

B. 加入任务-技术匹配模型的技术接受模型整合模型

信息技术从本质上讲是使用者用来完成组织任务的一种工具，而任务-技术匹配模型更多的是基于个人心理和行为，缺乏对组织任务的关注，造成了对信息技术的有用认知与该信息技术对特定任务的有用认知之间的混淆。因此，将任务-技术匹配模型理论整合到技术接受领域，通过描述认知心理和认知行为来揭示信息技术如何作用于个人的任务绩效，反映了信息技术和任务需求之间存在的逻辑关系，模型如图 1-7 所示。

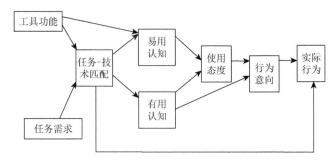

图 1-7　任务-技术匹配模型和技术接受模型的整合模型

整合后的模型中包括了任务-技术匹配模型和技术接受模型两个模型的主要

因素，一方面弥补了技术接受模型缺少明确的外部变量以及缺少对任务的关注这两个重要缺陷；另一方面在任务-技术匹配与信息技术接受行为之间架起了易用认知和有用认知这两座桥梁。通过对技术接受模型和任务-技术匹配模型这两个模型进行整合，极大地提高了技术接受模型在解释和预测企业信息技术采纳方面的能力，比起单独使用这两个模型更加合理和有效。

1.6　创新扩散理论

1.6.1　创新扩散理论的提出

美国新墨西哥大学的教授罗杰斯（Rogers，1983）通过对创新扩散整个过程及其中各影响要素的分析考察，提出了著名的创新扩散"S"形曲线理论，用以阐释一项创新事物在社会系统中扩散的基本规律。其中，创新是一种被个人或其他采用单位视为新颖的观念、实践或事物。扩散是创新通过一段时间，经由特定的渠道，在某一社会团体的成员中传播的过程。

1.6.2　创新扩散理论内容

1. 个体创新采纳过程

个体创新采纳过程分为以下五个阶段。

（1）知晓阶段：消费者知道创新产品的存在，并对该项产品的功能有部分的了解。

（2）说服阶段：消费者内心对于创新产品会形成喜爱或不喜爱的态度，并主动寻求有关创新产品的资讯。

（3）决策阶段：消费者会积极地致力于选择采用或拒绝该创新产品。

（4）执行阶段：消费者会处于使用或不使用该创新产品的状态，采用新观念不同于实际去实行。

（5）确认阶段：消费者可能试图坚守先前所采用的决策，也可能获得更多的冲突信息而改变决策。

2. 创新扩散"S"形曲线

创新扩散的传播过程可以用一条"S"形曲线来描述，如图1-8所示。扩散早期，创新采纳者很少，"S"形曲线上升得很慢；当采用者人数扩大到居民的10%～25%时，进展突然加快，曲线迅速上升并保持这一趋势，即起飞期；随着"S"形曲线加速上升，到系统内半数成员都已经采纳时，达到最大值，然后"S"形曲线又以相对缓慢的速度上升，因为系统里剩下越来越少的成员加入到采纳者行列中来。整个扩散过程类似一条"S"形曲线。而"S"形曲线的坡度，显示了该项创新的扩散速度：创新被采纳的速度越快，"S"形曲线越陡峭；创新被采纳速度越慢，"S"形曲线越平缓。

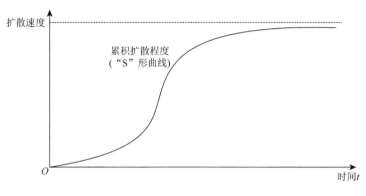

图 1-8　创新扩散"S"形曲线

3. 创新扩散过程的影响因素

从创新的扩散定义（创新通过一段时间，经由特定的渠道，在某一社会团体的成员中传播的过程）中可以看出，创新属性、传播渠道、时间及社会系统这四个要素影响着创新的扩散过程。

1）创新属性

创新本身的五个特征不同程度地决定着创新扩散的速度，它们分别是相对优势、兼容性、复杂性、可试性和可观察性。

相对优势指一项新技术相对于老技术表现出的优势程度，一般用可获利性、低成本、不舒服感的降低、时间节约、给予的社会地位等来表示。因为相对优势是指采用者对创新技术的感知程度。在某些情况下，一个确实属于创新的产品若不被采用者所认识便失去其相对优越性。事实表明，社会系统成员可观察到的新技术的相对优势与采用速度呈正相关：新技术的相对优势越明显，用户采纳速度越快。

兼容性指一项创新与采用者的现有价值观、过去经验和需求的一致性程度。一项新技术要在系统内部具有较快的扩散速度，必须符合采用者的价值观和文化心态，与采用者的产品适应能力相匹配。如果新技术要求采用者在诸如行为习惯、态度或者信仰上都要有重大转变，它就丧失了适应性。当创新产品与采用者的需求结构、价值观、信仰和经验适应或较为接近时，就较容易被迅速采用。兼容性还涉及一种新技术与现有技术系统的兼容性，如手机支付是否与用户的手机软硬件相匹配。兼容性可以降低采用创新的风险。

复杂性指创新在多大程度上被采纳者认为是难以理解和难以使用与操作的，用户感知的复杂度与它的采纳率成反比。所以当使用者感觉到新技术使用的困难程度越高，则采用新技术的可能性越低。复杂的技术创新往往需要较长学习过程，采用者难以把握，其扩散速度必受影响。因此，企业要在新产品设计、整体结构、使用维修和保养方法等方面与目标市场的认识程度相接近，尽可能设计出简单易懂、方便使用的产品。

可试性指在一定的条件下，用户是否可以通过试用来测试创新的效果，此时用户无须成本投入和契约保证。对新产品设置免费体验期以及赠送样品等都是为了方便用户对其试用，降低购买风险，提高采用率。显然，创新的可试性与创新的采纳率成正比。

可观察性指创新的结果在很大程度上是显而易见的，创新的可观察性与创新的采纳率成正比。

在创新各属性的相对重要性中，Rogers（1983）的研究认为创新属性对解释扩散速度十分重要，扩散速度的 49%～87%可由创新属性来解释。有学者发现相对优势、兼容性和复杂性与采用速度有很强的关系，但可试性和可观察性与采用速度的关系不密切。另有研究表明，新产品的可试性对早期采纳者比对晚期采纳者更为重要。因为对后者而言，前期的采纳者给他们提供了示范。因此，新技术的可实现性主要对扩散过程的早期阶段产生影响。许多企业采取新产品的样品赠送这一促销手段正是这一特征的实际应用。

2）传播渠道

传播渠道即信息从一个个体传向另一个体的手段，主要分为大众媒体的传播和人际传播。在潜在接受者获知创新阶段，大众传媒是最快且最有效的手段，大众传播媒介有电视、报纸、收音机等。大众传播的优点在于传播面广、传播速度快、引导和改变消极态度的用户。而人际传播是人与人之间的信息交流，它具有双向交流、说服效果好的优点。Roers（1983）认为，创新扩散需要借助一定的社会网络才得以进行，在其推广和扩散的过程中，信息技术凭借其自身优势，将知识和信息迅捷有效地传达给公众，而人际交流在说服人们接受、使用创新方面更为直接、有效。因此，创新推广的最佳途径是将信息技术和人际传播加以结合。

研究表明，这两种传播渠道在新产品采用决策过程中发挥着不同作用。大众媒体在用户对新产品的认知阶段相对更重要，个体主要通过大众媒介得到创新的信息，而人际传播在劝说阶段则更重要，即在个体做出采纳或者放弃该创新的决策中，来自亲朋好友的说服作用显著。因此，在具体的创新扩散过程中，将大众传播渠道与人际关系渠道有效结合，往往是创新推广的最佳途径，传播渠道的适合性与有效性会影响个体决定采用还是拒绝创新。

3）时间

扩散的时间因素包括创新决策过程、创新精神和创新的采用速度。创新决策过程指个体知道并且采用或拒绝一项创新所经历的过程；个体或其他团体比同系统内其他成员更早采用新方法的程度被称为创新精神；创新的采用速度指的是指定时间内该系统中采用创新的人数。根据社会系统内成员的创新程度，采用者可分为创新者、早期采纳者、早期大多数、后期大多数、滞后者。同一类型的用户个性特征是相似的，不同类型的用户其个性特征是不同的。

（1）创新者是新产品的"消费先驱"，其个性特点是活泼、开朗，勇于创新、冒险，喜欢赶时髦，对新事物敏感，市场信息灵通，自主性强，受社会和群体的规范约束小，新奇心理对这种人的购买行为有较大影响。这类用户是企业投放新产品时的极好目标。

（2）早期采纳者是新产品消费的积极分子，富于探索、乐于接受新事物，求新心理对其购买行为有明显的影响。他们对早期采用新产品具有一种自豪感，对周围的人具有一定影响力。这类顾客是企业推广新产品的极好目标。

（3）早期大多数是新产品消费的基本群众，其个性特征是慎重，他们常常是在征询了早期采纳者的意见之后才采用新产品；模仿性强，同步心理比较典型，愿意跟社会保持一致，跟上潮流。这类顾客对扩大市场占有率具有重要意义。

（4）后期大多数是较晚跟上消费潮流的人。这种用户对新事物持怀疑态度，对周围的一切变化抱观望态度，求实心理对其购买行为影响较大，只有当产品"成名"之后才愿意接受。这类顾客对延长成熟期有一定意义。

（5）滞后者受传统思想束缚很深，思想非常保守，怀疑任何变化，固守传统消费行为方式，在购买和消费上习惯性心理比较强，待多数人证实产品效用后才采用。

如图 1-9 所示，根据国外学者的统计，其中创新者约占 2.5%，早期采纳者约占 12.5%，早期大多数约占 34%，后期大多数约占 34%，滞后者约占 16%。[①]创新者和早期采纳者所占比例比较小。因为一种新产品的使用，能在一定程度上引起用户生活习惯、生活方式的改变，用户存在不同程度的疑虑心理，采取购买行为事实上要冒一定的风险，这往往使用户接受新产品要经过或快或慢，或简单或复杂的心理过程。但是，新产品在质量、性能、使用效果、价格和服务等方面能给人们带来比原有产品更多的利益，因此这些较少的最先创新者和早期采纳者对新产品的扩散极为重要。因为经过他们试用后，新产品的相对优点得到显露与证

---

① 此处为经过四舍五入的数据，数据合计可能存在不等于100%的情况。

实，其他用户就会减少或消除疑虑心理，增强对新产品的信任感，促使形成人数较多的早期大多数和后期大多数，直到最后滞后者也开始使用。

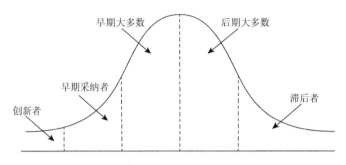

图 1-9　创新产品采用者分类

　　另外，也有一些专家认为对创新成果的采用不是一种被动行为，而是个人通过主动地寻求有关创新成果的信息，并决定是否采用的主动行为。这就是说，作为个人，除非觉得有益处，否则人们很少去留意一项创新成果的信息。即使人们有机会接触到有关信息，但是他们认为这些创新成果和他们的需要无关或者与他们的看法或信仰不一致的话，这种接触也不会产生任何效果。例如，有学者观察到，在美国，电话的扩散主要取决于需求而不是销售方面的努力，因为人们装不装电话取决于他们的需要和爱好，可见个人需要也是创新扩散的一个影响因子。

　　4）社会系统

　　社会系统指的是为了完成共同的目标而相互联系的个体所组成的单位，创新在此范围内传播。系统的社会结构影响着创新的扩散，包括文化、系统规则等方面。社会系统限定了创新扩散的范围。

1.7　技术接受和使用整合模型

1.7.1　技术接受和使用整合模型的提出

　　理性行为理论、计划行为理论、动机模型（motivational model，MM）、复合的技术接受模型和计划行为理论、创新扩散理论以及社会认知理论（social cognitive theory，SCT）等都在用户技术接受领域做出了显著的贡献，为未来的研究提供了不同的视角。然而，随着理论系统的多元化，不少学者开始反思多种不同类型的理论和模型的必要性、模型的可靠性等。他们认为这些理论仍然存在问题。第一，尽管每个理论在研究影响因素时使用了不同的信息技术，但是这些影响因素在本质上是同一个概念。由于行为研究的复杂性以及每个研究者的理论基础不同，可能不同的模型所能解释的因素存在一定的差异性。第二，由于行为研究的复杂性和研究者的局限性，没有一个理论可以覆盖所有的或大部分影响因素，每个理论都有其局限性。所以众多学者开始试探着在这些不同类型的模型中寻找到一个最佳的解释理论系统以实现对技术接受理论的有效解释。基于此，Venkatesh 等（2003）将这些模型进行整合，提出了技术接受和使用整合模型。技术接受和使用整合模型是组织成员接受并使用急剧发展中的电脑和信息技术的背景下产生的。Venkatesh 等（2003）在回顾并讨论了 8 个主要的信息技术接受模型后，比较了它们的异同点最后整合形成了技术接受和使用整合模型，从而在用户信息技术的采纳方面形成了一个较强的模型，如图 1-10 所示。

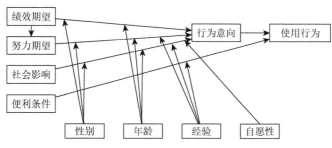

图 1-10　技术接受和使用整合模型

1.7.2　技术接受和使用整合模型的内容

Venkatesh 等（2003）通过对 4 个组织为期 6 个月 3 个阶段的数据收集，证明了此模型具有较高的解释力（解释了顾客使用意愿的 70%），从而能够帮助经理人理解用户采纳的动因，对那些不倾向于接受和使用新系统的人采取一些积极主动的措施。技术接受和使用整合模型认为有 4 个因素在顾客行为意向和使用行为中发挥着重要的影响：绩效期望、努力期望、社会影响与便利条件。其中，在绩效期望、努力期望、社会影响对采纳意向的关系中，经验、自愿性、性别与年龄起显著调节作用。他认为，性别、年龄在绩效期望与行为意向的关系中起调节作用，即对男性特别是年轻男性来讲，绩效期望对行为意向的影响是深刻的。性别、年龄和经验在努力期望对行为意向的关系中起调节作用，即女性，特别是经验处于第一阶段的年轻女性，努力期望对行为意向的调节作用显著。性别、年龄、自愿性、经验在社会影响对行为意向的关系中起调节作用，即对在强制环境下经验较少的、年纪较大的女性来说，社会影响对行为意向的调节作用明显。便利条件对使用行为的影响只在同时考虑年龄和经验影响的情况下才比较重要，如积累了相当经验的老年人。技术接受和使用整合模型发展了已有的理论并保持了简洁的结构（Venkatesh et al.，2003），各变量的核心概念、定义及来源如表 1-6 所示。

表1-6　技术接受和使用整合模型的核心概念、定义及来源

概念	定义	来源	定义
绩效期望	系统能帮助其实现目标的程度	感知有用性	使用者认为系统的使用可以改善工作绩效的程度
		外在动机	使用者对诸如可能获得提高工资或得到晋升的期望而进行某一行为的认知
		工作适配	系统加强个人工作绩效的能力及程度
		相对优势	使用新的技术能使工作做得更好的程度
		成果期望	与行为的结果有关，可分为绩效期望和个人期望
努力期望	个体感知的使用系统的难易程度	感知易用性	使用者感觉系统的易用程度
		复杂性	系统难以理解与使用的程度
		系统易用性	使用者使用创新技术时感觉难以使用的程度
社会影响	个体感知其他个体使用系统的行为，从而对自身行为进行调整	主观规范	对于自己比较重要的人认为自己是否应该采取某一行动的认知
		社会因素	在特定的社会语境中，个体内化群体的主观文化并形成特定的社会认同的程度
		自身形象	使用新的变革可以提升个体在社会系统中的形象与地位的程度
便利条件	个体感受到的相关技术、设备等可以提供支持的程度	感知行为控制	个体所感受到的内外部环境对自身行为的约束
		兼容性	使用者感受到的创新技术与自身的价值观、需求以及经验一致性的程度

1.7.3　技术接受和使用整合模型评价

技术接受和使用整合模型对于该领域的贡献首先是通过对以往用户接受模型的研究，将影响用户接受的因素分为：绩效期望、努力期望、社会影响和便利条件，比较清晰地描述出了影响用户接受行为的各种因素。其次，采用了很多的调节变量，这些调节变量的使用，使该模型的应用范围更广泛，预测的准确度更高。另外，技术接受和使用整合模型具备理论的简单性，非常适合作为理论基础。很多学者以技术接受和使用整合模型作为基础模型，在不同的技术领域，如网上银行、移动搜索、在线学习等进行了实证研究，证明了技术接受和使用整合模型在信息技术接受行为研究上具有广泛适用性。

然而，技术接受和使用整合模型仍然存在一些不足。首先，技术接受和使用整合模型的大部分实证研究都是在发达国家进行的，发展中国家对其研究还很少，因此，需要国内学者对它进行更多的验证。其次，该模型仍处于初级阶段，需要进一步界定模型界限和条件。另外，即使是使用了技术接受和使用整合模型解释用户的接受行为仍然是有局限性的：用户对技术的接受行为在很大程度上还受到

其他很多因素的影响，如技术的类型、用户的个体特征、感知成本等。因此，在具体研究中，还要充分考虑研究对象和研究背景，增加新的变量，来对用户行为进行更充分的研究。

1.7.4　技术接受和使用整合模型的发展——UTAUT2

随着技术的发展和演化，传统的仅仅基于组织内部的应用性技术的研究受到了很大的挑战，信息技术从传统的办公领域拓展到了个人的应用领域以及娱乐领域，这种拓展使得传统的理论系统的技术接受模型以及技术接受和使用整合模型都得到了新的挑战。因此，现有的研究对相关的理论系统进行了一定的整合。

相关理论系统依据本身研究对象的差异，对技术接受和使用整合模型的拓展主要有以下三个方面。第一个方面是应用情境的拓展——新技术，如合作性技术、健康信息系统；新的应用群体，如消费者；新的文化背景，如中国和印度等。第二个方面则是新的构想的引入，以拓展技术接受和使用整合模型。第三个方面是增加新的外部变量，即用外部的预测变量以预测相关技术的接受解释。总体而言，研究者发现随着技术的发展，有必要对以往的一些理论模型进行不断的修正，以实现更好的理论预测，尤其是在办公性技术转向娱乐性技术，同时一类技术存在多种替代技术的背景下，个体对一类技术的选择可能基于完全不同的决策规则，以往的理论模型的基础变量可能更加体现为一种必要而非充分的因素，新的因素的引入显得尤为必要。因此，一个新的整合模型即 UTAUT2（unified theory of acceptance and use of technology2）模型被提出，如图 1-11 所示，用以解释办公性技术和基于消费者的娱乐性技术如何影响消费者的技术接受的问题。

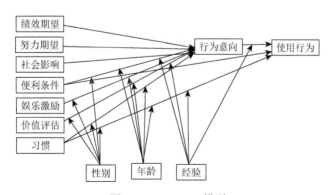

图 1-11　UTAUT2 模型

在消费者情境下，UTAUT2 模型中娱乐激励指消费者使用系统所获得的愉悦感。价格评估指消费者使用系统时的感知利益和实际货币支出的权衡。习惯指消费者在实践中形成的对某一行为具有稳定性偏好的程度。而年龄、性别、经验会对相应的变量产生重要的调节效应。这一拓展使得原有的基于办公技术的应用得到了实质性的拓展，这种消费者情境化的技术分析，使得研究者发现，个体本身使用的习惯以及相关技术本身的娱乐性可能会完全改变一项技术本身是不是能够被接受或者能够得到传播。相较于技术接受和使用整合模型，UTAUT2 模型中绩效期望、努力期望、社会影响以及便利条件对个体的行为意向仍然存在重要的直接影响，但这种影响会受到年龄、性别和经验的影响。

第 2 章　基于技术接受和使用整合理论的奢侈品网络商城用户接受行为研究

近年来，随着经济的迅猛发展，中国逐渐成为奢侈品消费大国，各大国际奢侈品品牌抢占中国市场，入驻中国一线、二线城市。与此同时，奢侈品市场也引起了电商的注意，电商纷纷建立了奢侈品电子商务销售平台。电商对于网络上购买奢侈品的用户特征认知度不同，奢侈品的电子商务平台种类繁多，多以 B2C 平台建立，但形式大多不同，因此本章针对奢侈品网络商城用户接受行为进行研究，研究奢侈品网络商城用户接受行为的影响因素。

本章基于技术接受和使用整合理论，通过结合研究对象本身特点，对模型进行讨论，在原有技术接受和使用整合模型的基础上，增加新的变量，构建了本章的研究模型。通过问卷调查网站的收集调查问卷，并应用 SPSS 和 AMOS 软件对所得数据进行分析，对模型进行拟合、修正，对所提出的假设进行检验，从而验证奢侈品网络商城用户接受行为的主要影响因素（黄学，2013）。

2.1　本 章 绪 论

2.1.1　研究背景

进入 21 世纪，中国的经济迅猛增长，居民生活水平不断提高，消费者收入增加，使奢侈品消费力度不断提高。

阿里、京东在品牌资源、平台等方面加快布局。2017 年，阿里在天猫推出奢侈品频道 LuxuryPavilion，此外还投资了奢侈品电商魅力惠，与历峰集团旗下奢侈品电商 YNAP（Yoox Net-A-Porter）成立合资公司，双方打通平台。截止到 2019 年 6 月，华伦天奴（Valentino）、博柏利（Burberry）以及葆蝶家（BottegaVeneta）等 111 个奢侈品牌入驻天猫；2019 年 7 月，香奈儿（CHANEL）美妆类别官方旗舰店开业，店铺粉丝数已近 32 万人。京东则投资了外国背景的 FARFETCH 成为其最大股东，在其进入中国后，将自营奢侈品频道 TOPLIFE 也并入其中，拿到不少开云（Kering）、博柏利的品牌资源，还推出首家奢护线下店，与寺库争夺奢侈品后市场的"蛋糕"。2018 年，中国消费者一举买下了全球 1/3 的奢侈品。

2.1.2　研究目的与意义

1. 本章研究目的

从宏观的角度看,中国线下奢侈品市场繁荣,中国线上的奢侈品市场没有深度开发,年龄层次相比国外较低,购买类别趋近于饰品、服装等,故奢侈品电商数量激增的状况可理解。但从微观角度看,在中国这个庞大的市场,电商需要长期的信誉累积和体系的完善,并且针对中国奢侈品网络商城用户接受行为进行分析。对于奢侈品网络商城用户接受行为的研究和分析这一领域,涉及的学者较少。故探索奢侈品网络商场用户接受行为是本章研究的中心,结合奢侈品网络商城自身特点,在技术接受和使用整合模型的基础上修改模型及增加变量进行实证研究,从而能更好地解释数据。

2. 本章研究意义

从理论意义上看,随着电子商务的发展,学术界对于电子商务领域的研究一直非常重视,研究成果也颇丰。但是,由于信息技术和市场信息更新速度较快,一项新的技术或者形式、一个市场的迅速繁荣都会带来互联网电子商务的迅速反应,在反应的同时,电商抓住的是时机,而不是对市场的把握,其商业模式并不能得到用户在技术和行为层面上的接受。

本章基于技术接受和使用整合理论,其是多种 IT(Internet technology,互联网技术)技术接受理论的综合,考虑的因素比较全面,解释力大于 0.7。技术接受和使用整合模型在理论的深度上综合了技术接受领域的理论研究成果,更加全面和成熟,并且在近几年针对其实证研究的广度上也得到了验证。理论是在 2003 年由 Davis 等提出的一个信息系统行为接受的整合模型,模型的理论基础包括:理性行为理论、计划行为理论、动机理论、PC(personal computer,个人电脑)利用理论、社会认知理论、创新扩散理论、技术适配理论、复合的技术接受模型和计划行为理论。这些理论在技术接受领域中具有一定的局限性,将其进行整合能更好地解释信息系统的接受程度、影响因素及调节因素等(高芙蓉和高雪莲,2011)。

目前该理论应用研究中大部分集中在某项应用技术是否被接受,没有将理论的调节变量的作用发挥到一定的高度,技术的应用主角是人,人的行为决定一切,从行为导向来看,理论应用更应该注重行为因素,以及调节变量的相应配合。回顾关于技术接受和使用整合理论的相关文章,大部分的研究集中在关注个体,忽略了不同群体技术接受程度和差异化程度,这就导致了调查评估技术是否被接受的新情况反映得很全面,不能针对不同市场、地域、行业等进行技术修订。最后,大部分研究的领域是为了对市场或技术的未来发展进行估计，而没有作指导性和改变行为方向的研究。本章基于技术接受和使用整合理论对奢侈品网络商城用户接受行为进行研究，关注用户的行为导向。

从现实意义来看，金融危机开始，奢侈品市场在中国持续繁荣，在世界范围内，奢侈品市场普遍不景气的情况下，中国奢侈品市场的增长速度一直处于赶超阶段，2012 年的数据表明，中国已经成为奢侈品市场消费的第一大国。与此同时，随着网络购物网站用户数量逐渐激增，中国消费者越来越接受网络购物，2011 年数据表明中国的网络购物成交金额较上年增加了 66%，于是奢侈品也在 2011 年迅速出现在中国网络购物平台，因为奢侈品本身的产品特性，奢侈品网络购物平台的形式主要为商对客电子商务平台，而非个人与个人之间的电子商务平台。从门户网站奢侈品频道转型到奢侈品网络商城，从奢侈品品牌集中的聚尚网，再到打着奢侈品价格战的唯品会。但值得关注的是，在 2011 年末到 2012 年初奢侈品市场竞争激烈，新浪的奢侈品频道暂停运营，唯品会却随即递交首次公开发行（initial public offering，IPO）申请。于是知道，在奢侈品由实体市场到网络市场的扩张进程中，部分电商没有考虑到用户对于奢侈品网络商城接受行为中哪些因素影响较大、哪些因素决定用户的接受行为等，且在网络购物系统日益完善的情况下，电子商务的形式也各不相同，由于奢侈品商城发展速度过快，不同的奢侈品电商对于市场的关注点各有不同，追究其原因是奢侈品电商对奢侈品消费者成熟度、行为特点的判断不同，形式包括团购、商城、预告打折、社区等，可见奢侈品电商瞄准奢侈品网络市场的发展前景还都处于探索阶段，故本章针对奢侈品网络商城用户购物行为进行分析，为奢侈品电商提供良好的建议。

2.1.3　国内外研究状况

目前针对奢侈品网络购物的相关文献研究较少，大部分的文献主要针对奢侈品网络消费市场分析、市场概况的调研，很少具体针对奢侈网络商城用户购物行为而作实证研究。

1. 国外研究状况

美国经济学家凡勃仑在《有闲阶级论》中详细阐述了有闲阶级的炫耀性消费形态，首次提出了奢侈品消费的炫耀行为，并指出有闲阶级消费者愿意通过消费更高的价格购买奢侈品，从而彰显自身的社会地位。

Leibenstein（1950）通过实证研究，对奢侈品消费者的购买动机进行聚类划分，得出关于奢侈品消费动机的三个维度，分别是炫耀动机、从众动机和特别动机。Dubois 和 Duquesne（1993）在研究奢侈品消费行为过程中，认为奢侈品区别于大众商品上的特点是文化，于是从文化的角度对其进行研究，阐述了自我概念的文化特点对奢侈品购物行为有很大的影响。

2. 国内研究状况

国内学者朱晓辉（2006）立足于本土化，在儒家文化背景下，通过实证方法，对有过奢侈品消费的高端商务人士进行研究。根据自我结构的概念——独立自我、他人依存的自我、关系自我，找出这三个自我解构的维度相对应影响下的奢侈品感知价值、社会性的感知价值以及个人的感知价值，进而找出中国消费者与西方消费者对传统奢侈品感知价值的区别。

李虹云（2009）在已有学者研究成果的基础上，通过实证研究，证实了国内奢侈品消费者存在五种维度——炫耀价值、独特价值、品质价值、审美价值和自我赠礼，并研究年龄等其他人口统计变量对奢侈品感知价值的影响。

2.1.4　研究方法

本章以实证研究为主。通过对奢侈品相关概念的界定、技术接受和使用整合的讨论、感知风险理论讨论，在考虑研究对象的特点后，提出修改模型。通过整理问卷的数据，描述性分析，概括问卷基本情况，对问卷进行信度和效度分析，确定问卷的可靠性和结构效度，最后通过结构方程建模对研究所建立的模型进行拟合，并对所得数据分析进行假设验证。

2.2　相　关　概　念

2.2.1　奢侈品相关概念界定

1. 奢侈品定义

奢侈品在道德伦理上一直备受争议，消费者通过消费珍贵稀有商品来满足自我享受、身份、地位等要求。对于奢侈品，人们一般认为其是难以消费的稀有商品，国内大部分消费者还是对其存在偏见，对于奢侈品的印象大多还停留在奢侈、浪费、炫耀、挥霍等贬义词里。

从权威字典对于奢侈品的定义和我国词典的解释相比较来看，可以确定的是奢侈品具备以下特征：昂贵；给予人愉快；是一种非必需品。

目前对于奢侈品定义的界定一直比较模糊，但事实上国内外学者对奢侈品的定义进行了很多研究，在不同时期，从不同角度来诠释奢侈品。

经济学家凡勃仑（1899）在《有闲阶级论》中论述，有闲阶级以消费作为博取荣誉的一个手段，而为了有效地增进消费者的荣誉，就必需从事于奢侈的、非必需从事于奢侈的、非必要的实物的消费。要博取好的名声，就不能免于浪费。他从奢侈品的高品质性和艺术性的特点来阐述奢侈品，认为奢侈品具备炫耀、浪费和高价的特点。

本章更倾向于将奢侈品定义为：超出人们日常生活的需要，具备稀缺、独特、珍贵等特点，能给消费者带来品质、高雅、具备一定社会地位象征的生活上的非必需品，其在于给消费者带来的是一种精致、高贵的生活方式，并且主要面向于高端市场。

2. 奢侈品网络商城的定义和特征

1）奢侈品网络商城的定义

互联网的迅速发展，以及金融危机对奢侈品的行业造成的打击，导致奢侈品行业开始逐渐从线下高端品牌店开始逐步迈向网络市场，在电子商务领域开拓新的发展方向。

目前，奢侈品的网站形式多样，包括以门户网站奢侈品频道为主的门户奢侈品网络商城，以价格取胜的限量发售的奢侈品购物网站，还有品牌专属网络商城。可以看出，通过网络购买奢侈品俨然成为流行的消费方式。

电子商务购物网站有几种平台，其中包括 B2B（business to business，企业与企业之间）、B2C 和 C2C（customer to customer，消费者和消费者之间）。B2B 平台是针对企业与企业之间的交易平台，本章不予考虑。由于奢侈品本身具备的稀有、珍贵、限量等特点，C2C 平台是存在的，大部分是代购或二手交易，其是否具有合法性是值得消费者注意的。目前奢侈品在电子商务中售卖的方式主要为 B2C，因此奢侈品网络商城应运而生。

奢侈品网络商城是指企业利用互联网、移动网络或其他数字信息渠道，与客户沟通交流，包括产品展示、服务提供、结合物流和信息服务等为个人或团体进行销售奢侈品的活动。

通过概念可以捕捉到如下信息：奢侈品网络商城不为企业提供服务，其只针对个人或家庭；奢侈品网络商城的渠道不仅仅指互联网平台，也包括其他数字网络，如移动网络；奢侈品网络商城销售活动既包括商品的交易活动，也包括提供咨询服务活动。

2）奢侈品网络商城的特征分析

提供完善的个性化服务的奢侈品网络商城，可以突破实体店整齐划一的经营服务。奢侈品线下店铺会高度保持经营的一致性，奢侈品网络商城可以利用其信息化的优势，能更好地提供给用户资讯或其他的相关服务，在能与用户个性化沟通的情况下，还能有效地提高用户的忠诚度和交易率。

奢侈品网络商城上的信息传播快、覆盖广，而线下奢侈品店铺的建立、店面的设计、工作人员的服务质量，都受地域的限制。由于奢侈品本身要维持其品牌形象，很难从地域上快速提高市场占有率。但奢侈品网络商城很好地突破了这一缺陷，从信息的传播和覆盖面上都能有效地传达和覆盖消费者。从消费者角度来看，奢侈品网络商城具有以下特征。

A. 购买方便

相比消费者在线下实体店的购买体验，通过奢侈品网络商城购买的消费者可以摆脱地域的限制、时间的限制，对于目前忙碌而紧张的生活，通过网络渠道来购买奢侈品，能更好地节省精力，在充分考核量化信息下实现舒服的购物体验。

B. 信息透明、详尽、及时

对于互联网提供的海量信息，消费者能更好地知晓奢侈品品牌的理念、网络商城的促销和推介信息。相比奢侈品实体店销售人员的能力有限，不是所有的销售人员都可以很好地知晓品牌的信息等，而奢侈品网络商城可以更好地、有针对性地为奢侈品网络商城用户提供更多的信息。

C. 具有一定价格优势

奢侈品网络商城能更好地节省物流成本、选址成本、运营成本、装修成本等，在商品价格不损害品牌价值的范围区间内，可以提供给网络商城用户优惠的价格，用户可以以相对较低的价格购买心仪的商品。

D. 个性化的服务

就目前电子商务的发展状况来看，网络商城的搜索系统、信息推荐系统、用户聚类等技术都得到了良好的应用，相对于实体店铺，凡在网络商城注册的用户，网络商城都会针对其消费或者浏览网页的历史来判断用户的消费喜好，来向其推荐和提供信息服务。

E. 商品范围更广

通常由于地域的限制，很难集中大量的奢侈品实体店，如果消费者想要购买其他品牌或种类的商品会浪费大量的时间。而奢侈品网络商城可以提供给用户相当多的选择类别和范围，在提高购物体验的同时，还能满足用户的需求。

2.2.2 技术接受和使用整合理论

1. 理论基础

随着信息产业的发展，信息技术行为接受理论得到了迅速的发展，这些理论大多是在技术接受模型的基础上衍生出来的，主要包括：动机模型、复合技术接受模型和计划行为理论（combined TAM and TPB，C-TAM-TPB）、社会认知理论、

PC 利用模型（model of PC utilization，MPCU）、TTF。这些理论在 IT 技术接受领域均得到了很好的应用，由于技术接受模型较简洁，且没有细化，这些理论根据研究领域不同，在原有模型的基础上发展了模型。技术接受拓展模型在承认理性行为理论的同时，在原有理论模型框架上，增加了主观规范；动机模型从用户使用动机的角度研究分析，改变和总结了技术接受模型的解释变量，将变量定义为外在动机和内在动机；C-TAM-TPB 整合了技术接受模型和计划行为理论的特点，将行为态度、主观规范、感知有用性，定义为解释变量；值得注意的是 MPCU，深化了技术接受的各个理论，将工作使用性、复杂性、长期结果、行为意向或情感、社会因素和系统条件作为解释变量，提高了解释度；社会认知理论则更关注于行为导向，将结果期望绩效、结果期望个人、自我效能感、情感和焦虑作为解释变量。

技术接受模型提供了简洁易用的理论框架的同时，可以看出，技术接受的系列理论从技术层面上的关注，在保留技术层面上的应用的基础上，逐渐关注人作为个体的行为导向层面，更关注于个体情感、期望和意愿等。这些理论模型使用了不同的解释变量同时，从本质上看这些解释变量属于同一概念。这些理论是由于行为研究的复杂性、研究者的局限性和研究领域关注不同所发展的，没有一个理论可以包含所有的或者大部分的解释变量，就此说明每个理论都具有相当的局限性。故基于此，Venkatesh 等（2003）将之前的这些理论模型进行了整合提出了技术接受和使用整合理论。

2. 模型讨论

首先，技术接受和使用整合理论对于技术接受领域的贡献在于将涉及相同范畴的解释变量进行归类统一，这就使得模型可以比较完整地描述用户对于技术接受行为的各种影响因素；其次，技术接受和使用整合理论采用了调节变量进行更加具体的分析，使得模型所涉及的范围拓宽，预测准确性提高，获取、分析信息量增加；最后，技术接受和使用整合因其结构框架明了简单，很多研究学者都以技术接受和使用整合理论为模型基础，将其应用在不同的技术接受领域，进行了实证研究，目前技术接受和使用整合理论更多地应用在信息技术接受行为领域的研究。

虽然技术接受和使用整合理论集多种理论于一身，解释度很高，但是目前来看仍有很多不足。技术接受和使用整合理论是在 2003 年首先被提出来的，由于理论较新，近几年学者才开始应用技术接受和使用整合理论解决分析技术接受领域问题，而且其研究对象所处的环境和文化背景主要集中在发达国家，针对不同文化背景和研究对象，技术接受和使用整合理论还有待探讨；再者，对于某些研究对象，技术接受和使用整合理论核心解释变量并没有涉及，其解释范围仍有局限性，如用户对于技术应用的成本感知、用户的性格特征和用户感知风险等。因此，在研究过程中，还应该针对研究对象、研究背景和用户基本特征等方面加以深化，需要增加解释变量，使得研究结果预测和解释度更准确。

综上所述，本章选择技术接受和使用整合理论作为基础，构建研究模型。

2.2.3 电子商务领域感知风险的相关研究

感知风险与电子商务息息相关。电子商务网站上的用户在进行决策的过程中必然会进行预测，预测行为的过程和行为的结果，感知其在决策后所带来的消极影响和风险因素。本章主要研究购物网站在用户接受过程中，用户所考虑的感知风险。一般在购物网站的用户感知风险分为两种：一种是实际利益风险，另一种是非实际利益风险。实际利益风险主要是与用户切身利益相关。比如，用户在网络商城上购物，由于网络上只提供规格、照片、商品广告等说明，但是用户并没使用，在这一过程中用户会感知其不合适自己。当用户决定购买的情况时，则会考虑付款过程是否安全，商品在运输过程中是否被损坏或者丢失。非实际利益风险主要包括用户情感方面的风险，用户在使用购物网站的过程产生消极情绪的风险。

感知风险是电子商务领域中研究用户行为影响的重要变量。有学者在研究网络购物与实体购物的过程中，发现相对于网络购物，消费者感觉实体购物会更有安全感，网络购物所带来的风险比较大，将感知风险进行分类，分别是社会风险、经济风险、性能风险和物理风险。

2.2.4 本节小结

本节为本章研究的理论基础，具体论述了奢侈品相关概念界定、奢侈品网络商城的特点，评价了各个有代表性的技术接受理论，重点论述了整合型技术接受理论。本节最后论述了感知风险理论，包括定义、构成及在电子商务领域中的应用，为下文增加模型中的外在因变量提供理论基础。

2.3 研究模型与假设

2.3.1 基于技术接受和使用整合理论的奢侈品网络商城用户接受行为模型

本章在技术接受和使用整合理论的基础上，提出修改技术接受和使用整合理论的奢侈品网络商城用户接受行为模型,原因如下。

首先,技术接受和使用整合是整合型的技术接受模型,其经过实证研究,解释度接近 70%,与其他技术行为接受模型相比,技术接受和使用整合模型更加简单、易用和全面,其解释变量的解释度较高。

其次,因为本章研究对象是奢侈品网络商城用户购物行为,将技术接受和使用整合的四个解释变量——绩效期望、努力期望、社会影响、便利条件,改为绩效期望、努力期望、社会影响、促进因素,即便利条件改为促进因素,原因为促进因素相比于便利条件,增加了促进条件这一含义。

再次,网络商城用户具有以下特点:具有一定网络购物经验;具有较高的品牌认知度;有一定的经济水平;年龄层次有一定限制等。而用户对于奢侈品网络商城购物系统的应用需要以下确认:确认奢侈品网络商城售卖的商品品牌具有较高的知名度;确认可以信任奢侈品网络商城销售商品全为正规渠道进货;确认网络支付系统的安全性;确认奢侈品网络商城具有良好口碑等。因在网络购物中消费者会对商品产生较高期许,认为与网站展示不符,或者在网络购物中产生支付风险,或者是在商品运输过程中,商品存在丢失或损坏风险,所以本章在技术接受和使用整合模型的基础上增加感知风险基础变量。针对奢侈品具有一定品牌知名度、高价值、社交价值等特点,针对奢侈品消费动机具有炫耀性、赠礼性、社交性等特点,使得社会期望变量具有一定局限性,故将社会影响主要解释线下影响,增加网络影响变量,使本章研究奢侈品网络商城用户接受行为更具体、更合理。

最后,根据本章研究对象和用户特点,对技术接受和使用整合理论中的调节变量进行删减,使模型更加易用、有效。技术接受和使用整合理论本身调节变量有年龄、性别、经验和行为意向。由于网络购物特点和奢侈品消费特点,“性别”会影响用户奢侈品网络商城购物行为,故“性别”作为本章研究模型的调节变量。由于近年电子商务的迅速发展和奢侈品商品自身特点,用户在奢侈品网络商城购物则会有网络购物经验,并且已经熟知网络交易中支付过程,故应用奢侈品网络商城交易平台用户都有网络购物经验,如果网络购物经验较少,则会影响其对于奢侈品网络商城购物体验,故“经验”作为本章研究模型的调节变量。统计数据显示,网络购物用户年龄层次主要在 20 岁到 35 岁之间,具有相当的网络购物经验、价格敏感、时尚追求等特点,“年龄”作为调节变量,其调节区间不具备明显特征区分年龄层次,故“年龄”不能作为本章研究模型的调节变量。综上,本章研究模型将保留“性别”“经验”两个控制变量。技术接受和使用整合理论修改模型如图 2-1 所示。

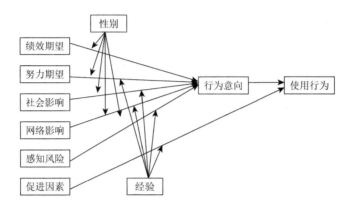

图 2-1　基于技术接受和使用整合理论（修改模型）的奢侈品网络商城用户接受行为模型

2.3.2　模型变量的测量维度

1. 绩效期望

绩效期望是指奢侈品网络商城可以为用户提供满足其需求的服务，给生活、工作等方面带来改善。本章研究主要参考 Davis（1986）在提出技术接受模型中开发出的感知有用性量表，在语言表达上进行适当的调整，同时结合奢侈品网络商城服务特点进行适当修改，如表 2-1 所示。

表 2-1　绩效期望的测量维度

问题代号	测量维度
PE1	奢侈品网络商城在我的日常生活中很有用
PE2	使用奢侈品网络商城网站能够使我更容易完成购物体验
PE3	使用奢侈品网络商城网站能让我选择更便宜的商品
PE4	使用奢侈品网络商城网站能够提高我找到所需要商品的效率
PE5	使用奢侈品网络商城可以提高我的生活质量

2. 努力期望

努力期望是指用户使用奢侈品网络商城的容易程度。奢侈品网络商城为用户所提供的浏览系统、搜索系统、支付系统等，其操作越容易，对用户的行为意向正影响越大。本章主要参考了 Venkatesh 等（2003）提出的努力期望量表，如表 2-2 所示。

表 2-2　努力期望的测量维度

问题代号	测量维度
EE1	使用奢侈品网络商城网站这件事对我来说是清楚的
EE2	我能熟练地在奢侈品网络商城上购买商品
EE3	对我来说，在奢侈品网络商城上完成购物是很容易的
EE4	对我来说，教别人如何使用奢侈品网络商城网站购物是很容易的

3. 社会影响

社会影响是指用户对于其重要的人建议其使用该系统的程度。在本章中则认为用户周围的人或者对其重要的人是否认为用户应该在奢侈品网络商城购物。社会影响使用户的行为和观念产生潜在的行为意图，量表如表 2-3 所示。

表 2-3　社会影响的测量维度

问题代号	测量维度
SE1	我周围的朋友和亲戚都建议我在奢侈品网络商城购物
SE2	在我周围，朋友通过奢侈品网络商城购买奢侈品已经是很平常的事
SE3	对我来说，在奢侈品网络商城上完成购物可以给生活带来很多乐趣，我身边的朋友也对此表示认同

4. 网络影响

由于网络自身特点，电子商务主要通过网络媒体宣传和引导，奢侈品网络商城宣传手段除在视频网站、门户网站和主流社交网站等强制性或植入性广告外，还关注社交、互动广告平台，如微博主题分享、社交网站用户分享等。此外，使用过奢侈品网络商城的用户在商城产生购物行为过程中对于服务和商品的评价，会对潜在用户具有相当大的影响。网络影响本属于解释变量中绩效期望的子变量，但是由于本章研究对象，需要更关注网络影响，所以扩大了 Venkatesh 等（2003）对于网络影响的量表内容，加入了技术接受模型在研究接受行为过程中提出的网络影响的量表，如表 2-4 所示。

表 2-4　网络影响的测量维度

问题代号	测量维度
II1	奢侈品网络商城在网络上进行广告宣传促使我浏览其网站并购物
II2	我会因为社交网站上好友分享奢侈品网络商城的相关信息，而去浏览并购物
II3	奢侈品网络商城用户对商品或商城服务的评价会影响我在网站上的购物意向

5. 感知风险

网络购物优越之处在于网络商店中的商品具有种类新、价格低，网络购物没有时间限制，商品容易查找，网络商品服务的范围广等特点。网络购物的问题主要有：信誉度问题、配送问题、支付问题、网络安全问题等。感知风险维度是感知风险研究的基础。我国学者井淼等（2007）在研究网络购物的过程中，在前人的基础上增加了服务和身体风险维度，以及感知风险的测量维度。

本章研究认同井淼等（2007）的观点，并参考以往研究，得出了网络购物模式下的感知风险维度的构成因素，如表 2-5 所示。

表 2-5　感知风险的测量维度

问题代号	测量维度
PR1	我会因为在奢侈品网络商城购物在社交中产生自卑感而担心
PR2	我会因为在奢侈品网络商城上购物过程中花费过多时间而担心
PR3	我会因在奢侈品网络商城购买的商品价格高、质量差或非正品而担心
PR4	我会因在奢侈品网络购物商城没有得到良好的购物体验而担心
PR5	我会因在奢侈品网络商城购物产生后悔等消极情绪而担心

6. 促进因素

促进因素是指用户对自身条件以及奢侈品网络商城提供的支付系统、浏览系统、物流体系和售后服务等具有完备程度感知。促进因素的量表，如表 2-6 所示。

表 2-6　促进因素的测量维度

问题代号	测量维度
FC1	奢侈品网络商城良好的浏览系统、支付系统会促使我尝试购买
FC2	奢侈品网络商城的完善的物流体系和售后体系会促使我尝试购买
FC3	我有在奢侈品网络商城购物的经济和技术条件
FC4	奢侈品网络商城的商品品牌美誉度、服务态度、价格会促使我尝试购买

7. 行为意向

行为意向是指奢侈品网络商城用户在未来完成购物体验的可能性。解释变量对其有直接作用。行为意向量表，如表 2-7 所示。

表 2-7　行为意向的测量维度

问题代号	测量维度
IT1	我有兴趣在奢侈品网站上购买奢侈品
IT2	对于奢侈品网站的购物流程、规则和服务，我愿意去了解
IT3	我愿意推荐朋友去奢侈品网络商城购物
IT4	在未来，我可能会继续在奢侈品网络商城上购物

8. 使用行为

使用行为是指用户在奢侈品网络商城上产生购物行为，完成一系列购物体验。本章通过使用历史、使用周期等问题来对变量进行测量。Venkatesh 等（2003）在研究技术接受和使用整合理论中提出关于使用行为的测量量表，如表 2-8 所示。

表 2-8　使用行为的测量维度

问题代号	测量维度
UB1	您在奢侈品网络商城购物的周期
UB2	您使用奢侈品网络商城的时间
UB3	您愿意推荐朋友去奢侈品网络商城购物的次数
UB4	您预计在奢侈品网络商城购物会持续的时间

2.3.3　模型假设

1. 结构模型中变量之间的假设

1）绩效期望与行为意向

有学者研究发现当用户开始使用新技术的同时，会在意新技术是否能带给其技术使用后的绩效，对新技术的使用绩效会影响用户对新技术的使用情况。技术接受和使用整合理论中的绩效期望是整合了技术接受模型、TAM2 与技术接受模型和计划行为理论的复合模型中的感知有用性以及 MPCU 模型中的工作适配性、动机模型中的外部激励绩效、社会认知理论的效果期望和创新扩散理论（innovation diffusion theory，IDT）的相对优势。

在技术接受和使用整合理论中，绩效期望是解释行为意向的重要解释变量，因此，本章测量绩效期望与行为意向的关系，并提出如下假设。

H2-1：绩效期望对奢侈品网络商城用户的行为意向有正向显著影响。

2）努力期望与行为意向

努力期望是指用户对于系统使用的难易程度、学习快慢和学习努力等，这些因素都会影响其对于系统的使用的行为意向。努力期望整合了技术接受模型的感知易用性、MPCU 中的感知复杂性等。

努力期望是影响行为意向的重要因素。如果用户认为奢侈品网络商城的购物系统、浏览系统、支付系统等操作的流程，过于烦琐冗杂，则会导致用户拒绝应用系统，降低对于系统的使用度，最终拒绝网络购物体验。因此，本章测量努力期望与行为意向之间的影响关系，并提出如下假设。

H2-2：努力期望对奢侈品网络商城用户的行为意向有正向显著影响。

3）社会影响与行为意向

社会影响是技术接受和使用整合理论整合了理性行为理论、计划行为理论的主观规范、创新扩散理论的形象因素、MPCU 中的社会影响因子。在技术接受领域的研究中，社会影响被证实对技术接受的行为意向有显著的影响。

奢侈品的购买动机本身具备社交因素，用户对于在奢侈品网络商城的行为意向，与其周围社交人群息息相关，社会影响对于行为意向存在显著影响关系。由于本章研究为奢侈品网络商城用户，其中网络影响对于用户的行为意向也有显著的影响，故将网络影响因子从社会影响中提出。因此，本章测量社会影响与行为意向之间的影响关系，并提出如下假设。

H2-3：社会影响对奢侈品网络商城用户的行为意向有正向显著影响。

4）网络影响与行为意向

由于奢侈品网络商场的宣传主要方式通过网络，而网络影响的因素与社会影响中的因素相关，用户接受行为不仅在现实中受周围社会环境的影响，在网络上也同样受社交信息的影响。比如，用户会因为社交网站好友的分享产生行为意向，会因为关注好友而对好友针对网站的评价好坏影响其行为意向等。邓朝华等（2007）在研究移动服务的使用行为中，得出网络影响对于用户接受行为起重要影响作用。有学者通过研究消费者购买决策，认为在当今网络时代，网络影响是影响消费者购买决策的关键因素。基于以上研究成果，本章提出如下假设。

H2-4：网络影响对奢侈品网络商城用户的行为意向有正向显著影响。

5）感知风险与行为意向

网络购物优越之处在于：通过网络购物的商品种类新、价格低、无时间限制、商品容易查找、地域范围广等。网络购物的不利之处主要有：信誉度问题、配送问题、支付问题、网络安全问题等。用户对于网络购物的感知风险会对行为意向产生影响，本章提出如下假设。

H2-5：感知风险对奢侈品网络商城用户的行为意向有负向显著影响。

6）促进因素与行为意向

促进因素是技术接受和使用整合理论整合了理性行为理论的感知行为控制，MPCU 的兼容性、促进条件，理性行为理论提出较早，感知行为控制在过往的技术接受研究中已被证实其对于行为意向存在显著影响关系。

用户对奢侈品网络商城产生购物行为意向之前，会对自身条件进行衡量，同时对奢侈品网络商城所具备的特点，如方便性、廉价性、省时性等客观因素进行衡量。因此，本章测量促进因素与行为意向之间的影响关系，并提出如下假设。

H2-6：促进因素对奢侈品网络商城用户的行为意向有正向显著影响。

2. 调节变量对模型的假设

1）性别的调节作用

在技术接受领域，性别是影响用户对于技术接受的重要因素。不同性别对不同技术的接受程度不同。井淼和周颖（2005）通过实证研究验证了性别对于经济、功能、隐私、心理等风险有显著影响。基于以上研究结论，本章提出如下假设。

H2-7：性别对奢侈品网络商城用户接受行为结构模型起调节作用。

2）网络购物经验的调节作用

虽然网络购物方式和流程大体一样，但针对不同电子商务网站其规则可能略有不同，根据网络购物经验的调节作用的建议，可以为奢侈品网络商城提供对于购物流程、退货、浏览页面等方面的合理化建议。Fishbein 和 Ajzen（1975）通过实证研究得出，经验是在个体对于实际行为产生后的客观认知，客观认知可以有助于行为，影响和调节行为意向、个人概念、行为。朱继文（2005）通过实证研究发现用户网络经验对于感知网络购物有用性影响较大。井淼等（2007）研究发现网络使用经验对于社会、身体风险有负相关影响。综上，对于网络购物经验的研究成果，本章提出如下假设。

H2-8：网络购物经验对奢侈品网络商城用户接受行为结构模型起调节作用。

2.3.4　本节小结

本节在文献综述的基础上，首先讨论了技术接受和使用整合模型，分析研究对象的特性和被调查者的特点后，在原有模型的基础上增加了变量感知风险，同时由于网络购物群体的本身特点，在原有的模型基础上减少了调节变量年龄。在模型确定后，确定各个变量的测量维度，为设计调查问卷做准备。最后根据确定的模型，对本节假设进行设定。本节为问卷设计、数据收集分析及实证研究做基础。

2.4　数据收集与分析方法

2.4.1　研究性质

本章的研究性质是实证研究，基于对课题的背景分析、文献研究，建立研究课题，寻找相关的技术接受理论，在原有接受理论的基础上，建立概念模型，提出研究假设，并对解释变量定义、设计研究方案，进行问卷的设计和发放，收集数据，分析数据，检验所提出的假设，并得出研究成果。

本章首先在研究课题背景后，确定从技术接受角度对奢侈品网络商城用户的行为进行研究，通过阅读技术接受相关理论，应用技术接受和使用整合模型，并提出假设。本章接下来的主要工作是问卷设计和收集有效数据，并对数据进行信度、效度检验及描述性分析，通过模型拟合验证模型中变量之间的关系，即验证假设关系。在数据收集中，本章主要针对奢侈品网络商城用户、奢侈品消费者、有网络购物经验用户和有一定消费能力的网络用户进行网络问卷调查。在统计分析中，本章通过 SPSS 软件对所收集数据进行系统分析，应用 AMOS 软件对模型进行拟合。

2.4.2　问卷设计

1. 初稿设计

对于行为导向的研究通常会应用问卷调查法。本章通过问卷调查法收集关于奢侈品网络商城用户购物行为的相关数据（问卷部分详见本书附录一）。为使被调查者理解概念性名称和问题，调查问卷的第一部分主要针对研究对象的背景进行介绍，及相关概念的解释和举例说明。

本章研究以技术接受和使用整合理论为基础，在其原有解释变量（绩效期望、努力期望、社会影响、促进因素）基础上，通过对研究对象的背景、性质、用户人群等方面进行分析，修改原有模型，增加“感知风险”“网络影响”两个解释变量，增加变量的目的是使模型更加完善，能全面地去解释行为导向的相关问题。本章通过参考相关文献确定各个变量维度，并引用解释度、信度和效度较高的量表。

本章调查问卷由研究对象背景、被调查者信息、用户在奢侈品网络商城购物行为的影响因素组成。研究课题背景主要通过简单文字举例说明奢侈品网络商城的概念及目前国内发展状况等；收集被调查者的基本信息，其目的是对模型进行调节变量的分析。

2. 测试及修改

由于奢侈品本身具有一定的炫耀性、赠予性、享乐性等，故在问卷发放前，通过对奢侈品网络商城用户以及有网络购物经验的消费者进行深度访谈，并邀请企业管理专业有网络购物经验的学生进行试答，对问卷题干进行修改，尽量做到在问题叙述方面减少答题者对研究对象产生情感偏差。为此，针对研究对象及背景，在网络问卷的开头会加入视频和文字的叙述，对大众熟知的奢侈品网络商城进行总结归类。

2.4.3　数据收集

1. 样本选取

本章研究对象需要具备以下特征：有一定的网络购物经验、具有一定的消费能力、潜在的奢侈品消费用户、奢侈品消费用户等。这就要求被调查者需要一定的经济基础和网络购物经验。故为了调查数据更确切、客观、多样和具有价值，问卷主要针对奢侈品网络商城用户、在 C2C 平台有过奢侈品购物经验的用户、已经有一定消费能力且具备网络购物经验的用户等进行调查。

2. 抽样方法

本章采用整群抽样方法，整群抽样是将总体划分为若干个互不相干、互不重复的集合，又称为群，通过群来对样本进行抽取抽样方式。由于本章研究奢侈品网络商城用户的行为，其中需要观测针对潜在用户的接受行为，故将群样本分为奢侈品网络商城现有用户、C2C 平台有过网络购买奢侈品经验的用户和有一定消费能力且具备网络购物经验的用户。问卷发放方式主要包括门户网站站内信发放、网络购物 SNS（social network site，社交网络）平台邮件发放、奢侈品网络商城用户 SNS 平台邮件发放等。针对其他抽样方法具有针对性不强，容易造成调查对象群类单一，或者调查对象不在调查范围内，有效样本量不足的问题，整群抽样可以有效地解决此类问题。

3. 样本规模

本章回收问卷的方式主要通过网络渠道进行收集，通过网络渠道可以排除漏答问卷，但是针对乱答、非真实的问卷，需要对问卷选项的重复率进行甄别。通过网络渠道针对性发放调查问卷数 268 份，去掉无效问卷 35 份，共得到有效调查问卷 233 份。

4. 数据收集方法

由于本章的研究对象为奢侈品网络商城用户，故本章主要采用互联网调查法，通过网络发布调查问卷，能快速、有效地收集问卷，针对有效样本推荐调查问卷，以提高研究所需问卷的质量。问卷收集通过网络系统整理方便了分析软件导入，同时在问卷设计中，言简意赅，消除感情因素，使被调查者能更准确客观地提供答案。

2.4.4 数据分析方法

1. 描述性统计分析

描述性统计分析是通过数学语言来描述样本特征或者是样本中各个变量之间的关系特征，用来进行统计样本数据，在众多观测数据中不能单一观察某个样本数据，需要从总体观察数据。通过总体的观察可以看出数据的总体特征等。

本章通过 SPSS 软件，对从问卷调查网站中收集的数据进行分析处理，对模型的整体数据信息进行总结。

2. 信度分析

可靠性信度包括执行量表以及测量参与者对测量的所有项目反应一致性，折半信度和 α 系数。折半信度是将受测项目分成两半，然后估计参与者对两个部分反应的一致性。本章使用 α 系数进行信度分析，α 系数的取值范围通常是 0 到 1，取值越大表明一系列项目的内部一致性越强（张虎和田茂峰，2007）。表 2-9 显示的是 α 系数不同取值范围的正确性的近似准则（温忠麟和叶宝娟，2011）。

表 2-9 对不同 α 系数值的内部一致可靠性估计的正确性

α 系数	正确性
0.90 及以上	优秀
0.80～0.89	好
0.70～0.79	一般
0.60～0.69	边缘
0.59 及以下	差

3. 效度分析

效度包含两个条件：第一个条件是测量工具确定是在测量其所要探讨的观念，而非其他观念；第二个条件是能正确地测量出该观念。一般学术研究中常出现的效度有下列三种，但是因为测量困难，研究者只能选择其中一种来说明变量的效度。

1）内容效度

内容效度又称表面效度、逻辑效度。内容效度是指测量工具是否涵盖了它所要测量的观念的所有项目层。大体而言，如果测量工具涵盖了它所要测量的观念的代表性项目，则此测量工具基本上可认为是具体的内容效度。

2）效标效度

效标效度又称为效标关联效度、效标取向效度、实证效度、统计效度、经验效度，是效度的一种类型，测验分数与效标分数之间的相关程度，反映测验测查或预测个体在某种情境下行为表现的有效性程度，涉及对于同一观念的多测量。根据搜集效标的时间，可以将效标效度分为同时效度和预测效度，同时效度是指某一测量工具在描述目前的特殊现象的有效性。预测效度是指某一测量工具能够预测未来的能力。

3）建构效度

建构效度是指测量工具能够测量理论的概念或特质的程度。一般来说，在检验建构过程中，必须从某一理论建构着手，然后再测量及分析，以及验证其结果是否符合原理论及建构。

本章主要是对问卷的建构效度进行测量，主要采用因子分析法，对变量的问卷效度进行因子分析，将因素负荷大小作为删除标准。如果某问题形成单一因子则表示信度低，需删除。如果问题的因素负荷小于 0.45，则需删除。

进行因子分析前需要进行 KMO（Kaiser-Meyer-Olkin）和 Bartlett（巴特利特）球形检验来判断样本是否适合进行因子分析。KMO 表示变量与其相关系数和净相关系数的比，一般其值大于 0.5，则表示可以进行因子分析。Bartlett 球形检验用来检验相关系数是否不同且大于 0，若 Bartlett 球形检验的 P 值小于 0.01，则说明因子的相关系数矩阵为非单位矩阵，其能够提取最少的因子且可以解释方差。

4. 结构方程模型

结构方程模型（structural equation modeling，SEM）又称为潜变量模型。结构方程模型早期被称为线性结构关系模型、潜变量分析、验证性因素分析等。通常结构方程模型属于高等统计学范畴，为多变量统计学，它将路径分析和因素分析良好地结合在一起。在应用两种统计方法的同时，检验线性变量、潜在变量和误差之间的关系，从而可以得到结构方程模型中解释变量与因变量之间的直接效果、间接效果或者总体效果。结构方程模型分析的基本假设与多变量总体统计方法相同，样本数据需要确定多变量正态假设，数据分布必须符合正态分布，测量指标变量呈线性关系。结构方程模型基本上是一种验证性方法，必须要有理论或者经验法则支持，理论的引导作为前提，在理论的引导下才能建立假设模型图（侯杰泰和成子娟，1999）。由于样本必须符合正态分布，所以在进行结构方程模型估计与决定模型是否被接受时应参考多向度的指标值加以综合判断。

在众多结构方程模型分析软件中，除 LISREL 外，AMOS 也是其中普及软件之一。AMOS 相对于其他统计类软件其具有可视化特点，通过工具箱中的图像工具结果方程模型的建立，可以跳过烦琐的编程，直接进行绘制模型图、浏览估计模型图和对模型图进行修改，评估模型的适配情况，参考修正指标，最终得到最优模型（李顺会和白欣荣，2009）。对于结构方程模型的分析与操作，本章主要应用 AMOS 进行模型的检验与分析。

适配度指标是用来评价研究中所假设的路径分析模型图与数据是否相适配，其并不能解释和否定路径分析模型图，适配度较好的模型图也不能说明其为最优模型（温忠麟等，2004）。本章讨论的模型适度，指的是假设的理论模型与实际数据的一致性程度。表 2-10 为结构方程模型的整体模型适配度的评价指标及其评价标准。

表 2-10　结构方程模型的整体模型适配度的评价指标及其评价标准

统计检验量	适配的标准或临界值
卡方值	显著性概率值 $P>0.05$（未达显著水平）
GFI 值	>0.90
AGFI 值	>0.90
RMR 值	<0.05
RMSEA 值	<0.05（适配良好）；<0.08（适配合理）
NCP 值	越小越好，90%的置信区间包含 0

注：GFI（goodness-of-fit index，拟合优度指数）；AGFI（adjusted good fit index，调整的拟合优度）；RMR（root mean square residual，均方根残差）；RMSEA（root-mean-square error of approximation，近似误差均方根）；NCP（non-centrality parameter，非中心参数）

2.4.5　本节小结

本节首先确定了本章的研究性质，之后进行问卷的设计，包括初稿的设计、测试及修改。在确定问卷后，将问卷在网络上进行发放后收集起来，并且确定样本的选取范围、抽样方法、样本规模和数据收集方法。本节最后阐述了实证研究方法，包括信度、效度的分析和结构方程模型，并列出评价标准。本节为之后的实证研究做了充分的准备。

2.5　奢侈品网络商城用户接受行为实证分析

2.5.1　问卷描述统计分析

如表 2-11 所示，可以观察出问卷测试人群的性别、年龄、受教育程度、收入和网络购物经验。通过对问卷样本的基本统计信息，可以看出被调查者基本信息的分布。

表 2-11　问卷描述统计表

人口统计特征	分类	频率	有效百分比	累计百分比
性别	男	91	39.1%	39.1%
	女	142	60.9%	100.0%
年龄	25 岁及以下	101	43.3%	43.3%
	25～30 岁（含）	124	53.2%	96.6%
	30～35 岁	7	3.0%	99.6%
	35 岁及以上	1	0.4%	100.0%
受教育程度	大专及大专以下	24	10.3%	10.3%
	本科	111	47.6%	57.9%
	硕士	95	40.8%	98.7%
	博士	3	1.3%	100.0%
收入	1 000 元及 1 000 元以下	75	32.2%	32.2%
	1 000～3 000 元（含）	84	36.1%	68.2%
	3 000～5 000 元（含）	50	21.5%	89.7%
	5 000～10 000 元（含）	19	8.2%	97.9%
	10 000 元以上	5	2.1%	100.0%
网络购物经验	2 年及以下	44	18.9%	18.9%
	2～3 年	91	39.1%	57.9%
	3（含）～5 年	63	27.0%	85.0%
	5 年及以上	35	15.0%	100.0%

注：表中为经过四舍五入的数据，数据可能存在误差

从表 2-11 可见，参与问卷的男性比例占 39.1%，女性比例占 60.9%，参与问卷调查者的比例不相等主要是由于问卷以网络方式定向发放，针对奢侈品网络商城的用户、奢侈品论坛等指定发放，因为奢侈品产品本身具有的特性，所以被调

查的女性比例偏高。本章的调查问卷是通过网络渠道发放的，就目前中国网络用户的年龄层次来看，年轻人居多，故本章几乎 99%被调查者的年龄在 35 岁以下。而又因为目前在奢侈品网络商城所销售的奢侈品中，其新奢侈品类别占一定比例，对于昂贵的旧奢侈品销售比例偏低，所以接受网络购物的调查者的年龄普遍在 35 岁以下，收入主要在 1000～3000 元（含）。从表 2-11 中也可看出被调查者的网络购物经验较丰富。

2.5.2　问卷信度和效度分析

1. 信度分析

本章使用 α 系数进行信度分析，α 系数的取值范围通常是 0 到 1，取值越大表明一系列项目的内部一致性越强。

信度分析结构如表 2-12 所示，所得变量的 α 系数值大于参数的最低标准 0.7，说明本次的调查问卷具有一定的可靠性。

表 2-12　项总计统计量

变量	问题选项	校正的项总计相关性	项已删除的 Cronbach's α 值	各变量的 Cronbach's α 值
绩效期望	PE1	0.577	0.737	0.764
	PE2	0.546	0.747	
	PE3	0.449	0.752	
	PE4	0.500	0.733	
	PE5	0.602	0.798	
努力期望	EE1	0.590	0.792	0.817
	EE2	0.733	0.824	
	EE3	0.638	0.771	
	EE4	0.595	0.790	
社会影响	SE1	0.587	0.745	0.746
	SE2	0.666	0.736	
	SE3	0.474	0.767	
网络影响	II1	0.624	0.808	0.760
	II2	0.612	0.755	
	II3	0.548	0.738	
感知风险	PR1	0.102	0.864	0.890
	PR2	0.424	0.749	
	PR3	0.580	0.876	
	PR4	0.617	0.766	
	PR5	0.540	0.897	

续表

变量	问题选项	校正的项总计相关性	项已删除的 Cronbach's α 值	各变量的 Cronbach's α 值
促进因素	FC1	0.588	0.836	0.732
	FC2	0.647	0.794	
	FC3	0.292	0.799	
	FC4	0.597	0.727	
行为意向	IT1	0.669	0.824	0.853
	IT2	0.742	0.793	
	IT3	0.718	0.803	
	IT4	0.649	0.832	
使用行为	UB1	0.443	0.735	0.755
	UB2	0.404	0.814	
	UB3	0.484	0.763	
	UB4	0.475	0.758	

2. 效度分析

本章对于问卷的效度分析主要是测量建构效度，分析方法应用因子分析，将因素负荷的大小作为删除标准。如果某问题形成单一因子则表示信度低，需删除。如果问题的因素负荷小于 0.45，则需删除。

进行因子分析前需要进行 KMO 和 Bartlett 球形检验来判断样本是否适合进行因子分析。该方法详见 2.4.4 节。

通过 SPSS 软件，对所收集的问卷样本进行因子分析，如表 2-13 所示 KMO 值为 0.912，说明因子分析的效果较好，Bartlett 球形检验在 1% 的显著性水平上显著，说明数据系数不是单位矩阵，适合做因子分析。本章各个变量的 KMO 值及 Bartlett 球形检验结果如表 2-14 所示，可以得出数据样本进行因子分析。

表 2-13　KMO 和 Bartlett 球形检验

取样足够度的 KMO 度量		0.912
Bartlett 球形检验	近似卡方	3625.796
	df	496
	Sig.	0.000

表 2-14　各变量 KMO 和 Bartlett 球形检验效度分析表

变量	KMO	Bartlett 球形检验		
		近似卡方	df	Sig.
绩效期望	0.809	260.617	10	0.000
努力期望	0.721	348.980	6	0.000

续表

变量	KMO	Bartlett 球形检验		
		近似卡方	df	Sig.
社会影响	0.643	175.254	3	0.000
网络影响	0.688	179.490	3	0.000
感知风险	0.715	270.154	10	0.000
促进因素	0.712	249.899	6	0.000
行为意向	0.796	410.325	6	0.000
使用行为	0.658	152.577	6	0.000

如表 2-15 所示，对同一因素如果对应的因素负荷大于 0.5，就可以认为此变量的收敛效度佳。本章的数据因素负荷均大于 0.5，则证明其变量的收敛效度较好。

表 2-15　因素负荷表

潜变量	显变量	因素负荷	潜变量	显变量	因素负荷
绩效期望	PE1	0.628	感知风险	PR1	0.688
	PE2	0.710		PR2	0.734
	PE3	0.708		PR3	0.733
	PE4	0.714		PR4	0.728
	PE5	0.622		PR5	0.650
努力期望	EE1	0.646	促进因素	FC1	0.749
	EE2	0.765		FC2	0.703
	EE3	0.624		FC3	0.867
	EE4	0.643		FC4	0.763
行为意向	IT1	0.637	使用行为	UB1	0.793
	IT2	0.611		UB2	0.702
	IT3	0.647		UB3	0.883
	IT4	0.652		UB4	0.686
社会影响	SE1	0.650	网络影响	II1	0.625
	SE2	0.615		II2	0.627
	SE3	0.747		II3	0.697

通过因子分析对效度分析的结果显示，本章研究的测量结果具有一定的效度，为数据分析建立了良好的基础。

2.5.3　模型检验和假设验证

1. 数据拟合和模型

本章通过结构方程，对基于技术接受和使用整合理论所建立的奢侈品网络商城用户接受行为模型进行处理、分析，计算各个显变量与潜变量、潜变量与潜变量之间的路径标准化的回归系数，通过得出的系数，来了解变量之间的关系，验证假设。

　　本章基于问卷数据，利用 AMOS 软件进行初步分析，如图 2-2 所示，其中 $F1\sim$ $F8$ 的含义分为绩效期望、努力期望、社会影响、网络影响、感知风险、促进因素、行为意向、使用行为。

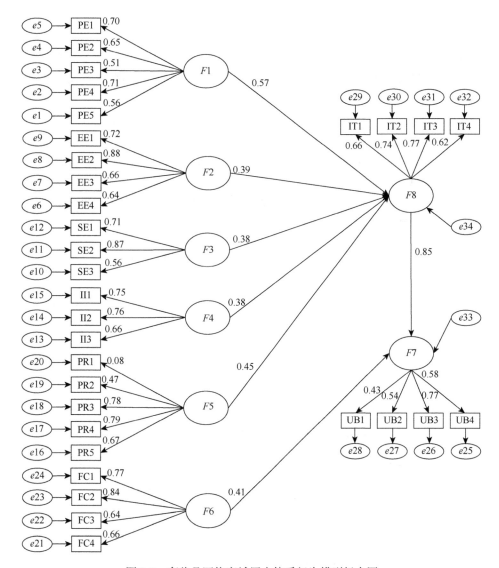

图 2-2　奢侈品网络商城用户接受行为模型拟合图

　　研究所得的指标均达到标准，模型得到很好的拟合，模型拟合指标如表 2-16 所示。

表 2-16　各拟合指标

统计检验量	卡方值	GFI	AGFI	RMR	RMSEA	CFI
检验结果数据	327.25	0.928	0.909	0.032	0.037	0.932
模型适配判断	是	是	是	是	是	是

注：CFI 为 comparative fit index，相对拟合统计指数

2. 模型假设检验

在推论统计中，会根据变量的属性及其相互之间的关系，选用适当的统计方法，并选定显著水平，决定单侧检验或双侧检验，之后会得到统计量及显著性概率值 P，如果显著性概率值 P 小于 0.05，那么就拒绝虚无假设，接受对立假设，形成变量与变量之间的相关性显著。在结构方程模型检验中，研究者所期盼获得的结果是接受虚无假设。因为一个不显著的检验结果，说明虚无假设不应该被拒绝，样本的协方差矩阵与假设理论隐含矩阵越来越相近，理论模型和实证数据越契合，则模型的适配度越优。

从表 2-17 中可以看出，各个路径 P 值均大于 0.05，接受虚无假设，理论模型契合实证数据结构。本章的模型假设验证结构如表 2-18 所示。

表 2-17　路径系数固定值与 P 值表

路径	路径系数固定值	P
$F8 \leftarrow F5$	0.45	0.388
$F8 \leftarrow F4$	0.38	0.375
$F8 \leftarrow F3$	0.38	0.201
$F8 \leftarrow F2$	0.39	0.116
$F8 \leftarrow F1$	0.57	0.372
$F7 \leftarrow F6$	0.41	0.246
$F7 \leftarrow F8$	0.85	0.421

表 2-18　奢侈品网络商城用户接受行为模型假设验证结果

假设编号	假设内容	验证结果
H2-1	绩效期望对奢侈品网络商城用户的行为意向有正向显著影响	成立
H2-2	努力期望对奢侈品网络商城用户的行为意向有正向显著影响	成立
H2-3	社会影响对奢侈品网络商城用户的行为意向有正向显著影响	成立
H2-4	网络影响对奢侈品网络商城用户的行为意向有正向显著影响	成立
H2-5	感知风险对奢侈品网络商城用户的行为意向有负向显著影响	成立
H2-6	促进因素对奢侈品网络商城用户的行为意向有正向显著影响	成立

3. 调节变量假设检验

调节效应是交互效应的一种，是有因果指向的交互效应，而单纯的交互效应可

以互为因果关系。调节变量一般不受自变量和因变量影响，但是可以影响自变量和因变量。调节变量不能作为中介变量，中介变量会受到自变量和因变量的影响，一般常见的调节变量有性别、年龄、收入水平、经验、文化水平等。在多元回归分析中，对调节效应的检验就是检验自变量和调节变量之间的交互效应是否显著。

由于本章问卷调查主要通过网络形式发放，在本章的描述性统计分析中可看出，年龄 30 岁及以下的被调查者数量达 96.6%，从客观上看，是由于本章研究对象为奢侈品网络商城用户，针对性地对网络商城用户、奢侈品网站用户和相关论坛等发放调查问卷，相对来说具有一定局限性，年龄层次偏低，通过结构方程分析，年龄作为调节变量在样本分布中过于集中，无法对模型变量与变量之间进行调节，这也是本章研究的不足。

本章通过 AMOS 软件检验调节变量对于模型的调节效应，测量模型的调节效应采用学者温忠麟在 AMOS 中分组比较的方法，主要方法是将两组的结构方程回归系数限制为相等，得到一组卡方值和相应的自由度，然后取消限制，重新进行估计，得到第二组卡方值和相应自由度。将两组卡方值相减，如果所得卡方值被检验为是统计显著，则调节效应显著。

1）性别

本章对性别分组，通过 AMOS 软件在原有设定模型图的基础上，针对不同性别，进行多群组潜变量路径分析，估计模型，所得拟合指标如表 2-19 所示，其显示女性组别比男性组别拟合度明显。

表 2-19　性别调节变量下模型拟合指标

统计检验量		卡方值	GFI	AGFI	RMR	RMSEA	CFI
检验结果数据	男	264.032	0.812	0.8326	0.043	0.049	0.924
	女	240.915	0.886	0.865	0.021	0.032	0.962
模型适配判断		是	是	是	是	是	是

表 2-20 为模型拟合后得出的路径系数和显著性概率值 P，均表示可以模型拟合，并接受虚无假设。但分组拟合数据显示，女性可以增加影响因素负荷，各个潜变量对于行为意向的影响会加大，这说明性别这一调节变量起到调节作用。

表 2-20　性别在各个路径下路径系数及显著性概率值 P

路径	分析结果			
	分组	路径系数	P 值	判断
$F8 \leftarrow F1$	男	0.33	0.328	对女性影响较为显著
	女	0.52	0.435	

路径	分析结果			
	分组	路径系数	P 值	判断
$F8 \leftarrow F2$	男	0.26	0.232	对女性影响较为显著
	女	0.47	0.532	
$F8 \leftarrow F3$	男	0.31	0.122	对女性影响较为显著
	女	0.38	0.565	
$F8 \leftarrow F4$	男	0.46	0.213	对女性影响较为显著
	女	0.57	0.422	

2）经验

在问卷调查过程中，网络购物经验的选项包括四项：2 年及以下、2～3 年、3（含）～5 年和 5 年以上。从分析中考虑到，针对各项单独进行多群组潜变量路径分析，其样本数量较少，不能达到良好的拟合效果。故从选项中分出两大类：3年及以内和 3 年以上。这种方式可以避免样本数量过小，也可以区别网购经验丰富和缺少经验两类样本群体对于模型的拟合程度。从模型拟合指标来看（表 2-21），模型拟合指标均达到标准。具有 3 年以上经验的样本群体基本上从指标上看，并没有很好地说明经验长短的拟合程度区别明显。

表 2-21　经验调节变量下的模型拟合指标

统计检验量		卡方值	GFI	AGFI	RMR	RMSEA	CFI
检验结果数据	3 年及以内	237.12	0.88	0.92	0.045	0.057	0.87
	3 年以上	350.67	0.92	0.95	0.032	0.032	0.92
模型适配判断		是	是	是	是	是	是

如表 2-22 所示，经验丰富的样本群体更能使潜变量很好地影响行为意向，这说明经验这一调节变量起到了调节作用。

表 2-22　经验在各个路径下路径系数及显著性概率值 P

路径	分析结果			
	分组	路径系数	P 值	判断
$F8 \leftarrow F2$	3 年及以内	0.21	0.121	对 3 年以上经验人群有显著性
	3 年以上	0.32	0.223	
$F8 \leftarrow F3$	3 年及以内	0.31	0.466	对 3 年以上经验人群有显著性
	3 年以上	0.36	0.474	

续表

路径	分析结果			
	分组	路径系数	*P* 值	判断
F8←F4	3 年及以内	0.26	0.254	对 3 年以上经验人群有显著性
	3 年以上	0.42	0.537	
F8←F5	3 年及以内	0.32	0.463	对 3 年以上经验人群有显著性
	3 年以上	0.36	0.471	
F7←F6	3 年及以内	0.35	0.469	对 3 年以上经验人群有显著性
	3 年以上	0.42	0.563	

表 2-23 为调节变量对模型假设的验证结果。可以看出性别与经验对于本章模型的变量影响，具有显著性。

表 2-23　调节变量对模型假设的验证结果

假设编号	假设内容	验证结果
H2-7	性别对奢侈品网络商城用户接受行为结构模型起调节作用	成立
H2-8	网络购物经验对奢侈品网络商城用户接受行为结构模型起调节作用	成立

2.5.4　研究结论

本节研究对象为奢侈品网络商城用户接受行为，在进行理论基础研究，讨论研究模型，在更符合客观实际条件的情况下修改模型，在此基础上，确定调查问卷并通过问卷调查网站发放和收集问卷。最后通过 SPSS 软件对收集问卷进行描述性分析，对问卷信度进行检验，通过 AMOS 软件进行效度分析和模型的拟合，修改模型，对假设进行验证，得出以下研究结论。

通过对模型的确定和数据的收集与验证，对模型进行讨论修改，使其能更好地符合本节研究对象，在这一过程中，增加了外因潜变量感知风险，在调节变量的修改中删除了年龄，这主要局限于本章问卷收集对象的群体特征在年龄层次上不明显。本节研究过程中，所得数据均达到标准，模型拟合度良好，假设得到验证测量模型的拟合效果较好，测量模型中的路径系数均达到了 0.6 以上，结构模型中绩效期望和感知风险对于行为意向影响相对较大，促进因素对使用行为影响较大，行为意向对于使用行为影响最大，路径系数达到 0.85。绩效期望是针对用户对于使用行为后所达到的效果的期望，感知风险是针对在产生行为意向和使用行为的过程中对于风险评价的程度，促进因素是对使用行为的客观影响，其余变量相对没有上述变量效果明显。由于奢侈品具有特殊性，其消费群体在整个消费群体中所占比例相对较少，从模型分析结果来看奢侈品网络商城的努力期望，说明在样本群体中用户针对奢侈品网络商城购物流程等相对较熟悉，从中可以看出目前电子商务对于年轻群体相对较普遍。社会影响拟合度较低，说明在样本群体中，通过网络商城购买奢侈品的群体较少，其周围人购买较少，这是由于本次调查中，样本群体的收入水平处在中等收入水平的比例为 32.8%，同时也说明奢侈品网络商城用户群体所得到的网站信息，从生活群体中得到的推荐较少。奢侈品网络商城的营销渠道主要在于网络，应针对社交类别的网站和移动网络等，并且奢侈品网络商城应加强用户评级的管理，其自身的网站的营销会加大购买效度。调节变量通过 AMOS 软件进行多群组潜变量路径分析，在这过程中将网络购物经验分为两类，没有按照调查问卷的选项进行四组群体分析，原因在于本节研究所回收的调查问卷数量不足，若分别对四组进行多群组分析，其样本数据达不到标准数量，可能达不到拟合标准。并且年限区别跨度不是很明确，以 3 年为时间点进行区分，将经验调节变量分为 3 年及以内和 3 年以上，通过模型拟合分析，两种样本拟合度相似，3 年以上的群体样本拟合效果较 3 年及以内拟合效果好，但不明显。相对性别调节变量，女性样本群体则拟合程度优于男性样本群体。

本节研究过程中，产生很多不足之处，可能会对实证研究结果产生影响。在数据收集过程中，由于条件有限，收集数据的渠道有限，所得数据样本量较少；由于奢侈品产品本身特性，女性消费者占一定数量比，样本回收数据表明，女性比例明显高于男性比例；同时，由于目前中国的奢侈品网络商城的功能性大多是以消化库存为主，更偏向于低价，款式相对较旧，用户以中等收入群体为主，其产品类别局限于新奢侈品类别，价格相对旧奢侈品价格差距明显，这就导致在有针对性的奢侈品网络商城用户回收调查问卷中，5000 元及以下的收入人群所占比例高达 89.7%。

2.5.5　管理建议

如前文所述，奢侈品网络商城运营中，由于关注用户的方面不同，其网站的核心服务、网站的设计及服务流程也不同。这说明对于奢侈品网络商城的电商来说，经营以奢侈品为主的电子商务网站还处在探索中，相对比看，目前国内的综合性网络商城，其页面设计、服务流程、商品类别等已经基本趋同。本节研究目的是从用户行为导向角度入手，对奢侈品网络商城用户、潜在用户进行调查分析，关注其对于奢侈品网络商城接受行为的影响因素，针对影响因素，为奢侈品网络商城提供管理建议，以提高用户的接受行为。于是根据本节实证研究数据和假设验证结果,可以从以下几个方面提高用户对奢侈品网络商城使用的积极性,使其更容易接受奢侈品网络商城。

提高用户对奢侈品网络商城的绩效期望。绩效期望的提高会对用户的奢侈品网络商城接受行为产生正向显著影响。绩效期望的提高需要从商品、购物流程、有用性等来考虑。奢侈品网络商城应对奢侈品的类别进行细化,对于价格使其在不损害品牌价值的情况下更为亲民,并且在商品功能上更加实用,而且具备一定的社交功能,商品的品牌共知性较高,这就要求奢侈品网络商城在商品的筛选方面需要从功能、品牌、价格等去考虑;购物流程是用户顺利完成购物的保证。首先要求购物流程和普通网络商城流程基本一致,除页面设置细节不一致外,形式上要基本相同,这样不会给用户造成差异性认知,并且不会产生陌生感,在购物流程中需要从细节出发,针对用户的浏览记录、消费习惯、消费水平等进行商品推荐,能让用户在购物流程中节省时间、增加效率,并且完成良好的购物体验。简化奢侈品网络商城操作难度,使用户更容易操作。奢侈品网络商城由各个职能系统组成,包括浏览系统、搜索系统、支付系统等,这些系统要求用户自主操作,需要简化操作难度,使用户容易操作,并且要提供给用户在线服务,能有效地帮助用户解决及时性问题。在与主流综合性网络商城的操作系统趋同的同时,也要保证系统具有一定的创新性和人性化,使用户更好、更熟练地操作。

改变传统宣传方式,降低奢侈文化内涵,提高网络宣传力度。实证研究表明,社会影响对于用户的使用意向存在正向影响。首先,在短期内,奢侈品对于大众来说还是浪费、奢华、享受等的代名词,在一定程度上,会给用户及用户所处的群体带来一定的消极情绪,这就要求奢侈品网络商城在站内的品牌宣传上要突出商品实用、低价、品质、品牌等特点。在奢侈品网络商城的宣传中,要从意向的角度去宣传,突出奢侈品网络商城提供给用户的是品质、相对低价、实用等商品,在宣传过程中要弱化奢侈、奢华等容易给公众造成消极情绪的词汇。其次,由于奢侈品网络商城用户宣传对象主要是网络用户,所以在宣传过程中,需要加强新媒体的宣传,如网络视频网站、微博、社交网站、门户网站等。在站内宣传,需要利用用户的共享心理,促使用户分享站内商品到社交网站、微博等其他分享性质的媒体平台,分享的方式在一定程度上节约了宣传成本。

降低用户对于奢侈品网络商城的感知风险程度。通过本节实证研究表明感知风险对奢侈品网络商城用户的接受行为起到负向显著影响。要求奢侈品网络商城从以下几个方面减少用户对其的感知风险程度:在供应商、品牌厂家等选择上慎重,不光对商品真假进行辨别,还要考虑商品的品牌价值是否符合用户对于该网络商城的定位;在支付系统中,保证用户的隐私受到保护,用户的支付流程安全;对商品进行精心包装,保证商品在运送过程中不受损坏,并且选择信誉度较好的物流公司;保证用户的基本权益,给用户提供在一定期间内无条件退换货等服务。

降低感知风险是一个过程，是用户在奢侈品网络商城行为过程中产生并持续要求的，只有降低感知风险，用户才能更放心地产生使用行为。

从本节的实证研究结果看，性别和网络购物经验对于用户产生奢侈品网络商城接受行为有一定的调节作用。其中女性用户占被调查者比例居多，并且在一定程度上，对于奢侈品网络商城的接受程度要优于男性用户。从性别的方面来看，奢侈品网络商城在选择商品类别和品牌的过程中要关注女性用户的偏好。由于男性用户所占比例偏小，男性用户有待拓展，奢侈品网络商城逐渐关注男性用户所关注的商品，增加男性用户的使用行为。网络经验起到的调节作用在于，有网络购物经验的用户对于网络商城的使用流程比较熟悉，这就要奢侈品网络商城在用户使用流程方面不能过于创新，需要与其他网络商城在流程方面保持一致，尤其是在支付流程中，还需要在商品推荐、页面设计、品牌等方面进行增加创新性和差异性。

2.5.6　本节小结

首先对样本进行描述性分析，了解样本基本信息，并且对问卷的效度和信度进行测量，只有效度和信度达到标准，才能进行模型拟合。其次将问卷信息导入AMOS软件进行模型拟合，得到模型路径图，在确定模型拟合标准达标后，进行假设检验，验证了绩效期望、努力期望、促进因素、社会影响、网络风险对奢侈品网络商城用户的行为意向有正向显著影响；感知风险对奢侈品网络商城用户的行为意向有负向显著影响；性别、网络购物经验对奢侈品网络商城用户接受行为结构模型起调节作用。最后分析假设验证结果，提出本节研究过程中的不足，主要是样本收集的局限性，并且针对实证研究结果，提出相应管理意见。

2.6　本 章 结 论

随着中国经济的繁荣，中国的奢侈品市场逐渐壮大，电商也将目光聚集到奢侈品市场，纷纷建立奢侈品网络销售平台。目前普通的综合性网络商城购物流程、用户体验基本趋同，但是以 B2C 形式为主的奢侈品网络商城由于对用户的认知度不同、对市场的战略眼光不同，呈现给用户的形式则各有不同，这表明奢侈品电商对于用户的认知度不高。本章基于用户接受行为理论，从行为导向方面研究用户对于奢侈品网络商城接受行为的影响因素。

本章通过对奢侈品、奢侈品网络商城的分析及对接受行为理论的讨论，在此基础上结合技术接受和使用整合理论提出符合本章的研究模型，并提出假设，其中假设分为三个部分：①用户描述性特点；②用户感知风险角度，包括用户对网络商城接受行为的感知及整体用户体验的风险感知；③奢侈品网络商城用户接受行为过程。然后根据量表设计调查问卷，并且通过网络有针对性地发放和回收调查问卷。所得数据通过 SPSS 进行信度和效度检验，均达到标准，并且模型拟合度良好，假设得到验证。从实证结果和数据分析上看，奢侈品网络商城用户的主体为女性，奢侈品网络商城在用户界面设计和品牌种类筛选方面要偏向于女性用户，并且应同时注重增加男性用户量；从绩效期望分析，用户体验过程需要和其他综合性网络商城趋同化；在用户体验过程中增加用户对于奢侈品品牌理念的学习，并且从宣传的角度降低奢侈品本身奢侈的概念；奢侈品网络商城从品牌的选择和用户体验过程中要始终降低用户的感知风险。本章根据以上数据分析结论给出了相应的管理建议。

　　由于本章所收集的样本量不大，导致从分组拟合数据结果看，数据区别度不是很高，并且没有针对传统奢侈品网络用户进行样本的收集，对于以后的研究，需要丰富样本类别的选择，并且增加样本量的收集。由于技术接受和使用整合理论提出较晚，应对其进行深入研究，并且增加对于其他信息技术接受行为的研究。

第3章　移动电子商务推荐系统的顾客满意度研究

本章结合当前移动电子商务的发展，利用顾客满意度指标来分析影响移动电子商务推荐系统顾客满意度的因素（朱青，2017）。首先，在介绍本章所用到的专业术语和研究所用到的理论模型的基础上，提出本章研究模型的构建和变量的设计，包括理论模型的构建及变量的测量维度，并进一步提出本章研究的假设，进而进行研究问题问卷设计和问卷的发放与收集。其次，实证研究部分验证本章所提出的研究假设。最后，提出提高移动电子商务推荐系统顾客满意度的相应的建议。

3.1　移动电子商务推荐及顾客满意度相关理论

3.1.1　顾客满意度

顾客满意度是一个综合的评价概念，在当前市场竞争激烈的情况下，无论是实体企业还是网络企业都十分看中顾客对企业提供的产品和服务的满意程度。随着经济的发展，顾客满意度不仅仅局限于传统商务的意义上，电子商务的发展，尤其是当代移动网络的发展，使得顾客满意度的研究得到了进一步的延伸。

1. 顾客满意度的定义

对于顾客满意度的概念，不同的学者从多个角度进行了论述。Cardozo（1965）的研究发现，较高的顾客满意度能够降低顾客流失率。从成本理论角度，Howard和 Sheth（1970）认为顾客满意度是指顾客通过对比付出的成本与取得的收益，最终得到的感知。从心理层面角度，有学者认为顾客满意度是顾客在购买中涉及的所有要素与自身所具有的价值观进行比较后产生的。从期望理论角度，Oliver（1993）认为可以用是否达到顾客的期望来衡量顾客的满意程度，当提供的产品或服务能够符合顾客的期望时，顾客的满意度水平就较高。科特勒（1999）在其著作《营销管理》中认为顾客满意度是指顾客通过感知产品或服务带来的效果与他之前期望相比较后所形成的一种感觉。ISO9000 标准也给出了顾客满意度的定义，认为顾客满意度是顾客对某一事项能够满足其需求和期望的程度的感知。

上面介绍的顾客满意度的概念都是在传统商务的基础上建立的，一方面，在电子商务的环境下，顾客满意度的定义的主要要点没有变化；另一方面，移动电子商务是电子商务的延伸和发展，是电子商务的新的形式，因此，上述顾客满意度的定义依旧适用于移动电子商务领域。所以本章认为移动电子商务顾客满意度是指顾客通过在移动电子商务网站购买商品和服务，从而获得到的消费体验和感知的累积。

2. 顾客满意度研究模型

顾客满意度是一个动态的评价过程，因此需要构建模型来进行分析，国内外学者对于顾客满意度模型开展了大量的研究。目前顾客满意度指数模型具有代表性的有以下几个。

1）瑞典满意度指数模型

1989 年，瑞典成为第一个建立国家层面的顾客满意度模型的国家，通过对 30 多个行业的调查，构建了瑞典满意度指数（Sweden customer satisfaction index，SCSI）模型。如图 3-1 所示，模型中一共包含顾客期望、感知价值、顾客满意度、顾客抱怨和顾客忠诚 5 个变量和 6 个关系。模型中除了顾客期望是外生变量外，其他变量均是内生变量，通过实证研究发现，顾客期望和感知价值均与顾客满意度呈正相关关系，其中顾客期望与感知价值之间也是正相关关系。顾客满意度与顾客忠诚呈正相关的同时与顾客抱怨呈负相关，但是顾客抱怨和顾客忠诚的关系不确定，因为会受到其他因素的影响，如顾客抱怨后的处理机制。

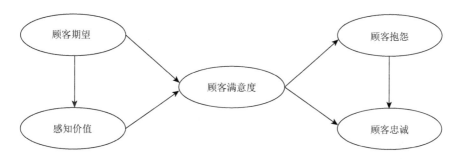

图 3-1　SCSI 模型

2）美国满意度指数模型

随后，1996 年，Fornell 通过对美国 34 个行业包括 200 多家企业进行调查，研究了顾客满意度情况，在 SCSI 的基础上构建了美国满意度指数（America customer satisfaction index，ACSI）模型，如图 3-2 所示。该模型与 SCSI 模型相对比，增加了感知质量这一因素，认为顾客期望与感知质量、感知质量对感知价值及顾客满意度都会产生影响。如果按照因果关系来分析该模型的话,顾客期望、感知质量和感知价值就是顾客的行为,而顾客满意度、顾客抱怨和顾客忠诚就是顾客的行为产生的结果也就都是由因产生的果。

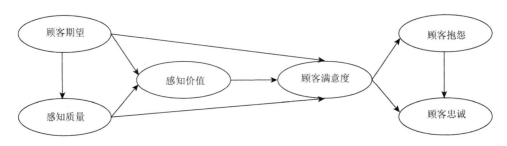

图 3-2　ACSI 模型

3）欧洲顾客满意度指数模型

在 ACSI 模型的基础上,Eklof 于 2001 年提出了欧洲顾客满意度指数(Europe customer satisfaction index,ECSI)模型,如图 3-3 所示。在该模型中,删除了原模型中的顾客抱怨这一变量,但是添加了新的变量——企业形象。

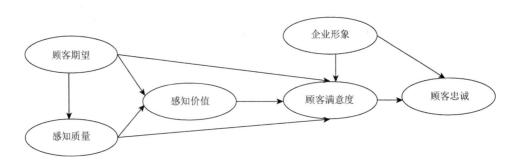

图 3-3　ECSI 模型

4）中国顾客满意度指数模型

随着国外对顾客满意度研究的深入,20 世纪 90 年代后期,我国学者也开始研究顾客满意度。1995 年,清华大学的赵平教授首次将顾客满意度这一概念引入,次年,清华大学经济管理学院开始研究中国顾客满意度指数(China customer satisfaction index,CCSI)模型,如图 3-4 所示。该模型是在上述模型的基础上,结合我国的实际情况,并进行相应的修改和完善,从而建立起来的。CCSI 模型同 ECSI 模型相似,增加了企业形象这一因素,删除了顾客抱怨变量,同时认为品牌形象会对顾客期望、感知质量和感知价值产生影响。

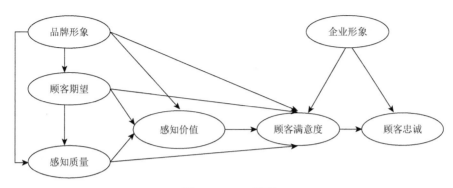

图 3-4　CCSI 模型

3.1.2　移动电子商务及其推荐系统

1. 移动电子商务

随着现代互联网技术的发展，电子商务也得到了进一步的发展，已扩展到移动电子商务领域。本节重点介绍移动电子商务的定义以及与传统电子商务相对比存在的差异之处。

1）移动电子商务的定义

移动电子商务是在传统电子商务的基础上发展过来的，经过多年的发展和研究，国内外学者都对移动电子商务的定义进行了界定。

Einav 等（2014）的研究认为移动电子商务是通过无线设备来连接商家和用户，从而来进行线上电子交易活动。艾瑞咨询认为移动电子商务就是用户以移动终端如智能手机、平板电脑等，通过使用移动流量及 Wi-Fi 网络来进行的商品、服务的交易活动。

对于移动电子商务的研究，我国学者也对其进行了定义。温芝龙（2008）认为移动电子商务是指利用现代网络技术和移动设备，对信息进行存储、传输和交换操作，从而使得产品和服务进行交易，综合了电子商务技术和无线网络技术，通过智能手机等移动终端进行的新形式的交易活动。

综合上述相关概念，本章认为移动电子商务是通过利用无线网络技术、移动通信技术，从而在移动终端设备上来进行的线上交易活动。

2）移动电子商务的特点

（1）移动性。因为移动电子商务是利用移动设备来进行相关的交易，所以移动设备不仅仅局限于某一地点，只要是有网络覆盖的地方都可以进行交易活动，这就使其具有了很大的灵活性。随着无线网络的普及，这一特点更加具有优势。

（2）即时性。移动电子商务能够及时地进行信息的更新，保障消费者能够获得最新的资源，从而来满足消费者多样的需求。

（3）便捷性。移动电子商务是依托于移动设备来进行的，移动设备包括智能手机、平板电脑等。由于移动设备能够被消费者随身携带，因此具有这一特点。

（4）个性化。现代消费者越来越追求个性化的服务，移动电子商务恰恰能够满足人们对个性化的要求，能够根据消费者的需求提供满意的产品和服务，同时还能够灵活地选择支付方式。

（5）定位性。由于移动设备大多具有定位功能，从而方便消费者获取所在地的各种产品和服务信息。例如，团购与优惠信息、交通路况、移动广告等多种应用。

3）移动电子商务与传统电子商务的关系

对于移动电子商务和传统电子商务的关系，学者的观点主要分成两种。第一种观点认为移动电子商务是不同于传统电子商务的新的交易形式，主要是从移动电子商务未来的发展方向上考虑，认为移动电子商务未来更加依托于全球定位系统（global positioning system，GPS），从而进行相关的交易活动。从这一角度来分析，移动电子商务更多的是依靠大量的数据来支持，尤其是依靠当前大数据的发展。第二种观点则认为移动电子商务其实是传统电子商务的延伸和扩展，虽然在某些技术上大有不同，但是从实质上来讲没有特别大的区别，只是所使用的工具以及技术不一样，移动电子商务应该借助传统电子商务的优势来大力发展，这两种模式是相互促进、相互补充的。本章研究更认可第二种观点。

2. 移动电子商务推荐系统

1）移动电子商务推荐系统的定义

对于电子商务推荐系统的定义有很多，其中最受认可的是由 Resnick 和 Varian（1997）提出的，他们认为电子商务推荐系统是电子商务网站模拟的销售员，通过为顾客提供商品的信息以及建议，来帮助顾客做出恰当的购物选择，从而完成整个购物过程。

此外还有学者从不同的角度来定义电子商务推荐系统。有学者认为电子商务推荐系统实质是提供一种推荐信息的服务技术，来根据顾客的需求帮助顾客完成购物活动。Wang 和 Doong（2010）也认为推荐系统是一种服务技术，拥有一定的顾客信息，能够帮助顾客做出满足自身需求的选择。从信息技术角度出发，Sathick 和 Venkat（2015）将电子商务推荐系统看作一种客户决策支持系统，能够根据顾客输入的相关的条件，来帮助顾客做出购物决策。我国学者何波和涂飞（2014）也认为电子商务推荐系统其本质是一个决策支持系统，Xiao 和 Benbasat（2007）则认为电子商务推荐系统是一种代理软件，它能够根据顾客之前的相关记录，分析出顾客的偏好，从而做出相关信息的推送。

2）移动电子商务推荐系统的产生

随着互联网技术的发展，人们能够越来越便捷地获取到各种各样的信息，一方面，给人们的生活和工作带来了更多便利；另一方面，这种爆炸式的信息充斥在人们周围，尤其是包含大量的无用信息，造成了时间和金钱的浪费。在这种大环境下，电子商务企业也面临着重要的挑战。顾客面对众多电子商务网站以及网站中大量的商品信息，如何高效地挑选出满足自身需求的产品和服务成为顾客重点考虑的问题。在这种情况下，电子商务推荐系统应运而生。随着无线网络技术的发展，消费者也越来越多地应用移动设备来进行网上购物，因此移动电子商务推荐系统是在电子商务推荐系统的基础上，利用电子商务推荐系统的相关技术再结合当前移动电子商务的发展演变过来的，从而更加满足消费者的需求。

移动电子商务推荐系统充分考虑了移动电子商务的特点，如移动性等，以及移动设备的独特性，来更好地为顾客服务，帮助顾客在众多的商品中做出最优的选择。移动电子商务推荐系统在整个过程中充当虚拟的销售员，依靠后台大量的数据支持，包括顾客以往的购物记录、顾客以往的浏览记录以及顾客自己设定的选择条件，从而获得顾客的购物偏好，根据这些分析再向顾客推荐符合顾客偏好的产品，帮助顾客完成一次满意的购物体验。移动电子商务推荐系统在帮助顾客完成购物的过程中，能够提高顾客购物体验的满意度，从而提高对购物网站的满意度和忠诚度，增强再次在该 APP 上购买的意愿（Choi et al.，2014）。

根据上述学者对电子商务推荐系统的定义，本章认为移动电子商务推荐系统实质上还是一个决策支持系统，是由移动电子商务发展而来的，在移动电子商务中充当销售员，根据顾客以往的记录以及顾客输入的条件，按照顾客的偏好筛选出商品，帮助顾客做出满足自身需求的购物选择。在移动电子商务推荐系统向顾客推荐相关商品、帮助顾客做出购物决策、完成购物选择的过程中，顾客会对移动电子商务推荐系统提供的服务以及整个用户体验过程产生满意或者不满意的情感的反馈（Xu et al.，2015）。因此本章重点研究了移动电子商务推荐系统的顾客满意度情况。

用于评价移动电子商务推荐系统的指标有很多，主要分成两大类：准确性指标以及准确性之外的指标。其中，准确性之外的指标包括多样性、流行性、覆盖率和用户满意度。

移动电子商务推荐系统实质上是一个决策支持系统，从一个大范围上来讲也就是一个信息系统，因此依旧适用于信息系统相关的理论和模型。在当前网上购物盛行的时代，由于网上信息的冗杂，各大移动电子商务网站都应用推荐系统。消费者为了摆脱信息超载带来的问题，恰当地来筛选信息（Guo and Wang，2017），不管是出于主动或者被动，消费者都会使用到推荐系统，因此利用系统的使用来评价移动电子商务推荐系统是存在偏颇的，也是不准确的。因此用户满意度在移动电子商务推荐系统中被认为是顾客满意度，用顾客满意度来分析评价移动电子商务推荐系统也是恰当的。

3.1.3　信息系统成功模型

移动电子商务推荐系统还是一个信息系统，因此研究顾客对移动电子商务推荐系统的满意度，依旧适用信息系统评价模型。在信息系统、电子商务系统的研究领域有几个重要模型：技术接受模型、D&M 模型、服务质量等。其中，本章采用的信息技术成功模型应用广泛，应用于决策支持系统、企业资源计划（enterprise resource planning，ERP）、电子政务系统、数字图书馆系统和电子商务系统等系统中（Cakmak and Taskin，2012）。

1. 初始 D&M 模型

1992 年，DeLone 和 McLean 将从 1981 年到 1987 年间 100 多篇文献进行归纳总结，从而提出了 D&M 模型，如图 3-5 所示。他们认为信息系统的成功是一个连续的过程，从开始的系统本身的运行到系统的使用，最后到系统使用带来的影响具有因果关系。模型一共包括六个要素——信息质量、系统质量、使用、用户满意、个人影响和组织影响，这些要素相互影响构成一个整体，其中使用和用户满意是两个重要衡量指标，用户满意是对整个系统的认知偏好的评价。

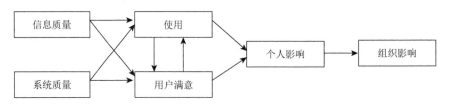

图 3-5　D&M 模型

2. 改进的 D&M 模型

1992 年，DeLone 和 McLean 首次提出 D&M 模型，由于其简洁性和易用性使得该模型迅速成为主导评价模型（王文韬等，2014）。随后，不断有学者对该模型进行改进。2003 年，DeLone 和 McLean 对原有模型进行了改进，改进后的模型如图 3-6 所示。新的模型中加入了服务质量这个维度，将个人影响和组织影响这两个变量合并称为纯收益（Darko，2016）。系统质量可以用易用性、功能性、可靠性、灵活性、数据质量、可移植性、整合性和重要性等指标来评估；信息质量则通过准确性、时效性、完整性、相关性和持续性等指标来评估；服务质量可以用可靠性、响应性、准确性和移情性等指标来衡量（曹杜鹃，2014），而使用细化为使用意愿和使用两个变量。

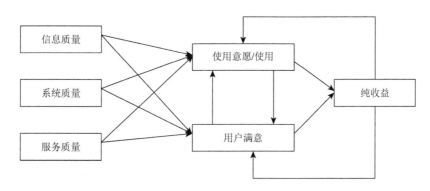

图 3-6　改进的 D&M 模型

3.1.4　本节小结

本节主要介绍了本章写作的理论基础，其中包括三大部分——满意度理论、移动电子商务推荐系统相关理论和 D&M 模型，从这三个方面介绍了国内外学者的研究状况，为本节的写作提供了一定的理论基础，使得本章的研究有据可依。首先，针对满意度相关理论，介绍了顾客满意度的定义，以及国内外的研究模型。其次，通过对前人关于评价移动电子商务推荐系统研究的归纳总结，我们发现众多学者将研究重点放在推荐系统的方式方法以及采纳情况上。但是对移动电子商务推荐系统的评价需要进一步的研究。因此，本节致力于分析移动电子商务推荐系统顾客满意度影响因素，以增加该领域的研究。最后，介绍了 D&M 模型，这是本章研究的基本模型框架。

3.2　移动电子商务推荐系统的顾客满意度模型构建与假设提出

3.2.1　移动电子商务推荐系统的顾客满意度理论模型的构建

上述的理论基础部分已经介绍了现有的满意度指数模型主要是 SCSI 模型以

及 D&M 模型，本章所研究的模型就是在这两个模型的基础上进行构建的。

上述介绍的满意度指数模型都是基于期望不一致理论提出的，期望不一致理论实质上是将顾客购买产品和服务后获得的实际的效益与购买之前的预期相对比，会存在一定的差异，当顾客获得的实际效益高于预期时，顾客就会获得满意的感知。移动电子商务推荐系统作为一个决策支持系统，也就是给顾客提供信息服务的系统，顾客在使用移动电子商务推荐系统时也会有一个心理预期。因此，本章的研究也考虑到了顾客期望这一重要因素，移动电子商务推荐系统中顾客期望是顾客基于以往的使用经验以及他人的推荐，在使用移动电子商务推荐系统之前，对推荐系统提供的服务事先有一个判断，这个事先的期望会与移动电子商务推荐系统正式使用后产生比较，从而使顾客在心里得出一个满意或者不满意的评价。因此，顾客期望是模型中的重要因素，会影响顾客的使用意愿以及顾客对移动电子商务推荐系统的满意度。

移动电子商务推荐系统的顾客期望是指顾客在使用移动电子商务推荐系统之前对其价值和作用产生的一个的心理预期，这会受到自身使用经验、其他顾客评论的影响。这种顾客期望包括三个部分：可靠性的期望、总体质量的期望以及提供的服务是否能够符合顾客的个性化的需求的期望。Chiu 等（2010）在研究顾客满意度时发现，产品的实际情况和自己预期的相符程度对顾客的整体满意水平具有重要影响。Parasuraman 和 Malhotra（2005）认为，购物过程中顾客的满意程度会受到顾客购买前对交易的期望的影响，在总体服务质量既定的情况下，顾客的期望越大，则产生负的预期不确定性也会越大，就会导致顾客满意度的下降。同时短期内，移动电子商务推荐系统所能提供的服务的质量是一定的，不会产生很大的变化。移动电子商务推荐系统的使用意愿是指顾客是否愿意使用移动电子商务推荐系统来帮助自己做出购物决策。顾客对移动电子商务推荐系统的期望越高，越会激发顾客想要使用该系统的意愿。因此，本节研究做出以下假设。

H3-1：顾客期望对移动电子商务推荐系统顾客满意度有负向影响。

H3-2：顾客期望对移动电子商务推荐系统的使用意愿具有正向影响。

在改进后的 D&M 模型中，DeLone 和 McLean 利用这一模型对电子商务进行了初步的研究，指出信息质量、系统质量和服务质量会影响用户满意度。移动电子商务推荐系统中将信息质量定义为内容质量，是指移动电子商务推荐系统推荐的产品及服务的相关内容情况，是否符合顾客的需求。系统质量是指移动电子商务推荐系统本身的功能及其应用情况。服务质量是指从整体上评价移动电子商务推荐系统提供的服务。Darko 和 Ugljesa（2016）指出系统质量、信息质量和界面设计质量会影响电子商务系统用户的信任和满意度。Jung（2014）指出内容的质量会影响用户体验，信息质量差可能会降低用户的满意度。Liao 等（2016）在研究辅助购物决策的成功因素中发现，推荐系统的系统质量和信息质量对顾客的购买决策的满意程度有直接影响。

罗旭红（2014）在利用 D&M 模型构建移动支付使用意愿模型，研究发现信息质量、系统质量和服务质量会正向影响移动支付的用户满意度。刘倩在研究考察期用户对于电子商务推荐系统时发现，推荐系统推荐的产品信息质量影响用户的购买决策，并影响顾客满意度。高山（2013）通过研究问答型虚拟社区发现，信息质量和系统质量均正向影响用户的满意度。推荐系统质量的提高能够带来更高的满意度，推荐内容的新颖性等也会提高用户满意度。

因此，本节做出以下假设。

H3-3：移动电子商务推荐系统的内容质量对顾客使用意愿有正向影响。

H3-4：移动电子商务推荐系统的内容质量对推荐系统顾客满意有正向影响。

H3-5：移动电子商务推荐系统的系统质量对顾客使用意愿有正向影响。

H3-6：移动电子商务推荐系统的系统质量对推荐系统顾客满意有正向影响。

H3-7：移动电子商务推荐系统的服务质量对顾客使用意愿有正向影响。

H3-8：移动电子商务推荐系统的服务质量对推荐系统顾客满意有正向影响。

当顾客对移动电子商务推荐系统拥有较高的满意度时，顾客就会倾向于继续使用移动电子商务推荐系统。研究指出，高满意度能够带来较强烈的使用意愿，从而影响系统的使用情况，从组织行为理论出发研究了系统使用与用户群满意度之间的假设关系（Guo and Lu，2015）。Eric 和 Yoon（2012）认为，用户对系统的满意度越高，使用系统的频率就越高。用户对信息的检索的需求带动了信息系统的使用，如果用户满意度低于某个限度时，那么用户就不会再使用信息系统而使用其他方法。因此当顾客对移动电子商务推荐系统的满意度比较高时，顾客的使用意愿也会增强，也就会带来顾客对移动电子商务总体满意度的提升，移动电子商务推荐系统的满意度本就是顾客总体满意度的一部分。因此，本节做出以下假设。

H3-9：推荐系统顾客满意对顾客使用意愿有正向影响。

H3-10：移动电子商务推荐系统的使用意愿对顾客总体满意度有正向影响。

H3-11：推荐系统顾客满意对顾客总体满意度有正向影响。

3.2.2　移动电子商务推荐系统的顾客满意度模型及假设的提出

1. 研究模型

本章研究模型的主要框架借鉴了 D&M 模型，对于改进后的 D&M 模型本章保留信息质量、系统质量和服务质量对用户满意的影响关系，对于移动电子商务推荐系统来说，重新定义为内容质量、系统质量、服务质量，使得这些变量更加符合本章所研究的移动电子商务推荐系统。对于用户满意这一变量，在研究电子商务领域，用顾客满意度定义用户满意，电子商务里的用户也就是企业的顾客。本章将改进的 D&M 模型中的使用意愿/使用这一变量确定为使用意愿，即顾客对于使用移动电子商务推荐系统的意愿。本章将纯收益删除，增加顾客总体满意度这一指标。在这一模型的主体基础上，按照期望不一致理论，增加顾客期望这一变量。

综合上述说明，结合 SCSI 模型和 D&M 模型，本章的研究模型框架如图 3-7 所示。

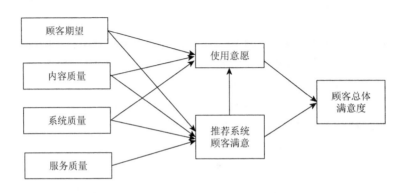

图 3-7　本章的研究模型

2. 研究假设

因此，综上所述，本章一共提出 11 个假设，见 3.2.1 节。

3.2.3　移动电子商务推荐系统的顾客满意度模型变量测量维度

本章研究的变量的量表都是在借鉴国内外学者对相关变量量表设计的基础上，再具体结合本章所研究的移动电子商务推荐系统的特点得来的。本章主要借鉴的量表有：满意度量表、D&M 信息系统成功量表、Xu（2013）的研究成果，以及 SERVQUAL（service quality，服务质量）量表。

1. 顾客期望

基于期望不一致理论，顾客期望是模型中的重要因素。对于移动电子商务推荐系统来说，顾客期望是顾客在移动终端设备上对推荐系统能够提供的服务的预期，对推荐的信息和产品是否能够符合自身需求的一个前期的判断。顾客期望量表的设计借鉴了 SCSI 研究的量表，同时结合移动电子商务推荐系统的具体情况进行分析。其测量量表如表 3-1 所示。

表 3-1　顾客期望测量表

指标	指标内容
UH1	购物前，我认为移动电子商务推荐系统提供的服务能够满足我的需求
UH2	总的来说，我对移动电子商务推荐系统的作用有较高的期望

2. 内容质量

移动电子商务推荐系统的内容质量也就是信息质量，在改进的 D&M 模型中，信息质量可以用准确性、时效性、完整性和易理解性等指标来评估。移动电子商务推荐系统的内容质量也就是所推荐的产品和服务的质量，推荐的这些内容能够被顾客直接的感受和接受，从而来影响顾客总体满意度。对于移动电子商务推荐系统来说，参考 DeLone 和 McLean 的研究设计，将准确性定义为移动电子商务推荐系统的推荐内容是根据顾客的需求以及顾客输入的条件来给顾客推荐符合顾客需要的产品。时效性是指移动电子商务推荐系统推荐的内容能够及时更新，是符合潮流的。完整性是指推荐的内容丰富、全面、完整。易理解性是指推荐的内容清晰明了，顾客能够很容易地理解并可以方便地使用。因此，移动电子商务推荐系统的内容质量的量表如表 3-2 所示。

表 3-2　内容质量测量表

指标	指标内容
CQ1	我认为移动电子商务推荐系统提供的产品内容符合我一贯的风格和需求
CQ2	我认为移动电子商务推荐系统推荐的产品是全面的、丰富的、符合潮流的
CQ3	我认为移动电子商务推荐系统的内容清晰明了，易于接受和使用

3. 系统质量

移动电子商务推荐系统的系统质量是从推荐系统本身来分析，是影响顾客与移动电子商务推荐系统互动以及使用移动电子商务推荐系统的系统因素，其量表的设计借鉴 DeLone 和 McLean（2003）的研究成果以及 Xu（2013）的研究。衡量系统质量的指标主要有易用性、可靠性、灵活性、交互性、安全性等。推荐系统的易用性是指系统操作很容易学习，操作比较方便。可靠性是指推荐系统安全可靠，不会泄露个人隐私。灵活性是指推荐系统推荐的形式是灵活多样的，如最简单的是按照价格和销量的推荐，热销产品推荐和通过顾客输入的条件进行推荐等。交互性是指系统界面设计一目了然、美观大方，交互界面灵活方便。安全性是指推荐系统能够对顾客的隐私进行保护，让顾客在使用时没有顾虑。因此，移动电子商务推荐系统的系统质量量表如表 3-3 所示。

表 3-3　系统质量测量表

指标	指标内容
SQ1	我认为移动电子商务推荐系统操作简单、界面友好，交互过程清晰
SQ2	我认为移动电子商务推荐系统的推荐形式多样，可选择空间大
SQ3	我认为移动电子商务推荐很可靠，很安全，不会泄露我的个人隐私

4. 服务质量

移动电子商务推荐系统的服务质量的量表参考了 DeLone 和 McLean（2003）、Xu（2013）的研究成果，以及 SERVQUAL 量表。服务质量的研究是从 2003 年开始的，被定义为所提供的服务与顾客期望匹配的程度。Parasuraman 和 Malhotra（2005）在研究中确定了服务质量的 10 个维度，随后又将这 10 个维度中相关性强的维度进行了合并，得到了服务质量的 5 个维度：可靠性、响应性、保证性、移情性和有形资产，这 5 个维度就构成了全球性的衡量服务质量的基础，即 SERVQUAL。移动电子商务推荐系统的服务质量的衡量参考上述论述，对于移动电子商务推荐系统的服务质量的衡量采用以下指标：可靠性、反应性和移情性。可靠性是指移动电子商务推荐系统提供的服务是能够准确地满足用户的需求，是值得信赖的。反应性是移动电子商务推荐系统能够根据顾客的需求或者输入的条件，迅速地做出反馈，提供相应的信息。移情性是指移动电子商务推荐系统能够根据用户的不同，推荐不同的商品，满足用户的个性化需求。因此，服务质量的测量量表如表 3-4 所示。

表 3-4　服务质量测量表

指标	指标内容
EQ1	我认为移动电子商务推荐系统能够帮助我做出满意的购物决策
EQ2	我认为移动电子商务推荐系统能够及时地对我提出的要求做出相应的反应
EQ3	我认为移动电子商务推荐系统提供的服务能够满足我的个性化需求

5. 使用意愿

移动电子商务推荐系统的使用意愿是指顾客现在想要使用并愿意继续使用移动电子商务推荐系统来帮助自己筛选信息，做出购物决策。因此，对于移动电子商务推荐系统的使用意愿的衡量，本章使用两个指标（表 3-5）：一是愿意使用；二是愿意在以后的购物中继续使用。

表 3-5　使用意愿测量表

指标	指标内容
UI1	我愿意使用移动电子商务推荐系统查找商品
UI2	我会继续使用移动电子商务推荐系统帮助我筛选信息

6. 推荐系统顾客满意

电子商务推荐系统的满意是顾客对移动电子商务推荐系统的整体评价，是对推荐系统提供的信息和服务的满意程度。根据期望理论，移动电子商务推荐系统是否能够达到顾客的期望是推荐系统一个重要的评价指标。同时，本章认为如果顾客对移动电子商务推荐系统是满意的，就会主动地将移动电子商务推荐系统介绍给朋友，因此，也将是否推荐给朋友使用作为一个测量问题。最后，是对顾客使用移动电子商务推荐系统的总体满意度测量，如表 3-6 所示。

表 3-6　推荐系统顾客满意测量表

指标	指标内容
RSI1	我认为移动电子商务推荐系统提供的整体服务达到了我的预期
RSI2	我愿意将移动电子商务推荐系统介绍给其他人使用
RSI3	总的来说，我对移动电子商务推荐系统是满意的

7. 顾客总体满意度

顾客总体满意度是指顾客在移动电子商务 APP 购物后，对整个购物过程的整体感受，包括对购买的产品、购物网站和购物过程的满意程度。在本章中，如果这些方面都进行衡量的话，需要设置的题项（即变量）过于多，不利于被调查者的问卷调查的填写，因此对于顾客总体满意度的衡量主要是针对整个购物过程。设计本章的测量题项，从两个方面进行衡量，首先是顾客自身对整个购物过程的感受，其次是顾客的再次购买的意向。因此，顾客总体满意度的量表如表 3-7 所示。

表 3-7　顾客总体满意度测量表

指标	指标内容
CSI1	总的来说，我对这次购物的整个体验过程都很满意
CSI2	下次购物时，我愿意继续在该电子商务 APP 上购买商品

3.2.4　本节小结

本节以 D&M 模型为基础，进行了修改，构建了本节研究的理论模型和研究模型。改进后的模型包括 7 个要素：顾客期望、内容质量、系统质量、服务质量、使用意愿、推荐系统顾客满意和顾客总体满意度，并将这 7 个要素结合移动电子商务推荐系统的特点做进一步的定义。在重新构造移动电子商务推荐系统顾客满意度模型的基础上，对模型变量之间的关系进行了假设并对模型中的各个变量的测量维度进行了定义。本节共提出了 11 个研究假设，同时对各变量共确定了 18 个测量题项，这正是后文调查问卷的理论基础。

3.3　问卷设计与数据收集

3.3.1　问卷设计

1. 问卷初步设计

本章研究数据的获取主要是通过问卷调查的方法，通过调查问卷的形式来收集本章研究需要的数据，从而利用收集整理的数据来研究本章构建的模型以及本章提出的相关的假设。为了保证数据的合理性，从问卷设计初期就严格按照相关要求，合理地设计调查问卷。运用文献回顾来分析问卷设计的原则等理论知识，然后对问卷设计中的问题进行小规模的访谈，使得问卷题项的设计更加科学。然后对初步设计出来的调查问卷进行小规模的前测，从而发现问题，及时地修改调查问卷。

1）调查目的

设计调查问卷的目的是通过发放调查问卷收集本章所要的移动电子商务推荐系统的顾客满意度情况的数据，从而利用收集整理的数据开展相关的研究。使用调查问卷分析顾客满意度情况，以及影响移动电子商务推荐系统顾客满意度的因素，从而为移动电子商务企业提高顾客满意度提出合理的建议。

2）调查问卷的结构设计

根据调查问卷设计的原则和方法，本调查问卷整体结构上分为三大部分（详见本书附录二）。首先是问卷的相关说明部分，这一部分位于整体问卷的最上方，主要包括调查问卷的目的、致谢以及相关注意事项的介绍。由于移动电子商务推荐系统是一个专业术语，可能被调查对象对这一概念的界定不是很清晰，为了让调查对象更加明白调查内容，所以在这一部分对移动电子商务推荐系统的概念做一下具体说明。目前众多移动电子商务平台都应用了推荐系统，随着技术的进步，这些电子商务网站也将各自的应用平台推广到移动设备上，从而使得推荐系统在移动电子商务上也得到了广泛的应用。顾客大多使用过很多不同的推荐系统，这些推荐系统的使用效果参差不齐，这就使得调查对象在评价移动电子商务推荐系统时产生混乱。因此，为了更加客观地完成调查问卷，本调查问卷设定为以淘宝网的移动客户端手机淘宝为调查对象，问卷问题的回答都以调查对象使用手机淘宝的经历作为依据，不考虑其他电子商务网站推荐系统的使用情况。最后对调查对象参与本次调查表示感谢，并保证本调查问卷的所有信息只用于本章的研究，不会泄露给任何第三方。问卷的第二部分是相关背景调查，包括调查对象个人信息，如被调查者的性别和使用经验，以及在移动电子商务购物中推荐系统的使用情况，不会涉及被调查者的其他隐私信息。第三部分是问卷的核心部分，通过相关问题来分别测量研究模型中的变量，包括顾客期望、内容质量、系统质量、服务质量、使用意愿、推荐系统顾客满意和顾客总体满意度共七大项。

　　3）调查问卷的变量设计

　　对调查问卷变量的测量，本章量表主要参考利克特量表来进行设计，让用户对自身使用移动电子商务推荐系统的体验进行打分。利克特量表分为五点量表法和七点量表法，但是考虑到如果将问题划分为 7 个等级，被调查者有可能感到过于复杂而产生厌烦，从而胡乱地填写调查问卷。因此本调查问卷采用五点量表法，对评价的变量从 1～5 进行打分，如表 3-8 所示。

表 3-8　五点量表法

评分	语言表达
1	很不赞同
2	不赞同
3	一般
4	赞同
5	很赞同

　　2. 问卷的预测试

　　调查问卷设计出来以后，有可能还存在着许多不足之处，需要进一步的修改。首先基于本书的现有文献，对设计出的初步量表合理性进行访谈，访谈的对象包括相关专业的两名老师和三名研究生。访谈的主要内容是让他们分析本次调查问卷包括整体的结构和内容，以及相应的测量问题的语句和措辞，指出调查问卷设计的不足之处，并为调查问卷设计提出相应修改建议，他们提出的建议有利于问卷的进一步修改，修改题项的设计、语义的表达以及删减不当的问题，从而提高了调查问卷的内容效度。

其次，对经过初步修改过的调查问卷进行进一步的测试，本次测试发放了100份调查问卷。这种小规模的初步测试比较容易操作和实施，数据收集和整理也比较简单，能够及早地发现一些问题，并在此基础上整理出最终的正式问卷。对于通过调查问卷收集到的数据利用软件进行信度分析，来分析调查问卷里设计的量表是否具有可靠性，本章使用内部一致性信度系数来对初步设计的量表进行信度分析。

首先将18个测量变量全部纳入信度分析，分析结果见表3-9。从表3-9中可知，内部一致性信度系数为0.889，这就说明了调查问卷中使用的量表可靠性较高。

表 3-9　信度分析

内部一致性信度系数	测量变量数
0.889	18

然后，再对各个变量中的测量指标进行信度分析，结果见表3-10。由表3-10可知，模型中七个潜变量的测量量表的内部一致性系数均大于0.7，这说明各潜变量的测量变量有较高的内部一致性，且由于总量表的内部一致性系数接近0.8，因此，本章认为该调查问卷中的量表有较高的可靠性。

表 3-10　各个变量的信度分析

变量	测量变量数	一致性系数
UH	2	0.797
CQ	3	0.712
SQ	3	0.823
EQ	3	0.789
UI	2	0.842
RSI	3	0.854
CSI	2	0.734

3. 探索性因子分析

因子分析是对于主成分分析的延伸和发展，同样也是利用降维的方法来进行统计分析。要想进行因子分析，首先必须进行相关检验，包括 KMO 和 Bartlett 球形检验，通过这两个指标来验证各个因子间的相关性，从而说明它们是否可以进行因子分析处理。KMO 检验是用于说明指标变量间的相关性，其取值区间是 0～1，当 KMO 值趋向于 1，说明指标变量间的相关性很强，因此各个指标适合做因子分析。反之，如果值趋向于 0，说明指标变量间的相关性很弱，因此不适合做因子分析。Bartlett 球形检验首先假设各个指标变量是相互独立的，因此指标变量间组成的相关矩阵为单位矩阵，如果该假设不成立的话，即说明指标变量间存在相关性，同样适合做因子分析。其次，进行相关因子的提取，利用主成分分析，通过计算因子负荷矩阵和特征值来判断因子的数量，当特征值大于 1 时才是所要求取的因子。最后，再进行因子的旋转。

如表 3-11 所示，KMO 值为 0.860，变量间相关性较强，适合做因子分析。从 Bartlett 球形检验也可以看出变量相关性比较强，Sig.等于 0.000，说明显著性强，再次说明变量相关性强。因此本章整理的相关数据适合做因子分析。

表 3-11　KMO 和 Bartlett 球形检验

取样足够度的 KMO 度量		0.860
Bartlett 球形检验	近似卡方	556.522
	df	231
	Sig.	0.000

一共有七个因素的特征值大于 1，因此本章一共提取了七个主要因素，因子累计解释量为 73.75%，符合因子分析标准，这也与本章研究设置的七个因素相吻合。表 3-12 为旋转成分矩阵，UH1、UH2 对应潜变量顾客期望，CQ1、CQ2、CQ3、对应潜变量推荐内容质量，SQ1、SQ2、SQ3 对应潜变量推荐系统质量，EQ1、EQ2、EQ3 对应潜变量推荐服务质量，UI1、UI2 对应潜变量使用意愿，RSI1、RSI2、RSI3 对应潜变量推荐系统顾客满意，CSI1、CSI2 对应潜变量顾客总体满意度。

表 3-12　旋转成分矩阵

指标	成分						
	1	2	3	4	5	6	7
UH1	0.671	0.057	0.194	0.094	0.099	0.110	0.023
UH2	0.774	−0.007	0.013	0.055	0.033	0.178	0.082
CQ1	0.066	0.816	−0.090	0.118	0.235	0.028	0.031
CQ2	0.267	0.753	0.064	0.043	0.097	0.067	0.015
CQ3	0.211	0.802	0.197	0.089	0.129	−0.022	0.021
SQ1	0.278	0.196	0.791	0.165	0.115	0.064	0.007
SQ2	0.241	0.250	0.819	0.111	0.094	−0.060	0.044

续表

指标	成分						
	1	2	3	4	5	6	7
SQ3	0.408	0.002	0.751	0.076	0.246	0.153	0.024
EQ1	0.346	0.041	0.134	0.697	0.035	0.227	0.141
EQ2	0.205	0.088	−0.025	0.823	0.155	−0.087	0.137
EQ3	0.150	0.298	0.288	0.696	0.009	0.012	0.105
UI1	0.090	0.033	0.010	0.073	0.814	0.296	0.179
UI2	0.031	0.086	0.046	0.180	0.676	0.326	0.211
RSI1	0.490	0.206	0.143	0.201	0.072	0.824	0.335
RSI2	0.104	0.102	0.063	−0.035	−0.054	0.637	0.330
RSI3	0.025	−0.005	−0.049	0.097	0.171	0.749	0.229
CSI1	−0.034	0.115	0.327	0.160	0.183	0.179	0.789
CSI2	0.085	0.330	0.201	0.145	0.084	0.221	0.816

注：提取方法为主成分分析法。旋转法：具有 Kaiser 标准化的四分旋转法。本表是旋转在 5 次迭代后收敛

从表 3-12 可以看出，每一个因子测量项在所属因子里的因子载荷值均大于 0.5，这符合学者 Hair 提出的关于因子分析的理论，因此保证了意义上的显著性。此外，表 3-12 中结果显示，每一个测量项在所属因子里的值均大于 0.5，同时在其他因子里的值低于 0.5，这也说明，量表的设置具有很好收敛效度和判别效度，进而说明本章研究采用的调查问卷是合理且有效的，能够很好地研究问题。

3.3.2　数据收集

1. 调查对象的选取

由于本章的研究对象是移动电子商务推荐系统，因此问卷调查的对象也就是使用过移动电子商务推荐系统的顾客，他们具有相关的使用经验，对移动电子商务推荐系统拥有直接的感受。通过 2019 年中国互联网络信息中心（China Internet Network Information Center，CNNIC）发布的统计报告可以看出，中国的互联网网民的构成部分中，按照职业划分，学生、专业人员以及企业员工占比排名前三，它们是主要构成部分，占总人数的 55%以上。因此，本章调查问卷选取的对象是在校大学生和互联网从业人员。在问卷的说明部分重点强调，如果没有使用过移动电子商务推荐系统，请放弃填写本调查问卷，这就能够在很大程度上保证调查数据来源的科学性。

2. 调查问卷的发放和收回

本章研究计划发放 300 份调查问卷，针对本章的调查对象，本次的调查问卷发放主要采取两种途径。一种途径是通过将调查问卷打印出来，在某两个大学的图书馆以及教学楼里，随机找学生进行填写，并且当场收回。采用这一形式发放200 份调查问卷，这种发放调查问卷的途径效率比较高。另外一种途径是通过网络平台进行发放，发放 100 份，在各大电子商务论坛、相关 QQ 群以及委托已经毕业的朋友在他们的交际圈里发布问卷调查的链接。这种途径的效率就没有直接发放调查问卷、现场填写的效率高。

3.3.3　问卷描述性统计分析

1. 问卷的收回

完成了对调查问卷的设计和发放，下一步是对问卷进行收回并筛选整理。本章一共发放了 300 份调查问卷，其中实地发放 200 份，网络发放 100 份。最终回收问卷 283 份，通过初步筛选，排除作答不完整和具有矛盾性的调查问卷，获得的有效问卷 269 份，因此，本章研究的有效调查问卷的回收率为 89.7%，符合调查问卷的标准，因此具有有效性。

2. 问卷数据的初步整理

我们对收集到的问卷进行初步的整理分析，因为对于调查问卷的设置，主要考虑了性别和经验对于本章研究问题的影响，因此主要对性别、淘宝经验数据进行了初步的整理。经统计，获得的男性样本数为 81，占总体的 30.1%；女性样本数为 188，占总体的 69.9%，收集到的数据中女性占主要部分，男性所占比例较小。

此外，我们还调查了手机淘宝的使用频率，表 3-13 分别列出了男性和女性对手机淘宝的使用情况。通过表 3-13，首先可以看出无论男性还是女性使用手机淘宝的整体趋势是一致的，在一月内使用手机淘宝的次数中，2～5 次的使用频率所占比例最大，同时 0～5 次的使用总体上占比 60%左右，0～10 次的使用占比 75%左右。其次，使用 15 次以上的也占比 15%左右，和 6～10 次的使用情况大致相同，说明经常使用手机淘宝的在消费者群体里占据重要的一部分。因此，可以初步分析出顾客主要分为两个部分：一是经常地浏览手机淘宝的界面，平均 2 天的时间会浏览一次；二是只有当有需求的时候才会上手机淘宝进行浏览，目的性和针对性比较强。最后，通过对比男性和女性使用情况可以看出，总体上男性在 0～10 次中占的比例比女性占比大，但是在 10～15 次及以上次数使用中，女性所占的比例又明显地高于男性所占的比例，因此，女性在未来的使用中仍然是主要力量。

表 3-13　男性、女性手机淘宝使用经验对比表

淘宝经验/(次数/月)	男性		女性	
	人数	百分比	人数	百分比
0～2	22	27.2%	50	26.6%
2～5	30	37.0%	62	33.0%
6～10	12	14.8%	30	16.0%
10～15	4	5.0%	18	9.6%
15 以上	13	16.0%	28	14.9%

注：表中为经过四舍五入的数据，可能存在合计数不等于 100% 的情况

3.3.4　本节小结

　　本节的主要内容是调查问卷的设计和数据的收集，首先介绍了问卷的设计部分，包括整体结构的设计与主体内容的设计，同时参考了前人关于指标的操作化定义与测量维度，形成初步的调查问卷。调查问卷包括三个部分：问卷的说明信息部分、被调查者的个人信息和 18 个测量题项。其次对调查问卷进行小规模的预测试，包括向专业人士访谈征求意见和小规模地发放调查问卷，从而来分析调查问卷设计的合理性和科学性，并进行修改，从而最终确定调查问卷。最后对问卷数据收集的发放对象、发放方式、发放地点和时间进行具体的说明并对收集到的数据进行了初步的整理。

3.4　移动电子商务推荐系统的顾客满意度实证分析

3.4.1　信度分析和效度分析

1. 信度分析

　　信度是指所要测量结果的一致性以及稳定性，也就是指对所研究的相同或者相似的对象以及群体，进行不同的测量，包括不同的形式和不同的时间，得到的结果一致性的程度。信度测量按照测量的工具以及测量的时点的不同分为四个方面，即内部一致性信度、复本信度、再测信度、复本再测信度，如图 3-8 所示。

　　内部一致性信度是在测量工具与测量时点都相同的情况下用来测量信度的指标，通常采用 Cronbach's α 来作为测量内部一致性信度的标准。因为本章

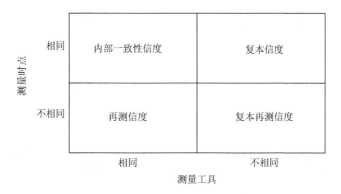

图 3-8　信度的类型

研究采用的是调查问卷在某一个时点上收集到数据，因而适合采用内部一致性信度分析，即 Cronbach's α 系数。当 Cronbach's $\alpha \geqslant 0.7$ 时，样本就具有高信度；当 $0.35 \leqslant$ Cronbach's $\alpha < 0.7$ 时，样本信度尚可接受；当 Cronbach's $\alpha < 0.35$ 时，样本的信度就比较低。由于本章使用的量表包含了两种以上不同的指标要素，因此要对每个潜变量都单独计算信度系数，通过计算可知 7 个潜变量的信度系数 Cronbach's α 在 0.700 和 0.900 之间（表 3-14），因此本章所使用的数据具有较高的信度。

表 3-14　各潜变量的信度系数

变量	指标变量数	Cronbach's α
UH	2	0.802
CQ	3	0.718
SQ	3	0.832
EQ	3	0.782
UI	2	0.847
RSI	3	0.854
CSI	2	0.743

2. 效度分析

效度指使用的测量工具能准确地测量出要研究的概念，而非其他概念。学术研究主要使用的效度有内容效度、效标关联效度和建构效度，但是由于测量的困难，研究者大多选择其中一部分来测量效度。本章研究主要采用的是内容效度和建构效度，内容效度指该测量工具是否涵盖了它所要测量的某一概念的所有层面，建构效度指能够测量出理论的特质或概念的程度，其主要通过聚敛效度来测量。

（1）内容效度，保证内容效度的关键在于测量工具要在文献中被使用过且得到证实。因为本章所采用的测量指标均来源于已有的成熟研究，主要通过翻译现在已被证实的外文文献而整理得出，所以具有较好的内容效度。

（2）聚敛效度，指测量各潜变量的各题项相关程度。聚敛效度常用的测量方法主要有因素负荷量、信度系数、组合信度以及平均方差抽取值。模型的因素负荷量也就是标准化路径系数，得到的数值要高于 0.5，其理想的数值状态为 0.7 以上；信度系数为测量变量因素负荷量的平方，当信度值大于 0.5 时认为模型的内在质量良好；组合信度也称为构念信度，当数值在 0.6 至 0.7 之间时，表示测量模型的构念信度佳，当大于 0.7 时，认为良好；平均方差抽取值的数值越大，表示测量指标越有效，其数值应在 0.5 以上为佳。从表 3-15 可以看出，只有服务质量的平均方差抽取值低于 0.5，为 0.488，但是从前面的指标来看，因素负荷量均高于 0.6，且组合信度也高于 0.6，本章认为其效度是可以接受的。

表 3-15　聚敛效度检验结果

潜在变量	观测变量	因素负荷量	信度系数	组合信度	平均方差抽取值
UH	UH1	0.71	0.504	0.689	0.526
	UH2	0.74	0.548		
CQ	CQ1	0.78	0.608	0.788	0.554
	CQ2	0.76	0.578		
	CQ3	0.69	0.476		
SQ	SQ1	0.83	0.689	0.808	0.585
	SQ2	0.75	0.563		
	SQ3	0.71	0.504		
EQ	EQ1	0.76	0.578	0.740	0.488
	EQ2	0.65	0.423		
	EQ3	0.68	0.462		
UI	UI1	0.79	0.624	0.787	0.648
	UI2	0.82	0.672		
RSI	RSI1	0.75	0.563	0.795	0.565
	RSI2	0.81	0.656		
	RSI3	0.69	0.476		
CSI	CSI1	0.85	0.723	0.800	0.665
	CSI2	0.78	0.608		

3.4.2　模型检验与假设验证

1. 数据初步检验

除了上文对数据的初步分析，为了保证后续数据分析的正确可靠，还需要对数据进行正态性分布检验。另外，还要运用参数检验对数据进行计算，所有数据必须符合多变量正态性假定，即偏度系数绝对值小于 3，峰度系数绝对值小于 7，通过分析得到的数据正态性分布检验结果如表 3-16 所示。表 3-16 中，本章中的偏度系数绝对值最大值为 0.587，其余均小于或接近 3。峰度系数绝对值最大值为 0.840，其余均小于或接近 7，数据严格符合正态性分布。

表 3-16　数据的正态性分布检验结果

潜变量	观测变量	最小值	最大值	偏度系数	峰度系数
UH	UH1	1.000	5.000	0.227	−0.018
	UH2	1.000	5.000	0.068	−0.065
CQ	CQ1	1.000	5.000	−0.430	−0.293
	CQ2	1.000	5.000	−0.201	−0.043
	CQ3	1.000	5.000	−0.234	−0.040
SQ	SQ1	1.000	5.000	−0.386	0.318
	SQ2	1.000	5.000	−0.587	−0.103
	SQ3	1.000	5.000	−0.341	−0.017
EQ	EQ1	1.000	5.000	−0.305	0.003
	EQ2	1.000	5.000	−0.201	−0.438
	EQ3	1.000	5.000	0.101	−0.840
UI	UI1	1.000	5.000	0.278	−0.006
	UI2	1.000	5.000	−0.024	−0.060
RSI	RSI1	1.000	5.000	−0.001	−0.318
	RSI2	1.000	5.000	0.310	−0.379
	RSI3	1.000	5.000	0.097	−0.147
CSI	CSI1	1.000	5.000	−0.021	−0.023
	CSI2	1.000	5.000	−0.104	−0.321

　　通过上述分析可以得知所整理的数据均具有较高的信度和效度，且符合正态性分布，从而可以开展进一步的研究。本章的研究主要是利用结构方程来进行，首先利用 AMOS 软件绘制结构方程模型图，其次利用调查问卷收集整理的数据对结构方程模型进行参数估计，并对不合理路径进行修正，最后验证本章所提出的假设。

　　在结构方程模型图的绘制中，用椭圆表示潜变量，即本章提出的 7 个潜变量；用矩形表示测量变量，即前面提出的共 18 个变量；用圆形表示误差变量，误差变量的名称定义为 en，同时特别注意的是对内衍变量也要设置误差变量，因此要对本章研究的使用意愿、推荐系统顾客满意和顾客总体满意度设置误差变量。在潜变量和各观察变量路径系数中设置基准为 1，选择最优信度的观察变量作为基准。其中，图 3-9 中用单箭头表示"影响"。

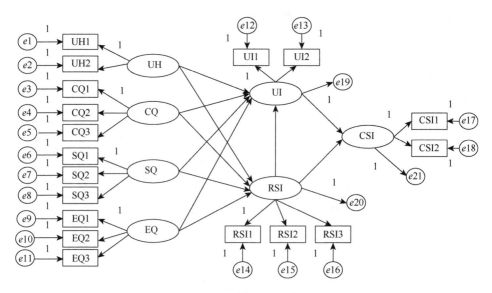

图 3-9　模型路径图

2. 模型估计与修正

　　按照结构方程理论，样本量至少是结构方程路径的 10 倍，本章选取的样本量为 269，结构方程路径 11 个，因此符合规定要求。利用 AMOS 软件判断模型拟合度时采用极大似然估计法，得到的模型的路径系数、显著性检验及拟合结果如图 3-10 所示。

　　由表 3-17 可见，NFI 值与 GFI 值没有达到 0.9 以上的适配标准以外，其他模型拟合度指标均符合标准。因此通过以上的拟合度数据可以看出，本章所建立的模型大体上是可以接受的，只需要进行较小的修正。

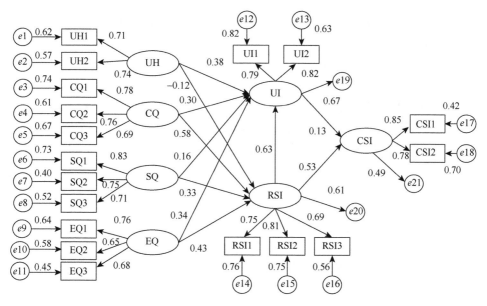

图 3-10　初始模型路径图

表 3-17　模型的拟合度指标及检验结果（一）

统计检验量		适配度指数值	本章值	结果
绝对适配度指数	CMIN/df	<3	2.684	符合
	RMSEA	<0.08	0.064	符合
	GFI	>0.9	0.893	不符合
比较适配度指数	NFI 值	>0.9	0.851	不符合
	IFI 值	>0.9	0.913	符合
	TLI 值	>0.9	0.917	符合
	CFI 值	>0.9	0.908	符合
简约适配度指标	PNFI 值	>0.5	0.742	符合
	PCFI 值	>0.5	0.805	符合

　　利用 AMOS 软件分析得出的 MI 指标值，采用与测量模型同样的步骤和方法，在 MI 指标值较大的测量项之间增加路径，从而调整模型的拟合度指标值，每次增加一条路径进行验证，直到模型的拟合度指标值符合要求。根据模型修正指标 MI 值可以看出，推荐服务质量的测量变量 EQ2 和 EQ3 的误差项 e10 和 e11 的 MI 值最大，因此考虑增加 e10 和 e11 的相关性路径。通过对移动推荐系统服务质量的反应性和移情性具体分析发现，当移动电子商务推荐系统越能及时对顾客做出相应的反应时，顾客就越能感受到移动电子商务推荐系统的个性化设计，使得

顾客的个性化需求得到满足。对添加了 e10 和 e11 路径的模型进行分析，重新观察各个指标值，发现推荐内容测量变量 CQ1 和 CQ2 的误差项 e3 和 e4 之间的 MI 指标值最大，对实际问题进行分析也发现，当移动电子商务推荐系统推荐的内容越全面、丰富多样，才越有可能符合顾客的风格和需求，反之，则符合顾客风格和需求的可能性越小，两者之间存在着相关关系，因此考虑增加 e3 和 e4 这条路径。经过这两次修正，从而最终得出模型修正后的图形（图 3-11）和各项指标。表 3-18 为模型的拟合度指标及检验结果。

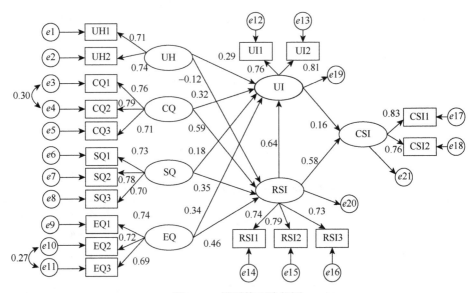

图 3-11　模型修正路径图

表 3-18　模型的拟合度指标及检验结果（二）

统计检验量		适配度指数值	本章值	结果
绝对适配度指数	CMIN/df	<3	2.073	符合
	RMSEA	<0.08	0.052	符合
	GFI	>0.9	0.912	符合
比较适配度指数	NFI 值	>0.9	0.903	符合
	IFI 值	>0.9	0.926	符合
	TLI 值	>0.9	0.928	符合
	CFI 值	>0.9	0.917	符合
简约适配度指数	PNFI 值	>0.5	0.753	符合
	PCFI 值	>0.5	0.814	符合

经过修正后的模型拟合度各项指标均符合标准要求，经过修正后，卡方值下降，P 值拟合度更优，表明模型达到了比较理想的结果。

3. 方差分析

1）性别对各因素的影响检验

独立性样本 t 检验适用于检验两个群体平均数之间的差异，其自变量为二分类变量，来判断不同类别间是否具有显著的差异。本章是按照男女性别的不同来进行划分，研究的分组变量只有两个，在此用独立样本 t 检验来检验性别对各因子是否具有显著差异，表 3-19 为独立样本检验。

表 3-19　独立样本检验

变量	不同假设情况	方差方程的Levene 检验		均值方程的 t 检验						
		F	Sig.	t	df	Sig.（双侧）	均值差值	标准误差值	差分的95%置信区间	
									下限	上限
UH	假设方差相等	0.742	0.390	−0.825	263	0.410	−0.129 66	0.157 13	−0.439 05	0.179 73
	假设方差不相等			−0.779	25.777	0.443	−0.129 66	0.166 39	−0.471 81	0.212 50
CQ	假设方差相等	0.308	0.579	1.396	263	0.117	0.237 72	0.182 69	0.478 00	0.197 44
	假设方差不相等			1.151	25.330	0.141	0.237 72	0.183 46	0.418 95	0.156 48
SQ	假设方差相等	0.014	0.907	0.656	263	0.513	0.094 32	0.143 83	−0.188 89	0.377 54
	假设方差不相等			0.640	26.098	0.528	0.094 32	0.147 42	−0.208 64	0.397 29
EQ	假设方差相等	0.226	0.635	−0.055	263	0.956	−0.009 10	0.164 25	−0.332 51	0.314 30
	假设方差不相等			−0.056	26.461	0.956	−0.009 10	0.162 73	−0.343 32	0.325 11
UI	假设方差相等	0.572	0.450	−1.025	263	0.306	−0.175 17	0.170 93	−0.511 74	0.161 40
	假设方差不相等			−0.957	25.672	0.348	−0.175 17	0.183 05	−0.551 67	0.201 33
RSI	假设方差相等	0.380	0.538	0.082	263	0.935	0.013 18	0.160 24	−0.302 35	0.328 70
	假设方差不相等			0.076	25.590	0.940	0.013 18	0.173 18	−0.343 09	0.369 44
CSI	假设方差相等	0.007	0.932	−1.299	263	0.195	−0.194 10	0.149 42	−0.488 30	0.100 11
	假设方差不相等			−1.249	25.947	0.223	−0.194 10	0.155 46	−0.513 67	0.125 48

从表 3-19 可以看到，方程方差齐次性检验的外侧显著性概率均大于 0.05，即 Sig. 大于 0.05，因此可以得出结论，按照男女性别划分的两个总体的方差没有明显的差异，通过了方差齐次性检验，因此，下一步的 t 检验结果应该在假设方差相等的情况下做出。从表 3-19 中根据 t 统计量的观测值和 Sig.（双侧）值，可以判断，在显著性水平 0.05 的情况下，Sig.（双侧）概率值均大于 0.05，因此，本章认为不

存在显著性差异，也就是说，男女性别的不同对于顾客期望、内容质量、系统质量、服务质量、使用意愿、推荐系统顾客满意的感知不存在显著的差异。

2）消费经验对于各因子的单因素分析

通过调查问卷本章可以得到在近一个月内调查对象使用的情况，从而分析顾客的消费经验是否会对所要研究的各个因素产生影响。本章利用方差分析中的单因素方差分析法，来判断消费经历对于各个因素的显著性影响情况（表3-20）。

表 3-20　单因素方差分析

变量	项目	平方和	df	均方	F	显著性
UH	组间	6.361	4	1.579	2.584	0.038
	组内	161.345	264	0.611		
	总数	167.661	268			
CQ	组间	1.332	4	0.333	0.691	0.599
	组内	127.203	264	0.482		
	总数	128.534	268			
SQ	组间	3.032	4	0.758	1.349	0.252
	组内	148.393	264	0.562		
	总数	151.421	268			
EQ	组间	4.802	4	1.201	2.785	0.027
	组内	113.808	264	0.431		
	总数	118.611	268			
UI	组间	2.544	4	0.636	1.241	0.294
	组内	135.348	264	0.513		
	总数	137.893	268			
RSI	组间	6.161	4	1.490	2.596	0.036
	组内	158.544	264	0.563		
	总数	162.705	268			
CSI	组间	7.562	4	1.891	2.681	0.032
	组内	186.126	264	0.705		
	总数	193.689	268			

注：表中为经过四舍五入的数据，数据合计可能存在误差

通过单因素方差分析法，首先判断得出在显著性水平 0.05 的前提下，通过了方差齐次性检验，这是满足方差分析的前提条件。从上面的单因素方差分析表中

可以看出，观察 F 值以及显著性概率值，在默认显著性水平 0.05 的前提下，只有当显著性概率值小于 0.5 时，才认为不同消费经验对因素感知具有显著差异；反之，则不具有显著差异。按照这一判断准则，本章认为，消费经验对顾客期望、服务质量、推荐系统顾客满意和顾客总体满意度的感知存在显著差异，同时消费经验对于内容质量、系统质量和使用意愿不存在显著差异。

4. 实证结果分析

本章主要应用 SPSS、AMOS 软件进行相关的统计分析，包括描述性统计分析、因子分析、信度分析、效度分析、结构方程分析、方差分析。通过上述的验证性分析，对本章提出的相关假设进行了验证，以及分析了性别和消费经验对于各个因素感知差异显著性的程度。

本章的研究通过了问卷信度分析、效度分析、正态性分布检验。通过计算各个因素的信度系数 Cronbach's α，得到本章研究变量的信度系数 Cronbach's α 均大于 0.7，因此认为样本具有较高的信度。同时进行效度分析，计算因素负荷量和平均方差抽取值，得出本章研究样本具有很强的效度。对于样本的正态性分布检验，利用分析软件来计算样本的峰度系数和偏度系数，当峰度系数绝对值小于 7 和偏度系数绝对值小于 3 时，认为样本数据符合正态性分布，从而得出本章所要研究的数据严格符合正态性分布。

此外，通过结构方程模型，验证本章提出的假设，根据模型的路径估计结果对第 2 章提出的假设进行检验，表 3-21 是路径分析结果。从表 3-21 中可以看出：顾客期望对移动电子商务推荐系统顾客满意度的路径系数为–0.126，对应的 P 值等于 0.008，参数的估计没有达到了 0.001 的显著水平，但是在 0.01 的显著水平上得到了验证，因此 H3-1 得到了验证，即顾客期望对移动电子商务推荐系统顾客满意度有负向影响。顾客在使用移动电子商务推荐系统之前由于事前的经验或者他人的评价，对其有一个事先的预期，这种预期一般高于实际感受的水平，因此，当顾客期望越高的时候，实际与期望的差异就可能越大，顾客产生不满意的可能性也就越高。顾客期望对于使用意愿的路径系数为 0.293，在 0.001 的水平上显著。所以 H3-2 得到了验证，顾客期望对移动电子商务推荐系统的使用意愿具有正向影响。当顾客的期望越高的时候，越想要使用这一系统，来帮助自己筛选信息，并做出最终的购物决策。

表 3-21　路径分析结果

变量之间的关系	估计	S.E.	C.R.	显著性
RSI←UH	−0.126	0.046	−2.716	0.008
UI←UH	0.293	0.073	4.213	***

变量之间的关系	估计	S.E.	C.R.	显著性
UI←CQ	0.318	0.093	3.618	***
RSI←CQ	0.587	0.103	5.602	***
UI←SQ	0.184	0.059	3.106	***
RSI←SQ	0.347	0.065	5.486	***
UI←EQ	0.335	0.098	3.524	***
RSI←EQ	0.463	0.072	6.509	***
UI←RSI	0.644	0.078	8.438	***
CSI←UI	0.162	0.071	2.382	0.026
CSI←RSI	0.581	0.085	6.635	***

***表示到达了 0.001 的显著水平

移动电子商务推荐系统的内容质量对使用意愿的路径系数分别为 0.318，系统质量对使用意愿的路径系数为 0.184，服务质量对使用意愿的路径系数为 0.335，推荐系统顾客满意对使用意愿的路径系数为 0.644，均在 0.001 的水平上显著，因此 H3-3、H3-5、H3-7、H3-9 都得到了验证。同时通过比较路径系数的大小可以分析出影响的不同，其中，推荐系统顾客满意对顾客使用意愿的影响力最大。内容质量、系统质量、服务质量均会影响顾客的使用意愿，当顾客对移动电子商务推荐系统各个方面的质量比较认可时，就会增强顾客继续使用移动电子商务推荐系统的意愿。

移动电子商务推荐系统的内容质量、系统质量和服务质量对推荐系统顾客满意的路径系数分别为 0.587、0.347、0.463，都在 0.001 的水平上显著。因此，H3-4、H3-6、H3-8 均通过了验证。移动电子商务推荐系统的内容质量、系统质量和服务质量直接影响移动电子商务推荐系统顾客满意。当移动电子商务推荐系统的内容质量、系统质量和服务质量提高时，顾客对移动电子商务推荐系统的整体满意度也就会随之提高，因此，企业要不断改进移动电子商务推荐系统的内容、系统和服务这三个方面，从而提高顾客对移动电子商务推荐系统的满意度。

顾客的使用意愿对顾客总体满意度的路径系数为 0.162，显著性为 0.026，虽然在 0.001 的水平上不显著，但是小于 0.05，在 0.05 的水平上显著。因此，H3-10 通过了验证。顾客使用移动电子商务推荐系统的意愿越强，顾客总体满意度越高。移动电子商务推荐系统顾客满意度对顾客总体满意度的路径系数为 0.581，在 0.001 的水平上显著，因此 H3-11 得到了验证。当顾客对移动电子商务推荐系统越满意的时候，顾客对电子商务客户端的满意度也就越高，从而就会提高顾客的再次购买或者浏览的意愿。因此本章提出的 11 个假设均得到了验证。

但是其中 H3-1 只是在 0.01 的显著水平上成立，从而得到了验证；H3-10 的显著性水平比较低，只是在 0.05 的显著水平上成立，在 0.001 的显著水平上得不到验证，因此假设仅通过了 0.05 显著水平上的验证。H3-10 的显著性比较低，也就是说虽然移动电子商务推荐系统的使用意愿正向影响顾客总体满意度，但是其影响程度比较低。除这两个假设以外，其他假设均在 0.001 的显著水平上得到了验证。

最后，利用方差分析，对性别的影响分析利用独立性样本 t 检验，对于消费经验的影响分析利用单因素方差分析。通过研究发现，不同性别的顾客对于各个因素的感知不存在明显的差异，因此，针对这种情况，企业在未来的发展中可以忽略这一变量所带来的影响。但是消费经验对顾客期望、服务质量、推荐系统顾客满意和顾客总体满意度的感知存在显著差异，同时消费经验对于使用意愿、内容质量和系统质量不存在显著差异。

3.4.3　提高移动电子商务推荐系统的顾客满意度对策

1. 提高移动电子商务推荐系统的内容质量

移动电子商务推荐系统的内容质量主要是推荐系统提供的信息的质量和产品的质量。移动推荐系统是为了满足顾客的需求而设计出来的，因此，推荐的内容也要满足顾客的要求。提高移动电子商务推荐系统的内容质量从以下几个方面入手：①了解消费者的需求；②内容要更加直观，方便消费者查看；③内容要及时地进行更新。

首先，企业要想提高移动电子商务推荐系统的质量，就必须了解顾客真正的需求，只有在了解消费者需求的基础上才能给顾客推荐其需要的产品和信息。因此，企业了解顾客的真实需求可以通过以下几种途径：一是大规模地发放调查问卷，直接收集第一手的资料来分析顾客的消费行为，这样收集到的信息比较客观、真实，但是耗费的人力、物力比较大，问卷的设计和发放都要求科学合理，但是对于一些小型企业来说实施起来比较困难。二是咨询相关专家学者的意见和建议，专家学者对这方面的研究都比较专业，更了解消费者的心理和行为，能够给企业提供指导意见。但是，专家学者建议的主观性比较强，而且大多数专家仅仅是某一个小模块的专家，对整体缺乏客观的认识。三是专门设立运营部门等相关的机构，及时地了解市场的变化并结合以往的消费经验来引导企业的运营，优势是能够及时准确地察觉消费者的变化及时做出反馈，同时由专门人才来负责比较专业，但是对于一些实力比较小的企业来说，还是具有一定的困难。

　　其次，要想提高移动电子商务推荐系统的内容质量，就要保证内容能及时更新，产品能符合时代的潮流，推荐的信息能够准确地满足消费者的需要。同时对于企业来说，推荐的产品要不断地更新换代、紧跟潮流，才能满足消费者的需求，这就需要企业从多方面来进行保证。

　　最后，随着技术的发展，可以利用当代的信息科学技术来提高移动电子商务推荐系统的内容质量。例如，随着虚拟现实（virtual reality，VR）技术的进步，其将会应用到电子商务领域，让消费者能够体验到即使不去实体店也能够试用商品，从而进一步地判断商品是否符合自己的需求，能够让消费者更加直观和全面地了解到商品的信息。

2. 提高移动电子商务推荐系统的系统质量

　　推荐系统是支撑整个移动电子商务推荐的支柱，没有一个高质量的推荐系统也就无法提高顾客的满意度。因此，提高移动电子商务推荐系统的质量也是十分重要的。对于推荐系统来说，主要从技术角度来分析，推荐系统的设计和运行都是技术含量很高的领域，提高移动推荐系统质量也要从以下角度来分析。

　　要想设计出科学的移动电子商务推荐系统，首先，就要了解顾客对于推荐系统的要求，这指引着设计的方向，因此，企业要充分了解顾客的需求。从顾客使用的便利性出发，设计出更加合理的交互界面，方便顾客使用，同时还要兼顾安全和灵活，能够保障顾客的信息安全和财产安全。此外还要能够及时地进行调整和改变，不能一成不变，这样使得顾客能够保持长久的新鲜感。对于移动电子商务推荐系统的设计，可以从两个方面进行，一方面可以在企业内部组建专门相关部门主要负责这部分的工作，这样方便企业统一管理，能够使得命令及时进行执行，保障了行动力和灵活性；另一方面因为移动电子商务推荐系统的设计很具有专业性，如果企业有实力，可以自行研发和设计，但是对于实力比较小的企业，也可以将这部分工作进行外包，外包给专业的团队，从而提高推荐系统的质量。在整个环节中，企业要加强监管，确保完成预先设定的目标。

　　其次，不断征求顾客的意见和建议，顾客在使用移动电子商务推荐系统的过程中会产生顾客体验，顾客能够从中发现一些企业暂时可能没有考虑到的问题，因此，企业可以在移动电子商务推荐系统里面设置一个模块让顾客提意见，这样企业才能够不断地调整和进步，满足顾客的切身需求。

3. 提高移动电子商务推荐系统的服务质量

　　当前是服务制胜的时代，服务业在我国越来越重要，因此，各个企业都要关注服务质量。企业可以从以下几个角度来分析如何提高移动电子商务推荐系统的服务质量。

首先，要想提高移动电子商务推荐系统的服务质量，企业就要保证自己产品和系统的可靠性，能够提供顾客需要的产品和信息，这是一个企业成功的关键，如果企业不能给顾客提供满意的产品和服务，就不能培养出忠诚度高的顾客，企业也就无法实现自己的经营目标，获得更多的利润。其次，企业要重视顾客的反馈，顾客的反馈意见就是企业进一步发展移动电子商务推荐系统的动力。顾客对于企业提出的反馈意见就是顾客不满意的地方，也就是企业需要进一步改进系统的地方。因此，企业要重视征求顾客的反馈意见，通过整理顾客的反馈意见，从而不断改进企业的整体服务质量。最后，当前顾客越来越重视自己的个性化需求，因此移动电子商务推荐系统要想提高自己的服务质量，未来要重点关注顾客这一方面的需求。企业要依靠背后的大数据来分析顾客的个性化需求，从而有针对性地给顾客推荐产品和提供服务。

4. 改进移动网络环境

一个安全的网络环境是移动电子商务发展的重要保障，如果无法保证移动网络环境的安全，也就无法来保障顾客的个人财产以及个人隐私的安全，最终也就会影响顾客对于移动电子商务推荐的使用以及满意度。一个安全的移动网络环境的建设离不开三方的共同努力。

一是政府的保证。政府是企业发展重要的后盾力量，尤其是对于网络类的企业更需要政府加大保障力度，当前时期是移动电子商务发展的重要阶段，在这一时期还存在很多不健全的方面，这些方面有些不是企业能够控制的，这时候就需要政府加以干预。首先政府部门要增强防范网络安全的意识，通过完善相关的法律法规制度来进一步规范网络环境，为移动电子商务企业的发展创造更加优良的环境。其次在政府部门中设立相关的机构，对于出现的网络犯罪现象严加管制，严肃处理，通过这种行为来打击网络违法犯罪行为。最后，要加强对于网络安全的宣传教育，开展一系列的活动增强企业和人们的网络安全防范意识。

二是企业的保证。移动电子商务企业作为主体，是维护移动网络环境最重要的力量。首先电子商务企业要有专门负责网络安全的负责人员，对于网站以及 APP 程序和网页的设计要兼顾美观与安全，同时可以在网页上设置一些提示语。例如，本网站不会以任何形式发送链接以及向顾客索要验证码，避免出现一些漏洞会影响顾客的安全使用。其次，当出现一些问题时企业要及时积极地进行解决。

三是顾客自身的意识。顾客的安全意识是最根本的保证。由于当前网络的迅速发展，政府和企业都要加强对于顾客网络安全的宣传和教育，增强顾客自身的安全意识。同时当需要设置登录密码时，顾客设置密码不能过于简单，最好是数字、字母或者符号的两种方法综合使用，这样就提高了密码的破译难度。

3.4.4　研究展望

随着科学技术的进步，移动电子商务推荐系统会得到发展和完善。对于移动电子商务推荐系统的未来发展方向，本章提出以下三个。一是在当前大数据的时代，使用数据能够更精确地分析顾客的偏好和喜爱，从而针对不同的顾客进行个性化的推荐，使得推荐的商品和服务能够满足消费者的需求。因此在未来的发展中，将移动电子商务推荐系统和大数据相结合是一个必然发展趋势。二是结合当前的 3D 技术和 VR 技术，进一步地发展移动电子商务推荐系统，将 3D 技术和 VR 技术与移动电子商务推荐系统相结合，能够使得顾客更加直观、具体详细地了解商品和服务的相关信息。甚至于随着技术的发展，让顾客能够在 VR 试穿想要购买的服饰等商品，这样更加方便顾客挑选出需要的产品。三是注重移动电子商务推荐系统推荐方法的精确性和多样性，构建基于 GPS 定位的推荐、基于个性化的推荐、基于以往购物浏览记录的推荐、基于流行时尚元素的推荐等多种形式的移动电子商务推荐系统。还可以建立移动电子商务推荐系统的社会化网络，通过构建的信任网络或者是朋友网络来获取用户的众多节点，再利用一系列的算法进行推荐，这就是把移动社会化的网络与移动电子商务推荐系统相结合，从而增强移动电子商务推荐系统的精确性和多样性。

本章研究了顾客对于移动电子商务推荐系统的满意度情况，随着移动互联网的发展，学者把研究的重点转移到了移动推荐上面，因此，本章在学者的基础上研究对移动电子商务推荐系统的顾客满意度评价。首先，对于移动电子商务推荐系统的评价方法很多，本章仅从顾客满意度角度进行了分析，在后续的研究中应该进一步从众多角度和方法进行探讨。结合具体的评价指标，如预测准确度、分类准确度、排序准确度、预测打分关联性、距离标准化指标（normalized distance performance measure，NDPM）和半衰期效用指标等。其次，移动电子商务推荐系统的冷启动问题同样是需要进一步研究的方向，冷启动就是对一些新用户和出现的新的项目问题如何进行推荐。再次，本章的研究数据的采集集中在一个具体的时点上，而不是动态连续性的研究，这是未来研究的一个重点。最后，本章将研究的主体放在 18 岁到 30 岁的青年阶段，然而随着移动终端和移动网络的普及，尤其是现在中年群体和老年群体也成为网购的重要力量。中年人和老年人对事物的看法与年轻人不同，所以对移动电子商务推荐系统的评价也不同。因此在未来的研究中可以将这些因素考虑进来，扩展评价体系，开展进一步的研究。

3.4.5　本节小结

为了研究移动电子商务推荐系统的顾客总体满意度，对收集到的 269 份调查问卷进行数据的整理和分析，并借助 SPSS 和 AMOS 软件来验证本章的模型和提出的假设。首先，本节分析了收集到数据的信度和效度，研究发现数据具有良好的信度和效度，并验证了数据是否符合正态性分布，从而能够进行下一步的数据分析。其次，通过计算模型的适配度指数，说明本章的研究模型具有良好的拟合度，模型可以接受。在对研究模型进行路径分析时，对模型进行了估计和修正，得出了本章需要的路径系数，从而对本章提出的 11 个假设进行验证。还分别分析了性别以及消费经验对各个要素的影响，结果表明男女性别的不同对各个要素没有显著的差异，但是不同消费经历对顾客期望、服务质量、推荐系统顾客满意和顾客总体满意度的感知存在显著差异，而对其他要素的感知方面没有明显的差异。再次，从四个方面对企业提出了改进意见，包括提高移动电子商务推荐系统的内容质量、系统质量、服务质量和改进移动网络环境四个角度，从而提高顾客的满意度和忠诚度。最后，还提出移动电子商务推荐系统未来的发展、研究方向。

3.5　本 章 结 论

现代科学技术和网络技术的发展，促使电子商务成为经济发展的新动力。尤其是当前移动网络的普及，促使移动电子商务得到了迅速发展，同时移动电子商务推荐系统也就成为人们筛选信息、做出购物决策的重要工具，尤其是面对当前这个信息爆炸的社会，如何能够更加快速、更加高效地找到符合自身需要的信息和服务成为顾客重点考虑的问题。

目前众多学者已经研究了移动电子商务推荐系统的推荐方式、方法和系统设计，但是从顾客满意度的角度来分析移动电子商务推荐系统需要进一步的研究。本章以 D&M 模型为主要框架，参考了 SCSI 顾客满意度模型，最终构建了本章研究的模型框架，并结合移动电子商务推荐系统的特性对相关的变量进行了定义和测量。通过研究影响移动电子商务推荐系统的顾客满意度因素，验证文中提出的相关假设，从而为企业发展移动电子商务推荐系统提供意见和建议。本章得出的成果如下。

第一，本章研究在相关理论的基础上构建了移动电子商务推荐系统的顾客满意度理论模型，模型中共包含顾客期望、内容质量、系统质量、服务质量、使用意愿、推荐系统顾客满意、顾客总体满意度 7 个要素，并对各个变量进行定义和设计测量量表。

　　第二，应用数据分析软件探究本章提出的假设，通过研究发现，书中提出的11 个假设均得到了验证，其中除了顾客期望对移动电子推荐系统顾客满意度具有负向影响外，其他均具有正向影响。但是顾客期望对移动电子商务推荐系统顾客满意度的影响假设只在 0.01 的显著水平上得到验证，移动电子商务推荐系统使用意愿对顾客总体满意度的正向影响只在 0.05 的显著水平上得到验证，在 0.001 的显著水平上不成立。本章还研究了不同的性别和不同的消费经历对各个因素影响的显著性程度，研究发现性别对其他因素影响没有显著差异，而消费经验对顾客期望、服务质量、推荐系统顾客满意和顾客总体满意度的感知都存在差异。最后本章有针对性地为企业提供发展移动电子商务推荐系统的建议，建议提高移动电子商务推荐系统的内容质量、系统质量、服务质量和改进移动网络环境。

　　第三，本章针对当前的研究状况提出了移动电子商务推荐系统未来的研究方向和研究展望，主要从以下几个角度：结合大数据环境下的移动电子商务推荐系统的个性化发展方向、结合 3D 技术的界面设计和 VR 技术的推荐系统设计及更加精准多样的推荐方式方法。对于移动电子商务推荐系统的评价研究，一是可以增添其他准确性等指标来对移动电子商务推荐系统的评价进行量化；二是进行动态连续性的研究，不仅仅局限在一个时间节点上，而是研究一段时间内的整体变化情况，这是未来研究的一个重点；三是本章研究主要对象是青年群体，未来应该扩展研究对象，中年人和老年人由于其自身的特点会与年轻人有所不同，这就可能会导致对移动电子商务推荐系统的评价也有所不同，尤其是随着时代的进步，中老年群体也开始使用移动电子商务 APP。因此在未来的研究中可以将这些因素考虑进去，扩展评价体系，开展进一步的研究。

第4章 一种基于技术接受和使用整合模型的电子商务推荐系统用户采纳影响因素研究

本章基于技术接受和使用整合模型来探索影响电子商务推荐系统用户采纳的具体因素。在整理归纳相关文献后，结合本章研究的具体问题，对原模型做出修改，建立新的理论模型并提出研究假设，随后采用问卷调查的方式获取数据。本章研究以结构方程模型为主要分析工具，在检验了数据的正态性分布、信度效度后，对模型和假设的合理性进行验证并对模型进行了适配度分析。最后，为电子商务推荐系统的发展方向提出了相应的建议（苗楠，2016）。

4.1 电子商务推荐系统用户采纳的模型构建与假设提出

本章基于前人关于电子商务推荐系统用户采纳的研究成果，采用技术接受和使用整合模型中关于用户技术采纳的主要变量和信任变量，以及创新扩散理论中的兼容性变量来分析电子商务企业推荐系统用户采纳的影响机制。本章通过对原有的技术接受和使用整合模型进行改进——引入了新的变量并拓展了各变量之间的相互关系，从而建立了更为全面的用户采纳电子商务推荐系统的模型框架。随后提出了研究变量的相关假设，为之后的问卷设计、数据收集、数据实验等做好了准备。

4.1.1 电子商务推荐系统用户采纳的模型构建

本章并不是对技术接受和使用整合模型的完全复制，而是根据此次研究的具体问题，加入或删减了一些变量来建立新的用户采纳电子商务推荐系统模型框架，因此对技术接受和使用整合模型有以下几个方面的调整。

首先，本章加入了信任变量。因为技术接受和使用整合模型是在组织实验中得到的，成员身在组织中，不存在对组织、具体技术的信任问题，但其在电子商务环境中的作用不可忽视。在电子商务环境中，用户无法直接接触商品，又无法面对面地与销售员交流，更无法评价商品质量和卖家信用，因此网上购物就面临着更高的不确定性、风险性与复杂性。正如之前的研究综述，许多学者都研究了信任在用户的采纳行为中的作用，因此，本章增加信任变量作为影响用户采纳意愿的重要因素。

其次，本章加入了兼容性变量。为了尽可能多地挖掘影响用户采纳电子商务推荐系统的相关因素，使我们的模型更加完善，在参考了其他技术采纳模型的基础上，我们发现创新扩散理论模型中的兼容性变量值得讨论并融入模型中。在前人的研究中，学者并没有将兼容性作为影响用户采纳意愿的直接因素进行研究，而是作为影响用户的绩效期望、努力期望的影响因子进行讨论，在大学生采纳电子书的影响因素（Jin，2014）和用户是否使用触觉使能技术产品的研究上（Oh and Yoon，2014），学者将创新扩散理论与技术接受模型相结合，发现兼容性通过影响易用性与有用性进而作用于用户采纳。同样的，Koenig-Lewis 等（2010）在关于移动银行服务用户采纳行为的探索中也得到相同结论。因此本章考虑将兼容性作为影响绩效期望、努力期望和信任的外部变量纳入模型。

再次，对于技术接受和使用整合模型中的内因变量——采纳意愿与采纳行为，之前学者的研究是通过实验进行的，用户的采纳行为能够通过工作日志、系统记录等方法统计出来，而本章使用的是调查问卷的研究方法，用户电子商务推荐系统采纳行为难以测量，针对于此，本章只进行用户的采纳意愿而非采纳行为的研究（因为采纳意愿对预测采纳行为有很强的作用）。另外，在技术接受和使用整合模型中，便利条件指的是组织和技术条件，而在用户采纳电子商务推荐系统中，不存在组织环境，而且如今的技术已不再是阻碍用户网上购物的障碍，因此便利条件在本章研究中影响甚小，而且在技术接受和使用整合模型中，便利条件变量直接作用于采纳行为，本章研究删去了采纳行为变量，因此决定不将便利条件纳入研究范畴。综上，本章在原技术接受和使用整合模型的基础上，增加了核心变量——信任和兼容性，删去了变量——采纳行为与便利条件。

最后，本章还引入了变量间的关系。因为技术接受和使用整合模型的目的在于检验对采纳意愿的影响因素而非针对因素之间的相互关系，因此对核心变量间的关系不加假设。而为了使模型更加完善，便于全面地探讨用户采纳电子商务推荐系统的作用机制，我们扩展了核心变量之间的相互关系。首先，加入了兼容性对绩效期望、努力期望与信任的影响。其次，针对努力期望与绩效期望，鉴于许多学者关于技术接受和使用整合模型中易用性对有用性作用的研究，我们加入了努力期望对绩效期望的影响。最后，我们还研究了信任对绩效期望的影响。

综上，得到了新的模型框架如图 4-1 所示。

4.1.2　电子商务推荐系统用户采纳的假设提出

1. 绩效期望变量的相关假设

虽然表达形式不同，但目前几个典型的技术采纳模型都将绩效期望与努力期望视为影响用户采纳意愿的重要双因素。绩效期望即用户认为使用此系统能帮助

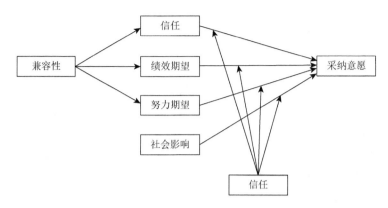

图 4-1　本章基于技术接受和使用整合模型的框架

他实现工作绩效的程度，技术接受模型中的易用性、动机理论的外在动机、MPCU
中的与工作的匹配度、创新扩散理论模型中的相对优势、社会认知理论的收入期
望，这 5 个不同模型中的概念都与绩效期望相似。绩效期望因素被认为是影响用
户采纳意愿的最强预测因素，因为人们决定采用与否的首要关键在于是否相信它
会给自己带来好处。从目前的研究来看，大多数学者都证明了这一点：在用户是
否采纳手机休闲娱乐的研究上，Leong 等（2013）得到了用户感知易用性的重要
作用。Oliveira 等（2014）在用户采纳移动银行影响因素的探索中，也得到了相同
的结论。在消费者采纳网络团购方面，王冰川（2013）得出消费者网络团购的绩
效期望即购物效率的提高、购物折扣的获取和从中获得的愉悦感对团购意向有直
接的正向影响。同样的，徐蕾等（2014）得出了电子商务给企业带来如扩大销售、
提高沟通效率、降低成本等的收益影响了其对电子商务的采纳行为。因此，基于
上述研究，我们认为用户采纳电子商务企业推荐系统受用户绩效期望的影响，从
而提出 H4-1：用户对电子商务推荐系统的绩效期望正向影响其采纳意愿。

另外，针对兼容性与绩效期望的关系，Agarwal 和 Karahanna（2010）在其发
表的文章中指出，绩效期望指的是用户从使用技术中得到的好处。若该技术与用
户先前经验和偏爱的工作方式越兼容，用户的绩效期望就越强烈，用户越容易承
认其有用性。而且，当用户在某领域越有经验，他越会认识到该项技术的价值，
越会承认其带来的收益。因此我们提出 H4-2：用户对电子商务推荐系统的兼容性
感知正向影响其绩效期望。

2. 努力期望变量的相关假设

虽然用户承认了新技术的有用性，但该技术是否容易使用也影响了人们的决
策，即用户的努力期望。努力期望指个人感知的与该系统产生联系的难易程度。
努力期望因素在不同的技术采纳模型中也有不同的表达：技术接受模型中的易用

性、MPCU 中的复杂性、创新扩散理论中的容易性。部分学者的研究表明努力期望已不再是影响因素。Yu（2012）在移动银行的研究中也发现由于人们跟多年前相比，对技术的使用更有经验，所以努力期望并不影响用户采纳意愿。尽管如此，努力期望在现今大多数关于技术采纳的研究中仍与绩效期望同时出现，作为影响用户行为的第二大因素。因此，我们仍提出 H4-3：用户对电子商务推荐系统的努力期望正向影响其采纳意愿。

针对兼容性与努力期望的关系，Agarwal 和 Karahanna（2010）指出，努力期望代表着用户能通过技术来降低认知负担的程度。技术越兼容，用户所付出的努力越少。例如，新技术与已有经验的兼容意味着用户可以利用已有的认知模式来使用此技术，降低认知负担。与现有工作实践的兼容意味着新技术的使用不需要个体工作的改变，其使用新技术付出的成本较少。因此，我们假设目标技术与用户之前使用过的技术越兼容，用户的认知负担越低，需要付出的努力越少，即提出 H4-4：用户对推荐系统的兼容性感知正向影响其努力期望。

另外，根据技术接受模型，用户感知易用性是感知有用性的重要决定因素。因为相对于难用的系统，系统的好用度越高，个体使用和任务完成的可能性也越高，也就是说，对于目标型的个体而言，好用的系统带来了高的成本效益比，即系统的有效性依赖于可用性。另外，与系统的交互越容易，用户付出的努力越少，他们可以把更多的精力投入到别的活动中去，从而对整体的工作效果产生贡献。因此，我们提出 H4-5：用户对电子商务推荐系统的努力期望正向影响其绩效期望。

3. 信任变量的相关假设

Benbasat（2005）专门研究了信任因素在推荐系统中的作用。文章指出，首先，推荐系统和使用者之间是一种代理关系，因为代理关系存在信息不对称的弊病，使用者无法确定推荐系统是否有能力、有技术来完成交给它们的任务，即找到心仪的商品。其次，推荐系统是否能独立工作，而非为经销商或制造商所服务，只是单纯为消费者考虑也值得怀疑。最后，推荐产品所需的个人信息能否被安全地保密，不被商家用作不良用途也值得商榷。而顾客信任可以减少这种不确定性、风险性和复杂性。因此，我们提出 H4-6：用户对电子商务推荐系统的信任正向影响其采纳意愿。

针对兼容性与信任的关系，因为兼容性指新技术与用户过去经验、现有工作实践及偏爱方式等的融合，那么用户基于过去经验、现有工作实践等能预测使用新技术会发生什么、什么时候发生以及怎样发生等，因此用户感知的不确定性降低，用户信任建立。另外，与用户偏好方式相适应将带给顾客高的舒适感和对推荐系统的安全感，从而获得顾客信任。因此我们提出 H4-7：用户对推荐系统的兼容性感知正向影响其对推荐系统的信任。

最后，推荐系统和顾客之间的代理关系决定了机会主义的产生，而用户对推荐系统的信任则为此提供了主观的保证，即相信电子商务推荐系统可以得出符合个人需求的产品，不存在用户欺诈行为，能提高用户获利的可能性。反之，用户对推荐系统的不信任使得他们不相信能从中得到利益，从而拒绝采纳。因此我们提出 H4-8：用户对电子商务推荐系统的信任正向影响其绩效期望。

4. 社会影响变量的相关假设

社会影响指的是个体感知其他个体使用该系统的行为，此因素同理性行为理论、MPCU 中的主观规范、创新扩散理论中的形象概念是一致的。技术接受和使用整合认为在自由的环境下，社会影响是不重要的，采纳意向主要受个人对科技的感知的影响，而在强制的环境下，社会影响只在个人对技术感知的初始阶段起作用，随着经验的增加，其重要性在降低。在崇尚集体主义的社会如韩国、中国等，社会影响因素对顾客采纳推荐系统的作用相对于其他社会更突出。而且，重视社会规则的中国和韩国消费者，当他们对目标商品不确定时，为了降低错误购买的风险，倾向于听取他人的意见。因此，我们提出 H4-9：社会影响因素正向影响用户对电子商务推荐系统的采纳意愿。

4.1.3　本节小结

针对研究的具体问题，本节对技术接受和使用整合进行了修改，以建立起电子商务推荐系统用户采纳模型。在外因变量方面，保留了绩效期望、努力期望、社会影响，增加了信任变量，删去了便利条件，同时，为了使模型更加完善，加入了兼容性变量。在内因变量方面，删去了采纳行为，只保留了采纳意愿。另外，在重新构造的电子商务推荐系统用户采纳模型的基础上，对模型变量间的关系进行了假设，包括绩效期望、努力期望、社会影响、信任对采纳意愿的影响，兼容性对信任、绩效期望、努力期望的影响以及信任与绩效期望的关系、努力期望与绩效期望的关系，从而为后文的问卷设计提供了依据。

4.2　问卷设计与数据收集

4.2.1　问卷设计

为了检验模型和验证假设，需要设计调查问卷来收集用户采纳电子商务推荐系统的相关信息。其中，问卷设计部分主要包括问卷结构的设计和问卷内容的设计，特别是变量的操作化定义以保证问卷能测量出变量的内涵。问卷发放部分主要包括问卷发放的方式、样本的大小、时间跨度、发放地点等，通过问卷设计与发放来得到用户真实的回答，从而保障收集到的数据的可靠性。另外，我们对收集的数据进行了初步的整理，从而为下一步的深入研究奠定基础。

1. 问卷整体结构设计

问卷内容包括三个部分：第一部分为问卷说明，包括问卷目的说明、表示感谢等（问卷部分详见本书附录三）。因为电子商务推荐系统名词具有专业性，为了使调查对象对调查内容有更清晰的认识，特对电子商务推荐系统进行了详细的介绍。另外，因为我国各大电子商务网站基本都采用了电子商务推荐系统，而其推荐系统质量参差不一，为了防止消费者对各推荐系统认知的混乱，对推荐系统评价的标准不一，所以采用中国消费者比较常用的电子商务交易平台——淘宝作为本次调查的对象，而且特别声明，若对淘宝推荐系统没有印象，请放弃本问卷的作答。第二部分为受访者个人信息的统计。因为问卷的调查对象在教育程度、收入状况等方面的差异不大，因此只统计了其性别和淘宝经验。其中，淘宝经验以用户平均一个月之内上淘宝的次数作为依据，分别以 0～2 次、3～5 次、6～10 次、11～15 次、16 次及以上作为次数统计间隔。通过 24 个题项来测量 6 个主要核心变量。量表采用利克特五点量表法，1 表示非常不赞同，2 表示不赞同，3 表示一般，4 表示赞同，5 表示非常赞同。第三部分为问卷主体内容。

2. 问卷主体内容设计

问卷的主体内容即各变量的测量题项。测量题项的确定需要明确变量的操作化定义与测量维度。因为本章研究的各变量内涵已在相关的研究中确立并成熟，因此，本章综合之前学者的问卷内容来形成问卷题项，并结合具体研究问题，在语言上做出修改。另外，为了防止被调查者存在认知上的错误，还根据自己的实际研究内容对部分指标做出了解释。

最后，为了使本问卷格式美观、意思表达准确，减少用户对问卷回答的误差，本章研究对问卷进行了测试。首先，让身边淘宝经验丰富的学生试做，对有歧义的表达进行了修改，并根据其意见，对问卷的整体格式做出修改。随后，又邀请淘宝经验少的学生进行问卷的测试，就表达的清晰度、对推荐系统解释的理解度等情况进行了询问，确保被调查者可以清楚本问卷的调查内容。在做出小范围的整改后，完成了本问卷的设计。其中，各变量的操作化定义与测量维度如下。

绩效期望，指用户认为使用推荐系统能帮助他实现寻找满意商品的程度。学者的测量指标皆围绕推荐系统的益处——顾客购物的效率与效果来展开。绩效期望测量指标（即测量题项）如表 4-1 所示。

表 4-1　绩效期望测量题项

因子	指标	指标内容
	PE1	我发现推荐系统在我的购物过程中很有用
	PE2	使用推荐系统能让我更快地完成购物
绩效期望 PE	PE3	使用推荐系统能让我做出更好的购买决策
	PE4	使用推荐系统能使我的购物过程更加简单
	PE5	使用推荐系统能提高我的购物能力
	PE6	使用推荐系统能增加我得到更好产品的机会

努力期望，指个人感知使用推荐系统的难易程度。其测量指标主要围绕容易学习、操作简单等方面展开，测量指标如表 4-2 所示。

表 4-2　努力期望测量题项

因子	指标	指标内容
	EE1	对我来说，学习如何使用推荐系统很简单
努力期望 EE	EE2	我和推荐系统的交互过程清晰明了（交互即系统针对您的操作做出的反应）
	EE3	我发现推荐系统使用简单
	EE4	对我来说，熟练使用推荐功能很简单

社会影响，指的是个体感知其他个体使用电子商务推荐系统的行为，从而对自身行为进行调整。在之前的组织个体行为研究中，其他个体主要指的是上司或组织中对自己行为产生影响的人。因为本章不存在组织环境，因此其他个体主要指周围的人和重要的人，生活中主要是这两种人会对个体行为产生影响，其测量指标如表 4-3 所示。

表 4-3　社会影响测量题项

因子	指标	指标内容
社会影响 SI	SI1	若周围的人向我建议使用淘宝推荐功能，我会考虑使用
	SI2	若对我重要的人向我建议使用淘宝推荐功能，我会考虑使用

信任，指个体对推荐系统胜任力、善意和正直的感知。此概念为以往研究中电子商务推荐系统信任的明确定义。对推荐系统胜任力的感知指消费者关于推荐系统能力、技能和专业度的感知；对推荐系统善意的感知指消费者关于推荐系统是否真正关心其利益的认知；对推荐系统正直的感知指消费者对于推荐系统固有

准则的认知，如是否诚实、守诺等。根据上述定义，我们得到的测量指标如表 4-4 所示。

表 4-4　信任测量题项

因子	指标	指标内容
信任 TR	TR1	我相信推荐系统有能力来帮我找到心仪的商品
	TR2	我相信推荐系统做出的推荐并非为特定的卖家所服务
	TR3	我相信推荐产品所需的个人信息能被保密，不被商家挪用
	TR4	总而言之，我认为推荐系统是可信赖的

兼容性，在组织中指的是新技术与用户过去经验、现有工作实践及偏爱方式等的融合。根据兼容性表达的内涵，针对用户与推荐系统交互的具体特点，结合实际与已有研究，对推荐系统的兼容性测量指标进行了修改，得到的指标内容如表 4-5 所示。

表 4-5　兼容性测量题项

因子	指标	指标内容
兼容性 COM	COM1	我习惯使用推荐系统来寻找商品
	COM2	推荐系统提供的服务与我想要的生活方式一致（方便、快捷、信息化等）
	COM3	推荐系统提供的信息符合我的决策风格（如寻找低价、注重品牌、追求潮流）
	COM4	推荐系统的推荐形式符合我的习惯

采纳意愿，在大多数研究中将其分为三个层次，即用户倾向于在未来使用推荐系统、用户预计未来会使用推荐系统、用户计划使用推荐系统，三个层次逐渐深入。另外也有研究指出用户是否愿意为此提供相应的个人信息也体现了其采纳意愿，本章结合具体研究问题对此进行补充，所以得到的测量指标如表 4-6 所示。

表 4-6　采纳意愿测量题项

因子	指标	指标内容
采纳意愿 BI	BI1	我愿意进一步了解推荐系统及其提供的服务
	BI2	我愿意提供必要的个人信息使得推荐系统能更好地为我服务
	BI3	我打算在我以后的购物中使用推荐系统
	BI4	我愿意将推荐系统介绍给其他人使用

4.2.2　问卷数据收集

1. 问卷发放

CNNIC 发布的第 34 次《中国互联网络发展状况统计报告》显示，截止到 2014 年 6 月，我国 20～29 岁年龄段网民的比例为 30.7%，在整体网民中占比最大，为了使收集到的数据具有典型性与代表性，所以该问卷的调查对象主要为 20 岁以上 30 岁以下的青年人，又因为学生是网络使用的主力，所以该问卷主要面向高校学生发放。另外，因为学生群体在收入、教育、婚姻状态等属性方面差异较小，向其发放保证了本章研究的测量指标不受这些因素影响。

本章研究采用网上问卷和实地问卷发放两种方式进行。为了使问卷得到严肃对待，得到被访者真实可靠的回答，本次网上问卷的发放对象主要为社交工具 QQ 及微信上的联系人，并拜托亲友再向其朋友传播，从而保证了问卷数据的可靠性。实地发放的主要场所为黑龙江大学图书馆及各教学楼，在发放的过程中，对学生们的疑问及反映做出必要解答，尽量保证数据的质量。问卷的数据收集过程为期两个月。

本次研究共发放问卷 400 份，其中网上发放 100 份，实地发放 300 份，共收回问卷 368 份，回收率 92%，之后剔除无效问卷（有漏题或均为统一数值），共得到有效数据 271 份，问卷的有效率为 73.6%。

2. 问卷数据的初步整理

为了对研究的调查对象有大体的了解，我们对收集到的问卷对象的性别、淘宝经验进行了初步的数据整理。经统计，获得的男性样本数为 75，占总体的 27.7%；女性样本数 196，占总体的 72.3%。

表 4-7 展示了男性的淘宝使用情况和女性的淘宝使用情况。通过对男性与女性的使用数据对比，首先可以发现，一个月之内上淘宝的次数，男女的趋势相差无几，即一个月内上 3～5 次淘宝为男女群体的最常见现象，约占总体的 32.5%。其次为 0～2 次，占各群体总体的 28% 左右，一个月之内上淘宝 0～5 次共为总体的 60% 左右，由此可见男女性逛淘宝的次数并不是想象的那样多。接着，一月之内上淘宝 6～10 次与 16 次及以上的用户数量相当，占到了总体的 15% 左右。最后，一个月之内上 11～15 次淘宝的用户最少，即用户要么是高频度淘宝使用者，不到两天便会打开淘宝页面或 APP 浏览，要么是低频度使用者，可能是有需求时才会进入淘宝进行购物。

表 4-7　男性和女性淘宝使用经验对比表

淘宝经验/ (次/月)	男性		女性		总计	
	人数	百分比	人数	百分比	总计	百分比
0~2	21	28.0%	56	28.6%	77	28.4%
3~5	29	38.7%	59	30.1%	88	32.5%
6~10	10	13.3%	33	16.8%	43	15.9%
11~15	3	4.0%	18	9.2%	21	7.7%
16 以上	12	16.0%	30	15.3%	42	15.5%
总计	75	100.0%	196	100.0%	271	100.0%

就男女性使用淘宝情况的不同而言，通过总结我们可以发现，男性在低频度购物次数中占比较大，女性是更主要的淘宝用户群体。男性一个月内使用淘宝 3～5 次为 38.7%，而女性为 30.1%；男性一个月内使用淘宝 11～15 次为 4.0%，女性为 9.2%。

4.2.3　本节小结

本节介绍了问卷的设计部分，包括整体结构的设计与主体内容的设计。

问卷结构主要包括三个部分：问卷说明、受访者个人信息、测量题项。主体内容即所研究各变量的测量指标的确定，在参考了前人关于变量的操作化定义与测量维度的基础上，结合研究的具体问题做出修改，并对问卷进行了预测试，从而形成最终的用户采纳电子商务推荐系统影响因素的问卷。接着对问卷的发放对象、发放方式、发放地点和时间进行了说明。最后对收集上来的 271 份有效数据进行了初步的统计分析处理，发现了男女性每月淘宝使用情况的相同与不同之处，从而为后面的深入分析奠定了基础。

4.3　电子商务推荐系统用户采纳的实证分析

本章通过对构建的结构方程模型进行实证分析，以检验模型是否合理、假设是否成立，从而得到用户采纳电子商务推荐系统的影响因素。本章运用 AMOS 中的 AMOS Graphics 模块进行结构方程模型的验证分析。使用 AMOS 进行数据分析的步骤为：①违反估计检验；②正态性检验与异常值处理；③数据信度、效度分析；④模型拟合度测量；⑤模型修正（荣泰生，2009）。下面我们将按此步骤进行数据的处理分析。

4.3.1　违反估计与数据的正态性分布检验

为了保证后续模型分析的正确可靠，需要进行模型识别与违反估计及数据的
正态性分布检验。首先，需判断模型是否可以识别。当点击 AMOS 中计算模型的
按钮后，输出路径图按钮由灰变成明亮，出现"ok"字样，则表示模型可以识别、
收敛估计。其次，模型可以收敛估计只表示模型中待估计的自由参数可以计算出
来，这些参数是否全部为合理或可解释的参数，需要加以判断，即仍需要判断模
型是否有不当解，如误差残差为负数、标准化系数大于 1 等。由我们得到的模型
图可知，本章建立的模型可以被识别而且没有不合理的估计值。

另外，AMOS 中运用极大似然估计法对数据进行计算，所有数据必须符合多
变量正态性假定（吴明隆，2010b），利用 AMOS 得到样本数据的正态性分布检验
结果如表 4-8 所示。由表 4-8 可知，本章中偏度系数绝对值最大值为 0.587，峰度
系数绝对值最大值为 0.840，数据大致符合正态性分布，可以运用极大似然估计法
进行下一步的分析计算。

表 4-8　数据的正态性分布检验结果

潜在变量	观测变量	最小值	最大值	偏度系数	峰度系数
绩效期望	PE1	1.000	5.000	0.227	−0.018
	PE2	1.000	5.000	0.068	−0.065
	PE3	1.000	5.000	0.449	−0.331
	PE4	1.000	5.000	−0.118	−0.413
	PE5	1.000	5.000	0.061	−0.475
	PE6	1.000	5.000	−0.143	−0.584
努力期望	EE1	1.000	5.000	−0.430	−0.293
	EE2	1.000	5.000	−0.201	−0.043
	EE3	1.000	5.000	−0.234	−0.040
	EE4	1.000	5.000	−0.310	−0.227
社会影响	SI1	1.000	5.000	−0.586	0.318
	SI2	1.000	5.000	−0.587	−0.103
信任	TR1	1.000	5.000	−0.305	0.003
	TR2	1.000	5.000	−0.201	−0.438
	TR3	1.000	5.000	0.101	−0.840
	TR4	1.000	5.000	−0.003	−0.092

续表

潜在变量	观测变量	最小值	最大值	偏度系数	峰度系数
兼容性	COM1	1.000	5.000	0.278	−0.006
	COM2	1.000	5.000	−0.024	−0.060
	COM3	1.000	5.000	−0.101	0.012
	COM4	1.000	5.000	0.018	0.034
采纳意愿	BI1	1.000	5.000	−0.001	−0.318
	BI2	1.000	5.000	0.310	−0.379
	BI3	1.000	5.000	0.097	−0.147
	BI4	1.000	5.000	0.277	−0.068

4.3.2　信度与效度分析

1. 信度分析

信度指的是当研究者对于相同或相似的现象（或群体）进行不同形式或时间的测量时,其所得结果的一致程度。通常,按照测量工具和测量时点两维度进行划分。内部一致性信度通常采用 Cronbach's α 系数进行分析。复本信度是指研究者设计两份问卷,这两份问卷题目不同,但都是测量同一观念,并对同一环境下的两组人分别进行测试,如果这两组人的评点的相关系数很高,就说明有很高的信度。再测信度指因为时点的不同,当有所改变时,应显示值的改变,无改变时,不显示值的改变。因为本章研究的样本是某时点时间横截面数据,因而采用内部一致性信度分析,即 Cronbach's α 系数。当 Cronbach's $\alpha \geqslant 0.7$ 时,样本具有高信度;当 $0.35 \leqslant$ Cronbach's $\alpha < 0.7$ 时,样本信度尚可,当 Cronbach's $\alpha < 0.35$ 时,样本的信度低。由于本量表包含了两种以上不同的因素构念,量表的内部一致性 α 系数要对每个潜变量单独计算信度系数（吴明隆,2010a）,由此,用 SPSS 统计出 6 个潜变量的信度系数 Cronbach's α 在 0.720 和 0.842 之间,具体情况如表 4-9 所示,因此数据具有较高的信度。另外,一份量表在测得相同构念时,题项数越多,量表的信度越高。在本章的研究中,除了社会影响,每个变量皆用了四个及以上指标来测量,也提供了信度基础。

表 4-9　各潜变量的信度系数

潜变量	指标变量数	Cronbach's α
绩效期望	6	0.842
努力期望	4	0.820

续表

潜变量	指标变量数	Cronbach's α
社会影响	2	0.765
信任	4	0.720
兼容性	4	0.811
采纳意愿	4	0.838

2. 效度分析

效度指的是该测量工具能正确地测量出该观念，而非其他观念。其涉及的是正确性的问题，包括内容效度和建构效度。其中，建构效度指能够测量出理论的特质或概念的程度，其主要通过聚敛效度和区别效度来测量。内容效度指该测量工具是否涵盖了它所要测量的某一观念的所有层面，保证内容效度的关键在于测量工具要在文献中被使用过且得到证实。本章的测量指标均来源于已有的成熟研究。

聚敛效度指潜变量各题项间的相关程度，具体的测量方法及理想数值见 3.4.1 节。由表 4-10 可以看出，本章除了信任、绩效期望的平均方差抽取量小于 0.5 之外，努力期望、社会影响、兼容性、采纳意愿变量的平均方差抽取量均大于 0.5。因为信任与绩效期望变量的测量严格依照已有的文献而且其各指标的因素负荷量高于 0.5，因此，我们认为其聚敛效度是可以接受的。

表 4-10　聚敛效度检验结果

潜在变量	观测变量	因素负荷量	平均方差抽取量
绩效期望	PE1	0.71	0.473
	PE2	0.71	
	PE3	0.76	
	PE4	0.65	
	PE5	0.64	
	PE6	0.65	
努力期望	EE1	0.78	0.535
	EE2	0.76	
	EE3	0.69	
	EE4	0.69	
社会影响	SI1	0.83	0.626
	SI2	0.75	

潜在变量	观测变量	因素负荷量	平均方差抽取量
信任	TR1	0.68	0.400
	TR2	0.59	
	TR3	0.58	
	TR4	0.67	
兼容性	COM1	0.79	0.521
	COM2	0.72	
	COM3	0.71	
	COM4	0.66	
采纳意愿	BI1	0.72	0.537
	BI2	0.82	
	BI3	0.65	
	BI4	0.73	

构念间的区别效度指个别测量题项应只能反映一个潜在构念，不能同时反映两个及以上潜变量。当变量的平均方差抽取量的平方根估计值高于变量间相关系数时，因素构念间才有良好的区别效度。表4-11中，位于对角线上的为各因素的平均方差的平方根估计值，其他值为变量间的相关系数。从表4-11中可以看出，本章样本数据具有较高的区别效度。

表 4-11　区别效度检验结果

潜在变量	绩效期望	努力期望	社会影响	信任	兼容性	采纳意愿
绩效期望	0.688					
努力期望	0.498	0.731				
社会影响	0.436	0.505	0.791			
信任	0.602	0.410	0.405	0.632		
兼容性	0.672	0.446	0.359	0.564	0.722	
采纳意愿	0.547	0.485	0.487	0.627	0.600	0.733

4.3.3　电子商务推荐系统用户采纳模型分析

1. 模型验证与假设检验

图4-2为用户采纳电子商务推荐系统的标准化路径图。

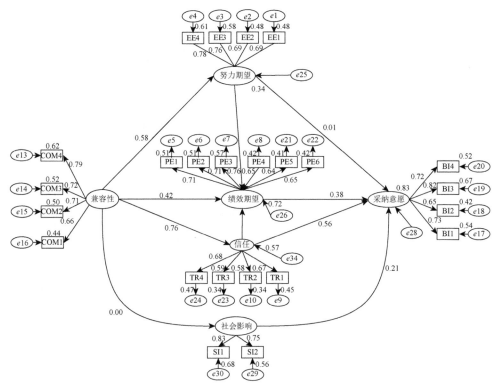

图 4-2　用户采纳电子商务推荐系统的标准化路径图

首先，为了验证我们所建立的模型是否合理，需进行模型拟合度的测量。本章将常用的统计检验量和适配度指数及本章得到的适配度值列于表 4-12。如表 4-12 所示，尽管 NFI 值与 TLI 值没有达到 0.9 以上的适配标准，但有学者指出，对于包含较多变量的模型而言，所有指标全部达到拟合是比较困难的，允许个别指标不匹配，因此通过以上的拟合度数据可以看出，本章研究所建立的模型是可以接受的，无须进行模型的修正。

表 4-12　模型的拟合度指标及检验结果

统计检验量		适配度指数值	本章值	结果
绝对适配度指数	卡方值	$P>0.05$	0.000	
	CMIN/df	<2（严谨）；<3（普通）	2.104	符合
	RMSEA	<0.05（良好）；<0.08（普通）	0.064	符合
比较适配度指数	NFI 值	≥0.95（>0.9 普通适配）	0.841	不符合
	IFI 值	≥0.95（>0.9 普通适配）	0.909	符合
	TLI 值	≥0.95（>0.9 普通适配）	0.896	不符合
	CFI 值	≥0.95（>0.9 普通适配）	0.908	符合

续表

统计检验量		适配度指数值	本章值	结果
简约适配度指标	PNFI 值	>0.5	0.740	符合
	PCFI 值	>0.5	0.800	符合

其次，通过路径分析可以检验各潜变量间的关系，对假设进行验证。用户采纳电子商务推荐系统影响因素各变量间显著关系如表 4-13 所示，由此可得本章假设的检验结果。

表 4-13　变量间的路径系数及显著性水平

变量之间的关系	Estimate	S.E.	C.R.	显著性
信任←兼容性	0.640	0.073	8.720	***
努力期望←兼容性	0.531	0.073	7.298	***
绩效期望←兼容性	0.336	0.093	2.618	***
绩效期望←信任	0.370	0.103	2.602	***
绩效期望←努力期望	0.125	0.059	2.106	0.035
采纳意愿←信任	0.500	0.105	4.786	***
采纳意愿←绩效期望	0.359	0.108	2.324	***
采纳意愿←社会影响	0.164	0.042	2.909	***
采纳意愿←努力期望	0.012	0.050	0.238	0.812

***表示到达了 0.001 的显著水平

（1）用户对电子商务推荐系统的绩效期望对采纳意愿的路径系数检验达到 0.001 的显著水平，所以 H4-1 获得支持。

（2）用户对电子商务推荐系统的兼容性感知对绩效期望的路径系数检验达到 0.001 的显著水平，所以 H4-2 获得支持。

（3）用户对电子商务推荐系统的努力期望对采纳意愿的路径系数检验未达到 0.001 的显著水平，所以 H4-3 未获得支持。

（4）用户对电子商务推荐系统的兼容性感知对努力期望的路径系数检验达到 0.001 的显著水平，所以 H4-4 获得支持。

（5）用户对电子商务推荐系统的努力期望对绩效期望的路径系数检验未达到 0.001 的显著水平，所以 H4-5 未获得支持。

（6）用户对电子商务推荐系统的信任对采纳意愿的路径系数检验达到 0.001

的显著水平，所以 H4-6 获得支持。

（7）用户对电子商务推荐系统的兼容性感知对信任的路径系数检验达到 0.001 的显著水平，所以 H4-7 获得支持。

（8）用户对电子商务推荐系统的信任对绩效期望的路径系数检验达到 0.001 的显著水平，所以 H4-8 获得支持。

（9）社会影响因素对用户电子商务推荐系统采纳意愿的路径系数检验达到 0.001 的显著水平，所以 H4-9 获得支持。

由此，我们可以得到，除了 H4-3 与 H4-5 不成立外，其余假设皆成立。针对努力期望不再成为绩效期望和采纳意愿的影响因子，有学者认为，教育程度和生活水平的不断提高及现代技术的进步，使得人们在使用推荐系统的过程中，认知水平不再成为障碍。

2. 性别变量的多群组分析

在无缺失值、无违反估计、数据呈正态性分布、数据与模型拟合较好的情况下，利用 AMOS 中的多群组分析，可以得到群组之间在重要变量上的系数有无显著差异，就本章研究而言，即检验男女群体在用户采纳电子商务推荐系统重要变量的系数上是否存在差异，若不存在，则企业没有必要进行不同的推荐策略的选择，若存在，企业需针对男女群体制定不同的推荐策略。

首先，通过对男女变量分组后的模型适配度计算，得到的适配度见表 4-14，我们发现分组后建立的模型与数据拟合的情形可以接受，说明已建立的模型结构适用于全部群组。

表 4-14　多组分析适配度

模型	CMIN/df	RMSEA	IFI	TLI	CFI	PNFI	PCFI
未设限模型	1.713	0.051	0.887	0.869	0.885	0.674	0.779
测量模型	1.693	0.051	0.885	0.872	0.884	0.694	0.807
结构模型	1.680	0.050	0.885	0.875	0.884	0.704	0.821
结构协方差模型	1.687	0.051	0.884	0.874	0.882	0.705	0.823
结构残差模型	1.679	0.050	0.884	0.875	0.882	0.710	0.830

其次，通过计算卡方差并检验显著性来验证男女性别在影响用户采纳电子商务推荐系统的因素上是否有显著差异，因此，我们需在假设测量模型为真的情况下，来检查结构模型。通过模型比较下的假设测量模型为真的情况，如表 4-15 所示，得到整体上结构模型系数 $P = 0.516 > 0.05$，表示男女两组在结构模型系数上无差异，即从整体来看，男女性别在用户采纳电子商务推荐系统的因素上无差异。

表 4-15　测量模型为真情况下的统计量

模型	df	CMIN	P	NFI Delta-1	IFI Delta-2	RFI rho-1	TLI rho-2
结构模型	9	8.185	0.516	0.002	0.003	−0.002	−0.003
结构协方差模型	11	15.179	0.174	0.004	0.005	−0.001	−0.001
结构残差模型	15	18.143	0.255	0.005	0.006	−0.002	−0.003

　　另外，我们还需利用参数配对来考察单个潜变量即绩效期望、努力期望、社会影响对采纳意愿的影响。因为虽然在模型的整体结构上男女性别并无差异，但整体性的 P 值检验可能蒙蔽单个因素间的差异，我们仍需通过参数配对来考察个别变量。我们从参数配对比较（pairwise parameter comparisons）选项中的参数差异临界比例值（critical ratios for difference）来比较两组在结构模型系数上的差异，具体如表 4-16 所示，发现其绝对值大多数小于 1.96，即在 0.05 的显著水平下，两组的系数值不具有显著性差异。因此，我们得出男女群体在用户采纳电子商务推荐系统重要系数上不存在差异，企业不需要根据性别而制定不同的推荐策略。

表 4-16　参数差异临界比例值（测量模型）

项目	信任	绩效期望	社会影响	努力期望
信任	0.926	1.159	2.372	2.682
绩效期望	−0.709	−0.432	0.599	0.927
社会影响	−1.562	−0.969	1.266	2.039
努力期望	−2.346	−2.657	−1.576	−0.765

4.3.4　提高电子商务推荐系统用户采纳的建议

1. 提高用户对推荐系统的绩效期望

　　鉴于绩效期望对用户采纳电子商务推荐系统的重要作用，针对我国电子商务推荐系统发展的不完善，我们认为电子商务企业仍需不断探索新的方法与途径来改善系统。根据余文喆等（2013）提出的推荐系统发展面临的问题，我们认为电子商务企业可从这三个角度来提高用户的绩效期望。

　　（1）个性化推荐。个性化推荐即系统应根据不同用户的特征提供不一样的推荐内容。个性化推荐是提高顾客满意度和忠诚度、增加企业收入的重要途径。为了达到这个目的，需了解客户的个人信息，形成用户个人信息档案，不仅包括年龄、性别、受教育程度、收入等基本特征，还应通过用户的个人注册信息、浏览记录、搜索记录、购买历史、产品评价等了解顾客的需求、购物习惯、个人喜好，深度挖掘客户相关数据，进而做出推荐。为了更好地实现用户的个性化推荐，电子商务企业可以与拥有用户社会关系的社交网站进行合作，从而了解用户真实需求。可以预见，个性化推荐是企业未来重要的发展方向。

（2）智能终端推荐。电商推荐系统的推荐不应局限于个人网购过程，应将推荐的产品信息在合适的时间通过合理的方式呈现在用户面前，以加强用户对推荐系统的依赖与信赖，从而养成使用习惯。因为智能终端的便携性，以其为媒介进行推荐恰好满足了这一需求。另外，智能终端能提供用户所处环境的各种信息，如周边环境、地理位置、天气等，这些丰富的信息能为企业做出准确及时的推荐提供参考（孟祥武等，2013）。例如，美团网基于用户的地理位置，为其提供附近的餐饮、娱乐等消费信息服务，提高了用户满意度，增强了用户使用意愿。企业可以通过短信、微信公众平台等进行产品推荐服务。比如，优衣库的公众号有针对用户个人特质的服装"搭配指南"，唯品会不定时发送促销商品的推荐信息等。因此，可以预见，随着智能终端的普及，智能终端推荐拥有良好的发展前景。

（3）多样化的推荐。提高用户绩效期望的途径不仅在于提供符合其需求的产品，满足准确性的要求，更在于能提供给顾客多样化和新奇化的商品，挖掘出顾客的潜在需求，从而提高用户对推荐系统有用性的认知（王毅，2013）。如此，电子商务企业就需要在准确性、多样性与新奇性之间寻找平衡。研究指出，老用户更倾向于新奇产品的推荐，而新用户更偏向于传统的大众产品的推荐，所以电子商务企业要能根据用户经验属性的不同而采取不同的推荐策略。

最后，针对兼容性对绩效期望的正向影响，可以从这方面出发考虑推荐系统的设计，即系统应与用户的经验和偏爱的生活方式相一致。例如，在收集了用户数据的基础上，针对新老客户的不同生活方式（追求时尚或传统保守）进行不一样的推荐；针对用户不同个性进行不一样的推荐等，以此与用户的价值观等相适应，从而提高对推荐产品的满意度。

2. 增强用户对推荐系统的信任

针对信任因素在用户采纳推荐系统发挥中的作用，我们可以从影响信任的因素出发寻找路径。

（1）提高用户对推荐系统的认知。优化推荐系统界面设计，不仅要以整洁、简洁的方式将推荐结果呈现在用户面前，而且对推荐界面的 3D 界面和可视化的设计是提高用户信任的重要途径。另外，对于推荐系统的拟人化设计是未来的发展要求。改变静止、呆板的推荐系统的界面，运用语言、姿势、眼神、面部表情等设计，使得人们与推荐系统的交流如同与现实生活中销售员的交流，增加了消费者的愉悦感，获取了信任，提高了采纳意愿。

（2）通过制度保障来提高顾客信任。通过明确的隐私条款，针对推荐系统制定详细的规章制度来对消费者的隐私进行保护，提高网站信誉度，承诺不刻意推荐特定商品，推荐的商品有来自第三方的认证，非假冒伪劣，提供相应的举报电话；告知消费者享有的权利，七天无理由退货等，以增强用户对电子商务企业的信任进而对推荐系统信任并采纳。例如，在京东商城购买商品时，京东提供了正品行货、全国联保、无忧退换货等保证，给企业带来了良好的信誉，使得人们在网站购买电子产品时比较放心。

（3）通过改善用户与推荐系统的交互过程来获取信任。根据用户输入的产品属性偏好，进而使系统与产品信息对照，最后呈现给用户推荐的产品，这些环节都将影响用户对推荐系统的信任。在这一过程中，用户的信任主要来源其参与交易过程的主动性。首先，企业要让用户了解推荐产生的过程并允许用户与推荐系统进行信息的互动。例如，亚马逊会让用户对推荐的商品进行喜欢与不喜欢的评价，不仅能让顾客找到满意的商品，而且能让顾客明白网站做出推荐的依据是自己的真实感受，提高推荐结果的可解释性。通过向用户展示推荐产品的星级评价等来使用户明白做出推荐的理由，从而提高用户对其专业性的认知，建立信任。另外，允许顾客对此次推荐系统做出的推荐进行评价，即建立合理的推荐系统反馈机制，重视消费者的感受，发挥用户的主体作用，也能使用户信任网站。

3. 积极利用社会影响因素进行推荐

电子商务企业要充分利用社会影响因素对消费者产生的积极作用。一方面，要使人们了解推荐系统，利用专家效应和名人效应，进行推荐系统的宣传推广。为推荐系统做广告，使得人们熟知推荐系统的好处，从而使推荐系统成为人们网上购物时必不可少的操作工具。另一方面，可以进行社会推荐，即在各种社会化媒体（微信、QQ、微博等）上通过社会化的群体行为对信息进行推荐或分享（张富国，2014）。社会化媒体已经成为人们生活的一部分，是人们讨论需求的重要平台。社会化媒体的出现为推荐系统的发展提供了良好的机会。推荐系统发展的趋势之一是将用户的产品交易信息与用户的社交网络相结合，打通用户消费行为与生活方式的桥梁，从而更好地了解顾客需求，做出推荐。一则人们更加相信朋友的推荐而非商业化的信息。二则基于相似吸引理论，处于同一社会关系网的个体有相似的品位和偏好，用户更容易受到影响。例如，现在的微信、QQ、微博等大多数交流平台都允许用户将自己感兴趣的文章等链接推荐给朋友。有学者研究了传统个性化推荐与基于社会网络关系的个性化推荐的不同，发现基于社会网络关系做出的个性化推荐更能准确地提供个性化商品（Li and Karahanna，2012）。另外，也有学者研究了基于用户的微博信息进行产品推荐的可行性和有效性（Zhao et al.，2014）。因此，企业应努力建立用户社交网络与推荐系统的联系，从而使我国电子商务事业得到更长远的发展。

4.3.5　本节小结

为了研究用户采纳电子商务推荐系统的影响因素，用结构方程分析的方法对电子商务推荐系统用户采纳模型进行了验证与假设的检验。本节在确定模型可以识别、收敛估计、数据符合正态性分布、信度效度良好的基础上，进行了变量间关系的检验和模型的分析，结果发现：除了努力期望对绩效期望、采纳意愿的影响不显著外，其他变量间的关系假设皆成立，并且研究模型的适配度满足适配度指标，说明模型可以接受。另外，进行了性别变量的多群组分析，发现男女群体在变量系数上并不存在显著差异，企业不需要根据性别而制定不同的推荐策略。最后，探讨了提高用户采纳电子商务推荐系统的意见与建议：提高用户对推荐系统的绩效期望；增强用户对推荐系统的信任；积极利用社会影响因素进行推荐。

4.4　本章结论

近年来，电子商务已成为促进中国经济提质增效的新引擎。因此，为了我国电子商务事业的发展，学者开始关注推动电子商务事业发展的重要力量——电子商务推荐系统。电子商务推荐系统能使用户高效地寻找出满足其需求的商品，在电子商务企业中得到了广泛应用。目前，学者关注于推荐系统的技术改进，对用户采纳推荐系统的行为研究则有待于进一步深入。关于新技术采纳问题，已有相关研究，如理性行为理论、技术接受理论、技术接受和使用整合模型等，但具体到电子商务推荐系统用户采纳问题上仍需结合具体问题进行修改。因此，本章试图以技术接受和使用整合模型为基础，结合电子商务中重要的信任概念与创新扩散理论模型中的兼容性概念来解释用户采纳推荐系统的影响因素。最后，为电子商务推荐系统的发展提供意见与建议。

本章的主要贡献如下。

（1）本章试图建立用户采纳电子商务推荐系统的整合模型，提出了包括绩效期望、努力期望、社会影响、信任、兼容性的外因变量，得到了这些外因变量对采纳意愿内因变量的研究机制，从而得到了电子商务推荐系统用户采纳的影响因素。

（2）本章证明了信任变量在用户采纳电子商务推荐系统上的重要性。在用户采纳意愿的影响上，信任因素是最重要的影响变量，并且兼容性对信任有着最显著的影响。另外，信任不仅对采纳意愿有直接的影响作用，还通过绩效期望对采纳意愿有间接作用。因此，要在电子商务推荐系统的发展中充分重视信任因素的作用。

（3）本章尝试结合电子商务推荐系统未来的发展趋势和本章的研究结果为电子商务企业发展推荐系统提供相应建议。例如，对电子商务推荐系统进行个性化设计；利用智能终端进行推荐；进行多样化的推荐；对推荐系统界面进行 3D 技术设计、可视化设计、拟人化设计；对推荐做出制度性保障；提高用户与推荐系统的交互；进行推荐的结果解释；利用社交平台进行推荐等。

本章研究的不足之处在于，本章中所有构念的数据采集在同一时点，因此无法形成对顾客采纳电子商务推荐系统影响因素的动态研究，即顾客在对推荐系统的初步接触、深入接触等不同阶段，影响其采纳的因素的不同点。另外，因为网络购物的主体为年轻人，本章的调查对象主要为在校大学生，在未来的研究中，可以扩大样本收集的范围，比较中老年人与年轻人网络购物是否采纳推荐系统的影响因素的异同。最后，地位、财富、教育程度等变量也会对用户是否采纳电子商务推荐系统造成一定的影响，因此，此后可以对这些变量进行研究，对模型进行扩展。

第二篇　电子商务推荐技术方法

第5章 电子商务推荐系统评价指标的
确定与评价方法

5.1 电子商务推荐系统评价指标

5.1.1 准确度指标

绝大多数的推荐系统都利用准确度评价推荐算法的好坏，推荐的准确度是评价推荐算法最基本的指标。它衡量的是推荐算法在多大程度上能够准确预测用户对推荐商品的喜欢程度。假设用户可以考察所有产品的信息，并且可以根据自己对产品的偏好程度对产品进行排序，那么准确度可以定义为推荐算法的预测排名与用户的实际排名的贴近度。目前大部分关于推荐系统评价指标的研究都是针对推荐准确度的。准确度指标有很多种，有些衡量的是用户对商品的预测评分与真实评分的接近度，有些衡量的是用户对商品预测评分与真实评分的相关性，有些考虑的是具体的评分，有些仅仅考虑推荐的排名。由于不同系统的任务是不一样的，而且评价指标缺乏标准化，因此很难对不同系统的推荐算法进行比较。针对不同的系统，已有的准确度指标有：预测准确度、分类准确度、排序准确度、预测打分关联、NDPM 和半衰期效用指标。下面将对每一类进行详细的介绍。

1. 预测准确度

顾名思义，预测准确度衡量的是算法预测的评分和用户的实际评分的贴近程度。这个指标在需要向用户展示预测评分的系统中尤为重要。例如，Movie Lens 的电影推荐系统就是预测用户会对电影打几颗星，一颗星表示很糟糕的电影，五颗星则表示不得不看的电影。值得注意的是，即便一个推荐算法能够比较成功地预测出用户对其他商品的喜好排序，但它在评分准确度上的表现仍然可能不尽如人意，这也是商业领域的大部分推荐系统只向用户提供推荐列表而没有预测评分的主要原因。

预测评分的准确度指标目前有很多，这类指标的思路大多很简单，就是计算预测评分和真实评分的差异。最经典的是平均绝对误差（mean absolute error, MAE），如果用 $r_{\mu\alpha}$ 表示用户 μ 对商品 α 的真实评分，$r'_{\mu\alpha}$ 表示用户 μ 对商品 α 的

预测评分，E^P 表示测试集，那么 MAE 定义为

$$\text{MAE} = \frac{1}{|E^P|} \sum_{(\mu, \alpha \in E^P)} \left| r_{\mu\alpha} - r'_{\mu\alpha} \right| \tag{5-1}$$

推荐算法的准确度是所有用户准确度的平均值。MAE 有两个优点：一是计算方法简单，易于理解；二是每个系统的 MAE 是唯一的，从而能够区分两个系统 MAE 的差异。不过 MAE 指标也有一定的局限性，因为对 MAE 指标贡献比较大的往往是很难预测准确的低分商品，所以即便推荐系统 A 的 MAE 值低于系统 B，很可能只是由于系统 A 更擅长预测这部分低分商品的评分，即系统 A 比系统 B 能更好地区分用户非常讨厌和一般讨厌的商品罢了，显然这样的区分意义并不大。在有些系统中，用户只在意推荐列表前端的预测误差，而对系统的整体误差并不是很在意，这时也不适合采用预测准确度进行评估。MAE 在用户偏差的程度比较小时也并不适用，因为用户只关心把好产品错归为坏产品，或者把坏产品错归为好产品的比例。例如，以 3.5 个星为界区分好坏，那么把 4 预测成了 5，或者把 3 预测成了 2 都对用户没有影响。

此外，平均平方误差（mean squared error，MSE）、均方根误差（root mean squared error，RMSE）以及标准平均绝对误差（normalized mean absolute error，NMAE）都是与 MAE 类似的指标。它们分别定义为

$$\text{MSE} = \frac{1}{|E^P|} \sum_{(\mu, \alpha \in E^P)} \left(r_{\mu\alpha} - r'_{\mu\alpha} \right)^2 \tag{5-2}$$

$$\text{RMSE} = \sqrt{\frac{1}{|E^P|} \sum_{(\mu, \alpha \in E^P)} \left(r_{\mu\alpha} - r'_{\mu\alpha} \right)^2} \tag{5-3}$$

$$\text{NMAE} = \frac{\text{MAE}}{r_{\max} - r_{\min}} \tag{5-4}$$

其中，$r_{\max}$ 和 $r_{\min}$ 分别表示用户评分区间的最大值和最小值。NMAE 由于在评分区间上做了归一化，从而可以在不同的数据集上对同一个推荐算法表现进行比较。如果系统中只有用户的二元选择信息，如喜欢或不喜欢、正确或错误则并不适合采用预测准确度对系统进行评价，因为这类系统更适合用分类准确度度量推荐系统的推荐质量。

2. 分类准确度

分类准确度指标衡量的是推荐系统能够准确预测用户喜欢或者不喜欢某个商品的能力。它特别适用于那些有明确二分喜好的用户系统，即要么喜欢要么就不喜欢。对于有些非二分喜好系统，在使用分类准确度指标进行评价的时候往往需要设定评分阈值来区分用户的喜好。例如，在 5 分制系统中，通常将评分大于 3

的商品认为是用户喜欢的，反之认为用户不喜欢的。例如，在 Yahoo 的音乐推荐系统中，★表示再也不会听，★★表示平庸之作，★★★表示比较好听，★★★★表示很好听，★★★★★表示非常好听。与预测准确度不同的是，分类准确度指标并不是直接衡量算法预测具体评分值的能力，只要是没有影响商品分类的评分偏差都是被允许的。这种方法的缺点是容易把推荐系统引向偏的方向，一些方法或者系统对某数据集中已知的数据表现非常好，但是对未知的数据表现十分差。目前最常用的分类准确度指标有准确率（precision）、召回率（recall）、综合评价指标（F-measure，F 指标）和 ROC 曲线（receiver operator curve，接受者操作特性）、下面积 AUC（area under curve）指标。

1）准确率

Billsus 等（2000）把准确率和召回率引入到推荐系统评价中。准确率表示用户对系统推荐商品感兴趣的概率。在计算准确率的时候，常用的做法是设定推荐列表长度 L，根据预测评分对所有待预测商品排序，系统认为排在前 L 位的商品是用户最可能喜欢的，因此将它们推荐给用户。于是，对于一个未曾被用户选择或评分的商品，最终可能的结果有 4 种，即系统推荐给用户且用户很喜欢用 N_{tp} 表示，系统推荐给用户但是用户不喜欢用 N_{fp} 表示，用户喜欢但是系统没有推荐用 N_{fn} 表示，用户不喜欢且系统没有推荐用 N_{tn} 表示。B_u 表示用户喜欢的商品数，显然 $L = N_{tp} + N_{fp}$，$B_u = N_{tp} + N_{fn}$。

对于某一用户 u，其推荐准确率为系统推荐的 L 个商品中用户喜欢的商品所占的比例，即

$$P_u(L) = \frac{N_{tp}}{L} = \frac{N_{tp}}{N_{tp} + N_{fp}} \tag{5-5}$$

在离线测试中，N_{tp} 的值就等于同时出现在用户 u 的测试集合和其推荐列表中的商品的数目。在线测试的时候，N_{tp} 的值将根据用户的实际反馈结果进行统计得到。将系统中所有用户的准确率求平均得到系统整体的推荐准确率，即

$$P(L) = \frac{1}{M} \sum_u P_u(L) \tag{5-6}$$

其中，M 表示测试用户的数量。值得注意的是，如果不是对系统的所有用户都进行考察，那么 M 值将小于系统中实际用户的数目。例如，有些基于网络随机游走的推荐算法为保证测试网络的连通性往往不会将抽取度为 1 的用户作为测试用户。使用这种方式获得的系统准确率保证了每个用户的贡献是平等的。在线下测试中，准确率会受评分稀疏性的影响。例如，系统对一个只给很少部分的商品打过分的用户的推荐准确率往往很低，但这并不能说明推荐系统的效果很差，因为很有可能系统推荐的商品中有很多是用户没有打过分但是确实很喜欢的商品。在

这种情况下，在线测试的结果，即用户的真实反馈，更能够准确地反映推荐系统的表现。

2）召回率

召回率表示一个用户喜欢的商品被推荐的概率，定义为推荐列表中用户喜欢的商品与系统中用户喜欢的所有商品的比率。对于用户 u，其召回率为

$$R_u(L) = \frac{N_{tp}}{B_u} = \frac{N_{tp}}{N_{tp} + N_{fn}} \tag{5-7}$$

在离线测试中，B_u 实际上就等于测试集中用户 u 喜欢的商品数，即 $|E_u^p|$。在实际应用中，由于不能准确知道系统没有推荐的商品中哪些是用户喜欢的，因此召回率很难应用于在线评估，将系统中所有用户的召回率求平均得到系统整体的召回率。

$$R(L) = \frac{1}{M} \sum_u R_u(L) \tag{5-8}$$

准确率和召回率有两种计算方法：以用户为中心和以系统为中心。在以用户为中心的方法中分别计算每个用户的准确率和召回率，再对所有的用户进行平均。这种方法的重点在于考虑用户的感受，保证每个用户对系统表现的贡献强度是一致的。以系统为中心的方法以考察系统的总体表现为目的，不需要对所有用户做平均。推荐系统是根据商品满足用户喜好的可能性来进行推荐的，但是只有用户本人才知道商品是否符合自己品位，因此"喜欢"的界定在推荐系统是非常主观、因人而异的。不仅用户的兴趣有差异，用户的评分尺度也有差异。例如，对于用户张三来说，评分在 2.5 以上就说明他很喜欢这个商品了，但是对于比较苛刻的李四来说，可能评分在 3.5 以上就代表很喜欢了。针对以上局限性，从而提出了根据用户以往的评分历史来确定用户喜好评分阈值的方法。由于受到推荐列表长度、评分稀疏性以及喜好阈值等多方面因素的影响，很多学者不提倡利用准确率和召回率来评价推荐系统，特别是只单独考虑一种指标的时候误差极大。严格意义上，召回率是不适用于评价推荐系统的，因为它无形中已经假设了用户没有评分的商品都是他不喜欢的，这个假设显然是不合理的。

3）F 指标

一种常用的方法是同时考虑准确率和召回率从而比较全面地评价算法的优劣，准确率和召回率指标往往是负相关的而且依赖于推荐列表长度。一般情况下，随着推荐列表长度的增加，准确率指标会减少而召回率会提高。所以当一个系统没有固定的推荐列表长度时，就需要一个包含准确率和召回率的二维向量来反映系统的表现。F 指标同时考察了准确率和召回率，定义为

$$F(L) = \frac{2P(L)R(L)}{P(L) + R(L)} \tag{5-9}$$

4）AUC 指标

上述的一系列指标对于没有二分喜好的系统都是不太适用的，即给定一个推荐列表，当推荐的阈值不确定的时候，上述指标不再适用。在这种情况下采用 AUC 指标来衡量推荐效果的准确性，由于 AUC 指标不受推荐列表长度和喜好阈值的影响，因此被广泛应用于评价推荐系统中。AUC 指标表示接受者操作特性曲线（receiver operator curve，ROC）下的面积，它衡量一个推荐系统能够在多大程度上将用户喜欢的商品与不喜欢的商品区分出来。绘制 ROC 的步骤如下。

（1）根据某一推荐算法产生一个商品推荐列表，即按照预测评分从高到低将待预测商品排序。

（2）绘制 ROC 坐标轴。横坐标为不相关的比例（percentage of non-relevant item），纵坐标为相关的比例（percentage of relevant item）。横纵坐标的总长度都为 1，横坐标的一单位长度等于 1 除以不相关商品的数目，纵坐标的一单位长度等于 1 除以相关商品的数目。

（3）绘制 ROC 从坐标点（0，0）开始，从排序列表第一位开始查看每一个商品是否符合下列三种情况中的一种：①如果该商品相关（如用户喜欢的商品），则沿 y 轴方向向上移动一单位。②如果该商品不相关（如用户不喜欢的商品），则沿着 x 轴方向向右移动一单位。③如果该商品不确定其相关性，则舍弃该商品，不做任何移动。

在仅有选择行为的系统中，如只有购买等交易行为，通常将所有商品记为 O，将测试集的商品看成是相关商品（记为 E），将所有商品扣除测试集集合 $O–E$ 中的商品看成是不相关的。而在评分系统中，有时候也将用户没有评分的商品（即不知道是否相关的商品）看成是不相关商品。如果推荐系统将所有用户喜欢的商品都排在不喜欢商品的前面，那么 ROC 将是一条沿 y 轴竖直向上直到 $y=1$ 的位置然后水平向右直到 $x=1$ 的位置的折线，此时 ROC 下面的面积为 1，即 AUC = 1，对应于最完美的推荐。随机推荐的 ROC 则大致对应于从原点（0，0）到（1，1）的对角线，此时 ROC 下的面积为 0.5，即 AUC = 0.5。

由于 ROC 绘制步骤比较烦琐，可以用以下方法来近似计算系统的 AUC：每次随机从相关商品集，即用户喜欢的商品集中选取一个商品（$\alpha \in E^P$）与随机选择的不相关商品（$\beta \in O–E$）进行比较，如果商品 α 的预测评分值大于商品 β 的评分，那么就加一分，如果两个评分值相等就加 0.5 分。这样独立地比较 n 次，如果有 n 次商品 α 的预测评分值大于商品 β 的评分，有 n^n 次两评分值相等，那么 AUC 就可以近似写作：

$$\text{AUC} = \frac{n + 0.5n^n}{n} \tag{5-10}$$

显然，如果所有预测评分都是随机产生的，那么 AUC = 0.5。因此 AUC 大于 0.5 的程度衡量了算法比随机推荐的方法精确的程度。其优点是可以用一个数值表示系统的表现，并且不受推荐列表长度的限制。其缺点是：①需要分析每个用户潜在感兴趣的产品。②只考虑面积。AUC 指标仅用一个数值就表示了推荐算法的整体表现，而且它涵盖了所有不同推荐列表长度的表现。但是 AUC 指标没有考虑具体排序位置的影响，导致在 ROC 面积相同的情况下很难比较算法好坏，所以它的适用范围也受到了一些限制。

3. 排序准确度

排序准确度用于度量推荐算法产生的列表符合用户对产品排序的程度。对于排列顺序要求严格的系统，排序准确度十分重要。不同于分类准确度，排序准确度指标更适合于评价需要给用户提供一个排序列表的推荐系统。排序准确度对于只需要知道分类准确度的系统来说太敏感了。例如，尽管前 10 个都是用户感兴趣的，但排序准确度可能很低，因为用户最感兴趣的产品排在了第 10 位。例如，在比较两个推荐算法的时候，两个算法在推荐的 5 个商品中都有 1 个是用户感兴趣的，于是它们的推荐精确性都为 0.2。但是算法 A 将用户喜欢的商品排在第 1 位，而算法 B 将用户喜欢的商品排在第 5 位，显然算法 A 更优越。周涛等（2009）提出用平均排序分来度量推荐系统的排序准确度，对于某一用户 u 来说，商品 α 的排序具体定义如下：

$$RS_{u\alpha} = \frac{l_{u\alpha}}{L_u} \tag{5-11}$$

其中，L_u 表示用户 u 的待排序商品个数。在离线测试中 L_u 等于用户 u 在测试集中的商品数目 $\left| E_u^P \right|$ 加上未选择过的商品数目 $\left| O - E_u \right|$。$l_{u\alpha}$ 表示待预测商品 α 在用户 u 的推荐列表中的排名（此时推荐列表长度为 L_u）。举例来说，如果有 1000 部影片是用户 u 没有选择过的，其中用户喜欢的某电影出现在用户 u 推荐列表的第 10 位，那么对于用户 u 而言某电影的排序分为 $RS_{u\alpha} = 10 / 1000 = 0.01$。将所有用户的排序分求平均即得到系统的排序分 RS。排序分值越小，说明系统越趋向于把用户喜欢的商品排在前面。反之，则说明系统把用户喜欢的商品排在了后面。由于平均排序分不需要额外的参数，而且不需要事先知道用户对商品的具体评分值，因此可以很好地比较不同算法在同一数据集上的表现。

4. 预测打分关联

预测打分关联分析系统的打分排序与用户实际的打分排序之间的关联关系常常用于刻画推荐系统的准确度。与预测准确度不同的地方在于，预测打分关联不考虑预测打分与用户打分各单项的偏差，而是考虑两者之间整体的相关程度。在推荐系统中，3 个常用的相关性描述有 Pearson 关联、Spearman 关联和 Kendall's Tau 关联。Pearson 关联度量两个向量的相关度，定义如下：

$$PCC = \frac{\sum\limits_{\alpha}(r'_{\alpha} - \overline{r}')(r_{\alpha} - \overline{r}')}{\sqrt{\sum\limits_{\alpha}(r'_{\alpha} - \overline{r}')^2}\sqrt{\sum\limits_{\alpha}(r_{\alpha} - \overline{r}')^2}} \tag{5-12}$$

其中，r_{α} 和 r'_{α} 分别表示商品 α 的真实评分和预测评分；$\overline{r}'$ 表示评分平均值。Spearman 关联和 Pearson 关联定义的形式是一样的，唯一不同的是 Spearman 关联考虑的不是预测评分值，而是根据预测评分值所得到的排序值，即将式中的 r_{α} 和 r'_{α} 分别替换成商品 α 的真实排名和预测排名。

T_{au} 是另一种计算排名相关性的方法，T_{au} 越大表示系统预测结果越好，反之，则不好。下面为一种计算 T_{au} 的近似方法：

$$T_{au} = \frac{C - D}{\sqrt{(C + D + TR)(C + D + TP)}} \tag{5-13}$$

其中，C 表示系统预测正确的喜好偏序数；D 表示预测错误的喜好偏序数；TR 表示用户打分相同的产品数；TP 表示具有相同预测值的产品数。假设有 3 个产品 X、Y、Z，用户的打分为 5、4、3，系统的预测打分为 5、3、4，那么用户对产品的喜好偏序关系为 $X > Y > Z$，而系统给出的预测序列为 $X > Z > Y$。则系统预测正确的序列为 $X > Y$，$X > Z$，因此 $C = 2$。预测错误的序列为 $Y > Z$，因此 $D = 1$。用户打分相同的产品为 TR $= 0$，系统预测值相同的产品数为 TP $= 0$。

预测打分关联的优点是：可以比较多通道打分系统的排名，计算简单且对全部系统只返回一个值。但是不同的计算方法也有各自的缺点。例如，Kendall's Tau 的缺点是给每个等距离交换赋予相等的权重。因此，在推荐列表中排名第 1 与第 2 的差别和排名第 1000 与第 1001 的差别一样。而实际上，用户可能只关心排名前 10 的产品，而永远不会检查排在第 1000 的产品。因此，排名第 1 与第 2 之间的差别对用户的影响更大。Spearman 关联对弱排序解决得并不好。弱排序指的是至少两个产品的打分是一样的，反之，每个产品打分都不同的排序叫作完全排序。由于系统会把得分相同的产品排在不同的位置，Spearman 关联对不同的排序的反馈值不一样，但是这并不合理，因为用户并不关心它打分相同的产品是如何排序的，Kendallc's Tau 也有类似的问题。

5. NDPM

在推荐系统中，NDPM 的核心思想为：对比系统预测打分排名与用户实际排名的偏好关系，对基于偏好关系的度量进行标准化，具体定义如下：

$$\mathrm{NDPM} = \frac{2c^- + c^u}{2c^i} \tag{5-14}$$

其中，c^- 表示系统排序与用户排序相冲突的个数，例如，系统认为用户喜欢 1 超过 2，而用户却说正好相反；c^u 表示相容的个数；c^i 表示用户排序中有偏好关系的产品总数。NDPM 与 Spearman 系数和 Kendall's Tau 相似，但是 NDPM 的结果更精确。

6. 半衰期效用指标

推荐系统为用户呈现一个排序的产品列表，但多数用户并不愿意深入浏览这个列表。在互联网网页推荐系统中，设计者声称绝大多数的互联网用户不会深入浏览搜索引擎返回的结果，而且用户愿意浏览推荐列表的函数呈指数衰减，这里将衰减强度描述为一个半衰参数。用户 i 的期望效用 R_i 定义如下：

$$R_i = \sum_j \frac{\max(r_{ij} - d, 0)}{2^{(j-1)(h-1)}} \tag{5-15}$$

其中，r_{ij} 表示用户 i 对推荐列表中排名第 j 的产品的打分；d 表示默认打分；h 表示半衰期。系统的半衰期由所有用户半衰期的平均值得到，为了得到一个高的半衰期效用值，系统必须把用户打分高的产品赋予高的打分值。如果实际的效用函数不是指数衰减的，那么系统的半衰期效用与用户的实际感受差别就会很大。例如，如果用户常常在推荐列表前 20 个产品中搜索，那么效用函数只会对前 20 个产品赋值，而后面的都应设为 0。半衰期效用指标有如下两个缺点：①系统中的弱排序使得即使对同一个系统排序，其结果也不同；②因为 max 函数的缘故，所有打分小于默认值的产品的作用相同。

5.1.2　准确性之外的评价指标

在实际应用中，我们已经发现准确率高的推荐系统并不能保证用户对推荐系统呈现的结果满意。推荐系统不仅需要高的准确率，还需要得到用户的认可，而后者才是更本质的。例如，系统推荐了非常流行的产品给用户，使得准确度非常高，但是这些信息用户很可能从其他渠道早已得到，因此用户不会认为这样的系统是有价值的。一般而言，系统推荐非流行的产品会使得系统的准确度降低，但这时用户反而容易发现一些新奇的，自己找不到的产品。本章除了介绍准确性之外，还度量推荐系统的评价指标，包括推荐列表的流行性和多样性、覆盖率、新鲜性和意外性以及用户的满意度等度量指标。

1. 推荐列表的流行性和多样性

除了准确度之外，周涛等（2009）提出利用推荐产品的平均度和平均海明距离对推荐产品的流行性以及不同推荐列表的多样性进行度量。一个产品的度就是被收藏或购买的次数，产品度越大，说明越流行。如果系统趋向于推荐流行的产品，那么被推荐产品的平均度会很高；反之，平均度会很低。一般而言，被推荐产品的平均度小的系统相对更好。另外，个性化推荐系统设计的宗旨就是针对不同用户的需求给出不同的推荐，因此对不同用户推荐的产品也需要表现出相当的多样性。而准确度高的推荐系统不一定能照顾到不同用户的不同需求。基于此，周涛等（2009）提出利用平均海明距离度量推荐系统中推荐列表的多样性。用户 i 和 j 推荐列表的海明距离被定义如下：

$$H_{ij} = 1 - Q_{ij} / L \tag{5-16}$$

其中，L 表示推荐列表的长度；Q_{ij} 表示系统推荐给用户 i 和 j 的两个推荐列表中相同产品的个数。推荐列表的多样性定义为 H_{ij} 的平均值 H。推荐列表多样性的最大值为 1，即所有用户推荐列表完全不一样；最小值为 0，意味着所有用户的推荐列表一模一样。

2. 覆盖率

覆盖率定义为可以预测打分的产品占所有产品的比例。在推荐系统中，覆盖率尤其重要，因为只有覆盖率高才有可能多地找到用户感兴趣的产品。覆盖率最简单的计算方法就是随机地选取若干用户-产品对，对每一个用户-产品对都做一次预测，衡量一下可预测的产品占所有产品的比例。正如准确率和召回率必须同时使用一样，覆盖率必须结合准确率进行使用，因为推荐系统不能仅仅为了提高覆盖率而给出一个差的准确率。

3. 新鲜性和意外性

即使一些推荐系统具有非常高的准确率和相对合理的覆盖率，但是仅仅有这些，系统可能还是对用户没有任何帮助。例如，如果某购物推荐系统向没有购买牛奶的用户推荐牛奶，在统计上，这或许非常准确，因为每个人都可能购买牛奶。然而，人们都很熟悉牛奶，即使系统不推荐，用户也会知道是否需要购买。因此，最佳的方案是向用户推荐他们从未购买过，但是感兴趣的产品。音乐或电影推荐系统也是如此，给用户推荐流行的产品，无疑会提高系统的准确率，但是用户不会从系统中得到任何新的信息。

一些研究中发现用户喜欢系统推荐他们熟悉的产品，即使推荐系统并没有给用户任何全新的信息。这些用户熟悉的产品会增加用户对推荐系统的信心，这一点非常重要。对于某些商品，用户更愿意买熟悉的产品，而不是全新的东西。而对于另一些商品，他们更愿意选择新鲜的推荐，如可下载的资料等商品。一些推荐系统试图预测用户对一个产品熟悉的程度。对某些任务，系统推荐用户熟悉的产品；其他情况下，很少或者不推荐用户熟悉的产品。因此，我们介绍两种新的指标度量推荐系统：新鲜性和意外性。推荐用户感到意外的产品会帮助用户发现一些他还没有发现的可能感兴趣的产品。在这里新鲜性和意外性具有本质的不同。例如，考虑一个电影推荐系统，这个系统只考虑用户喜欢的导演信息。如果系统给用户推荐了他喜欢的导演执导的一个自己并不熟悉的电影，这个电影就是新鲜的，但是并不是意外的。如果系统推荐了一个新导演的电影，那么系统提供了一个意外的推荐。从定义的角度来讲，意外的也是新鲜的。区别新鲜性和意外性在推荐系统中是非常重要的，因为基于内容的推荐系统不会给出意外性的推荐，只会给出新鲜性的推荐。

如何修改用户的推荐列表使得新的推荐列表具有新鲜性和意外性。一个简单的方法就是建立一个独立的流行产品列表，在把用户的推荐列表呈现给用户之前，把那些出现在用户推荐列表中的流行产品删除，未删除的产品在推荐列表中的位置自动向前移动。因为每个用户都有不同的经历和爱好，因此每一个用户删除的流行产品应该是不同的。另一个方法是在用户群中把每个用户喜欢某个产品的概率除以群中所有人喜欢这个产品的概率之和，再重新排序，这样可以判断此用户是否比群体中的其他人更喜欢某个产品。流行的产品将推荐给目前没有选择它的用户，而如果非流行的产品符合某个用户的品位，就会被推荐。这个方法将大大地改变每个用户的推荐列表，帮助用户发现令他们意外的并喜欢的产品。定义一个指标来度量系统的意外性十分困难，因为意外性是度量推荐系统提供给用户的产品既感兴趣又意外的程度。一个好的意外性指标应该从用户兴趣随时间变化的角度进行推荐。产品在多大程度上属于用户没有买过的类别？如果推荐给用户，用户是否会满意？好的意外性指标希望推荐系统能很好地识别以前不知道的产品。尽管新鲜性和意外性的重要性在 2001 年就被提出，但是直到目前，还没有系统定量地研究新鲜性和意外性指标的工作。

4. 用户的满意度

大多数推荐系统都会对推荐给用户的产品进行预测打分，研究发现系统的预测打分值也影响着用户的打分。他们同时发现，系统给出的错误打分会降低用户对系统的满意度。这些关于用户评价的研究显示用户对推荐系统的预测准确度非常敏感。通过在 3 个推荐系统上的实验系统地研究了用户满意度对推荐系统的作用。首先，赋予推荐系统足够的打分，使得可以对用户进行推荐。接着让用户从头至尾浏览推荐列表，直到用户发现一个感兴趣的产品。这个实验能让我们知道，推荐准确度是否真的影响用户的满意度。用户在使用推荐系统的时候必须信任推荐系统，如果系统能向用户解释为什么给用户推荐这些产品，就非常有助于增强用户对系统推荐结果的信心。用户在使用推荐系统的同时也在评价推荐系统。例如，仅仅一个电影的名字并不能说服用户点击看这部电影。因此，系统提供信息的种类和质量也决定了用户是否认可推荐的结果。另外，上述实验中用户的反馈信息表明，系统的满意度并不是用户选择系统的根本原因。以亚马逊和 Media Unbound 电子商务推荐系统为例，用户更愿意从亚马逊网站购买东西。然而，在实际调查中，用户认为 Media Unbound 更有用，可以更好地理解用户的喜好。进一步的研究表明，亚马逊更多地向用户推荐用户熟悉的产品，这或许是亚马逊成功的原因之一。因此，用户会在某个目的下选择某个系统，而在另一个目的下选择另一个系统。调查结果显示，用户的满意度对推荐系统的错误推荐非常敏感。通常有 43% 的错误推荐是用户已经购买或拥有的产品，41% 的错误推荐是并不适合用户的推荐。

用户对推荐系统的满意度不仅仅取决于系统的准确度，而是更多地取决于系统在多大程度上可以帮助用户完成任务。因此，如果想要度量用户对一个推荐系统的评价，首先这个系统必须对自身的任务有一个清晰的定义，进而，针对特定的任务选择适当的指标对推荐算法进行评价，以便于在综合评价中做相应的运算、比较和分析等。

5.1.3　选取指标的原则

我们在进行电子商务推荐评价时，应采用最小原则，即尽可能少地选取主要的评价指标。经常采用的选取指标方法如下。

1. 专家调研法

专家调研法即依靠专家的知识和经验，由专家通过调查研究对问题做出判断，选取指标。

2. 最小均方差法

最小均方差法即求第 j 项指标的均方差，找到最小的均方差，如果最小的均方差接近 0，可将其删去，继续筛选。

3. 极小极大离差法

极小极大离差法即求每项指标的最大离差，判断所有最大离差中最小的离差，将最小离差对应的指标项删除，原理同最小均方差法。

5.2　数据预处理

由于来自实际中的指标数据可能是各种各样的，特别是对于不同类型、不同单位、不同数量组的数据，存在不可公度性，在应用之前需要对这样的数据做一定的预处理。

5.2.1　评价指标的类型

1. 正指标，也叫极大型指标

正指标是指人们期望该指标的取值越大越好的指标，如电子商务推荐带来的利润、推荐好评率、用户对推荐的良性体验、用户对推荐的信任度等。

2. 逆指标，也叫极小型指标

逆指标是指人们期望该指标的取值越小越好的指标，如电子商务推荐的成本、推荐的差评率等。

3. 适中指标，也叫居中型指标

适中指标是指人们既不期望该指标的取值越大越好，也不期望该指标的取值越小越好，而是期望该指标的取值越居中越好的指标。例如，推荐商品的种类和规模，太大或太小都无法满足消费者的需求。再如对推荐的流程、规则和服务等愿意花费多长时间去了解。时间太长，用户会感到疲惫，用时太短又难以描述清楚。

4. 区间型指标

区间型指标是指在某一区间范围内的指标，如满意的用户比率，是在[0, 1]区间的。

5.2.2　数据指标一致化

1. 极小型指标

对于极小型指标 x，令

$$x^* = M - x \text{ 或 } x^* = \frac{1}{x}$$

其中，M 表示指标 x 的一个允许上界；x^* 表示一致化后的指标。

2. 居中型指标

对于居中型指标 x，令

$$x^* = \begin{cases} 2(x-m), & m \leqslant x \leqslant \dfrac{M+m}{2} \\ 2(M-x), & \dfrac{M+m}{2} \leqslant x \leqslant M \end{cases} \tag{5-17}$$

其中，m 表示指标 x 的一个允许下界；M 表示指标 x 的一个允许上界；x^* 表示一致化后的指标。

3. 区间型指标

对于区间型指标 x，令

$$x^* = \begin{cases} 1 - \dfrac{q_1 - x}{\max(q_1 - m, M - q_2)}, & x < q_1 \\ 1, & x \in [q_1, q_2] \\ 1 - \dfrac{x - q_2}{\max(q_1 - m, M - q_2)}, & x > q_2 \end{cases} \tag{5-18}$$

其中，$[q_1, q_2]$ 表示指标 $x_j(j=1,2,\cdots,m)$ 的最佳稳定区间，M、m 分别表示指标 x 的上、下界；x^* 表示一致化后的指标。

4. 定性指标的量化处理方法

在实际电子商务推荐中，很多问题是定性的，如用户对推荐质量的满意度，对推荐系统的态度、观念，推荐系统的信誉，推荐工作人员的能力、素质，适用推荐系统的政治、社会、人文等领域的问题。按国家的评价标准，评价因素一般分为五个等级，如 A、B、C、D、E。如何将其量化？如 A$^-$、B$^+$、C$^-$、D$^+$等又如何合理量化？

根据实际问题，构造模糊隶属函数的量化方法是一种可行有效的方法。假设有多个评价人对某项因素评价为 A、B、C、D、E 共 5 个等级：$\{V_1, V_2, V_3, V_4, V_5\}$。譬如，评价人对某事件"满意度"的评价可分为{很满意, 满意, 较满意, 不太满意, 很不满意}，并将其 5 个等级依次对应为 5、4、3、2、1。

这里为连续量化，取偏大型柯西分布和对数函数作为隶属函数：

$$f(x) = \begin{cases} [1 + \alpha(x - \beta)^{-2}]^{-1}, & 1 \leqslant x \leqslant 3 \\ a \ln x + b, & 3 < x \leqslant 5 \end{cases} \tag{5-19}$$

其中，α、β、a、b 表示待定常数。当"较满意"时，则隶属度为 0.8，即 $f(3) = 0.8$；当"很不满意"时，则隶属度为 0.01，即 $f(1) = 0.01$。根据这个规律，对于任何一个评价值，都可给出一个合适的量化值。据实际情况可构造其他的隶属函数，如取偏大型正态分布。

5.2.3　无量纲化

在电子商务推荐多指标评价中，为了尽可能地反映实际情况，排除由于各项指标的量纲不同以及其数值数量级间的悬殊差别所带来的影响，避免不合理现象的发生，需要对评价指标做无量纲化处理。无量纲化处理也叫作指标数据的标准化、规范化，是通过数学变换来消除原始指标量纲影响的方法。

指标的无量纲化是综合评价的前提。在多数场合下，同向化处理过程与无量纲化处理过程是同时进行的。若无特殊说明，以下所考虑的指标为极大型指标，其观测值为 $\{x_{ij}|i = 1,2,\cdots,n,\ j = 1,2,\cdots,m\}$。

1. 标准化处理方法

$$x_{ij}^* = \frac{x_{ij} - \overline{x_j}}{s_j} \qquad (5\text{-}20)$$

其中，$\overline{x_j}$、$s_j\ (j = 1,2,\cdots,m)$ 分别表示第 j 项指标观测值的（样本）平均值和（样本）标准差；x_{ij} 表示标准观测值。其中，①样本平均值为 0，方差为 1；②区间不确定，处理后各指标的最大值、最小值不相同；③对于指标值恒定的情况不适用；④对于要求指标值 $x_{ij}^* > 0$ 的评价方法（如几何加权平均法）不适用。

2. 极值处理方法

$$x_{ij}^* = \frac{x_{ij} - m_j}{M_j - m_j} \qquad (5\text{-}21)$$

其中，$M_j = \max_i\{x_{ij}\}$，$m_j = \min_i\{x_{ij}\}$。其中，① $\sum_i (x_{ij}^*)^2 = 1$，最大值为 1，最小值为 0；②对于指标值恒定的情况不适用（分母为 0）。

3. 线性比例法

$$x_{ij}^* = \frac{x_{ij}}{x_j'} \qquad (5\text{-}22)$$

其中，x_j' 表示一个特殊点，一般可取 m_j、M_j 或 $\overline{X}_j$。其中，①要求 $x_j' > 0$；②当

$x'_j = m_j > 0$ 时, $x^*_{ij} \in [1, \infty)$, 有最小值 1, 无固定的最大值; ③当 $x'_j = M''_j$ 时, $x^*_{ij} \in (0,1]$, 有最大值 1, 无固定的最小值; ④当 $x'_j = \overline{x_j} > 0$ 时, $x^*_{ij} \in (-\infty, \infty)$, 取值范围不固定。

4. 归一化处理法

$$x^*_{ij} = \frac{x_{ij}}{\sum_{i=1}^{n} x_{ij}} \qquad (5\text{-}23)$$

其中, 可看成是线性比例法的一种特例, 要求 $\sum_{i=1}^{n} x_{ij} > 0$。当 $x_{ij} > 0$ 时, $x^*_{ij} \in (0,1)$, 无固定的最大值、最小值, $\sum_i x^*_{ij} = 1$。

5. 向量规范法

$$x^*_{ij} = \frac{x_{ij}}{\sqrt{\sum_{i=1}^{n} x_{ij}^2}} \qquad (5\text{-}24)$$

其中, 当 $x_{ij} \geqslant 0$ 时, $x^*_{ij} \in (0,1)$, 无固定的最大值、最小值, $\sum_i (x^*_{ij})^2 = 1$。

6. 功效系数法

$$x^*_{ij} = c + \frac{x_{ij} - m'_j}{M'_j - m'} \times d \qquad (5\text{-}25)$$

其中, M'_j、m'_j 分别表示指标 x_j 的满意值和不容许值; c、d 均表示已知正常数, d 的作用是对变换后的值进行"平移", c 的作用是对 d 变换后的值进行"放大"或"缩小"。这种方法可看成是更普遍意义下的一种极值处理法。取值范围是确定的, 最大值为 $c + d$, 最小值为 c。

5.3 主观赋权方法

主观赋权方法是研究者根据其主观价值判断来指定各指标权数的一类方法。这类方法又分为专家评判法、层次分析法(analytic hierarchy process, AHP)等。各指标权重的大小取决于各专家自身的知识结构、个人喜好。虽反映了主观意愿, 但其欠缺科学性、稳定性。考虑到其明显的缺陷, 一般只适用于数据收集困难和信息不能准确的量化的评价中。常用的主观赋权方法有德尔菲法及 AHP，具体如下。

5.3.1　德尔菲法

德尔菲法又称专家调查法，是 20 世纪 40 年代末期由美国兰德公司首先提出的，并很快就在世界上盛行起来的一种调查决策方法。该方法是采取匿名的方式广泛征求专家的意见，经过反复多次的信息交流和反馈修正，使专家的意见逐步趋向一致，最后根据专家的综合意见，对评价对象做出评价的一种定量与定性相结合的预测、评价方法。具体步骤如下。

（1）挑选专家，具体人数视决策课题的大小而定，一般问题需 20 人左右。在进行函询的整个过程中，自始至终由决策单位函询或派人与专家联系，不让专家互相发生联系。专家选定之后，即可开始第一轮函询调查。一方面向专家寄去决策目标的背景材料，另一方面提出所需决策的具体项目。

（2）首轮调查任凭专家回答，没有固定答题模式，专家可以以各种形式回答问题，也可向决策单位索取更详细的统计材料。预测单位对专家的各种回答进行综合整理，把相同的事件、结论统一起来，剔除次要的、分散的事件，用准确的术语进行统一的描述后再将结果反馈给各位专家，进行第二轮函询。

（3）第二轮函询要求专家对所决策目标的各种有关事件发生的时间、空间、规模大小等提出具体的决策，并说明理由。决策单位对专家的意见进行处理，再次反馈给有关专家。

（4）第三轮是各位专家再次得到函询综合统计报告后，对决策单位提出的综合意见和论据加以评价，修正原来的决策值，对决策目标重新进行决策。

上述步骤，一般要经过 3～4 轮，决策的主持者要求各位专家根据提供的全部决策资料，提出最后的决策意见，若这些意见收敛或基本一致，即可以此为根据做出判断。德尔菲法具有三个特点：匿名性、反馈性、收敛性。

5.3.2　AHP

AHP 是美国著名的运筹学家 Saaty 在 20 世纪 70 年代提出的将一种定性和定量分析相结合的多准则决策方法。该方法的特点是在对复杂决策问题的本质、影响因素以及内在关系等进行深入分析之后，构建一个层次结构模型，然后利用较少的定量信息，把决策的思维过程数学化，从而为求解多目标、多准则或无结构特性的复杂决策问题，提供一种简便的决策方法。具体地说，它是指将决策问题的有关元素分解成目标、准则、方案等层次，用一种标度对人的主观判断进行客观量化，在此基础上进行定性和定量分析的一种决策方法。它把人的思维过程层次化、数量化，并用数学为分析、决策、预报或控制提供定量的依据。它尤其适合应用于对人的定性判断起主要作用的、对决策结果难以直接准确计量的场合。AHP 既是一种赋权方法，也是一种评价方法。

1. 构造递阶层次结构

把要研究的问题逐层分解，直到最低一级可量化的指标，按照目标层、一级指标层、二级指标层和三级指标层的形式排列，标明上下层指标之间的关系，从而形成一个多层次的结构。

2. 构造比较判断矩阵

构造比较判断矩阵过程中，邀请多名专家或决策者回答，对于目标层 T，其下属的一级指标层的元素 A_i 和 A_j 哪一个更为重要，且对重要多少赋予 1～9 的比例标度（表 5-1）。由此可以得到目标层 T 下的判断矩阵 $A = (a_{ij})$。判断矩阵 A 应有如下性质：$a_{ij} > 0$；$a_{ij} = 1/a_{ji}(i, j = 1, 2, \cdots, n)$。当有 S 位专家或决策者给出比较判断矩阵时，设 $A^{(k)} = (a_{ij})^k$ $(k = 1, 2, \cdots, s)$，先取 $a_{ij}^{(k)}$ 的几何平均，得到成对比较矩阵 $A = (a_{ij})$。其中 $a_{ij} = \sum_{k=1}^{s} \left(a_{ij}^{(k)} \right)^{\lambda k}$，$\lambda k$ 为第 k 位专家的加权因子。

表 5-1　比较矩阵的定义

标度 a_{ij}	定义
1	i 因素与 j 因素同等重要
3	i 因素比 j 因素略重要
5	i 因素比 j 因素较重要
7	i 因素比 j 因素非常重要
9	i 因素比 j 因素绝对重要
2, 4, 6, 8	为以上判断之间的中间状态对应的标度值
倒数	若 i 因素与 j 因素比较，得到判断值为 $a_{ij} = 1/a_{ji}$，$a_{ii} = 1$

3. 求解判断矩阵，并进行一致性检验

采用和积法解判断矩阵，求其特征向量和特征根。对判断矩阵 A 的每一列正规化，即 $a_{ij} = a_{ij} \Big/ \left(\sum_{k=1}^{n} a_{kj} \right) (i, j = 1, 2, \cdots, n)$。将 $A = (a_{ij})_{n \times n}$ 按行加总，然后将上一步

得到的行和向量正规化，得到权重向量 W，得 $W_i = W_i \bigg/ \left(\sum_{k=1}^{n} W_j \right)$ ($i = 1, 2, \cdots, n$)。再

依 $\lambda_{\max} = \sum_{i=1}^{n} \left[(AW)_i / nW_i \right]$，求得最大特征根 $\lambda_{\max}$。其中，$(AW)_i$ 表示 AW 的第 i 个

分量，$AW = \lambda_{\max} W$ 存在。

之后进行一致性检验，具体做法如下：CR = CI/RI＜0.1。其中，CI = $(\lambda_{\max}-n)/$ $(n-1)$，n 为指标数；$\lambda_{\max}$ 为判断矩阵最大特征根；RI 为当指标数为 n 时的平均一致性指标；如 $n = 2$，RI = 0；$n = 3$，RI = 0.58；$n = 4$，RI = 0.89；$n = 5$，RI = 1.12；$n = 6$，RI = 1.24；$n = 7$，RI = 1.36。

4. 计算各层元素的组合权重，并检验其一致性

为了确定某层元素对总体目标的组合权重和它们与上层元素的相互影响关系，需要利用同一层次所有元素单排序的结果，求计算针对上一层次而言本层次所有元素重要性的权重值，之后进行一致性检验。计算公式为：第 i 个第一层次的指标的第 j 个第二层次的权重，$W_{ij} = W_i \times b_{ij}$，CI = $\sum W_i \times CI_i$，RI = $\sum W \times RI_i$，CR = CI/RI＜0.1。

5.4　客观赋权方法

客观赋权是利用数理统计的方法将各指标值经过分析处理后得出权数的一类方法。这类方法根据样本指标值本身的特点来进行赋权，具有较好的规范性。但其容易受到样本数据的影响，不同的样本会根据同一方法得出不同的权数。客观赋权法研究较晚，还很不完善，它主要根据原始数据之间的关系来确定权重，不依赖于人的主观判断，不增加决策分析者的负担，决策或评价结果具有较强的数学理论依据。但这种赋权方法依赖于实际的问题域，因而通用性和决策人的可参与性较差，计算方法大多比较烦琐，而且不能体现决策者对不同属性的重视程度，有时确定的权重会与属性的实际重要程度相悖。

常见的客观赋权的方法有主成分分析法、均方差（同时也是一种综合评价方法）确定权重。

5.4.1　主成分分析法

主成分分析法研究如何通过少数几个主要成分来解释多变量方差，具体说就是到处少数几个主分量，使它们尽可能完整保留原始变量信息，且彼此独立。

建模过程如下：

$$
\begin{cases}
F_1 = a_{11}x_1 + a_{21}x_2 + \cdots + a_{p1}x_p \\
F_2 = a_{12}x_1 + a_{22}x_2 + \cdots + a_{p2}x_p \\
\qquad\qquad\qquad \vdots \\
F_m = a_{1m}x_1 + a_{2m}x_2 + \cdots + a_{pm}x_p
\end{cases}
\tag{5-26}
$$

其中，$a_{1i}, a_{2i}, \cdots, a_{pi}(i=1,2\cdots,m)$ 表示 x 的协差阵的特征值；$x_1, x_2, \cdots, x_p$ 表示原始数据经过处理后的值。

令 $A=(a_{ij})_{p\times m}=(a_1, a_2, \cdots, a_m)$，$Z \cdot a_i = \lambda_i a_i$，$Z$ 为相关系数矩阵，λ_i、a_i 为相应的特征值和单位特征向量 $\lambda_1 \geqslant \lambda_2 \geqslant \cdots \geqslant \lambda_p \geqslant 0$，上述方程组要求如下。

（1）$a_{1i}^2 + a_{2i}^2 + \cdots + a_{pi}^2 = 1 (i=1,2,\cdots,m)$。

（2）$A^{\mathrm{T}} A = I_m A = (a_{ij})_{p\times m} = (a_1, a_2, \cdots, a_m)$，$A$ 为正交矩阵。

（3）$\mathrm{Cov}(F_i, F_j) = \lambda_i \delta_{ij}$，$\delta_{ij} = \begin{cases} 0, & i \neq j \\ 1, & i = j \end{cases}$。

F_1 代表第一主成分，其方差最大，包含的信息最多。如果第一主成分不足以代表原来 p 个指标的信息，再选取 F_2 来有效反映原来的信息，以此类推。

按照一定原则（如特征根大于 1 选为主成分）选定若干个主成分后，因子 i 在 m 个主成分中的系数与各主成分方差解释贡献率之积求和后，取其绝对值为该因子的权重，表示如下。

设 q 主成分对方差的贡献率为 g，则权重如式（5-27）所示，归一处理后可得各因子的权重向量。

$$
w_i = \sum_{a=1}^{m} g_q \cdot a_{qi}
\tag{5-27}
$$

5.4.2　均方差确定权重的方法

在多指标综合评价中，因为指标的量纲或数据的数量级可能各不相同，各指标之间不具有可比性，所以第一步就是要对数据进行处理，使各指标间具有可比性。处理的方法有很多种，如归一化法、标准化法及其他的无量纲化方法。

为下面叙述方便，设指标集为 $G = \{G_1, G_2, \cdots, G_m\}$，样本集（或方案集）为 $A = \{A_1, A_2, \cdots, A_n\}$，对应样本点为 $X_{ij}(i=1, 2, \cdots, n; j=1, 2, \cdots, m)$。评价指标权向量为 $W = (w_1, w_2, \cdots, w_m)^{\mathrm{T}}$，且满足 $\sum w_i = 1$。进行无量纲化或标准化处理后，矩阵 $X = (X_{ij})$ 化为矩阵 $Z = (Z_{ij})$。

基于均方差确定权重的多指标综合评价法的基本原理是：若某指标对所有的样本（或方案）所得数据均无差别，则该指标对样本排序或方案决策不起作用，可不考虑该指标，即将该指标赋权为 0；反之，若某指标对所有的样本（或方案）

所得数据有较大差异，则该指标对样本排序或方案决策起重要作用，应对其赋予较大权数。

也就是说，各指标相对权重的大小取决于在该指标下各样本（或方案）数据值的相对离散程度，若各样本（或方案）在某指标下数据值的离散程度越大，该指标的权重也越大，反之，该指标权重应越小。若某指标下各样本（或方案）的原始数据值离散程度为 0，则该指标的权重为 0。因此，假定每个指标为一随机变量，指标下对应的各样本数据为该随机变量的取值，则其相对离散程度可用均方差来描述。其具体计算步骤如下。

（1）对原始数据矩阵 X_{ij} ($i = 1, 2, \cdots, n$；$j = 1, 2, \cdots, m$)，进行无量纲化处理，一般采用极值法无量纲化公式，对正指标有：$Z_{ij} = (X_{ij} - \min\{X_{ij}\})/(\max\{X_{ij}\} - \min\{X_{ij}\})$。则对逆指标有：$Z_{ij} = (\max\{X_{ij}\} - X_{ij})/(\max\{X_{ij}\} - \min\{X_{ij}\})$。

（2）求随机变量的均值 $\bar{Z}_j = \dfrac{1}{n} \sum\limits_{i=1}^{n} Z_{ij}$。

（3）求 j 指标的均方差 $\sigma_j = \sqrt{\sum\limits_{i=1}^{n} (Z_{ij} - \bar{Z}_j)^2}$。

（4）求 j 指标的权重 $W_j = \sigma_j \Big/ \sum\limits_{j=1}^{p} \sigma_j$。

（5）根据多指标加权综合评价模型 $D_i = \sigma_j \Big/ \sum\limits_{j=1}^{p} \sigma_j$ ($i = 1, 2, \cdots, n$；$j = 1, 2, \cdots, m$)计算综合评价值。

5.4.3　熵权法

熵权法是在进行熵值评价方法的过程中确定的，见 5.5.3 熵值法。

5.5　常用的评价方法

5.5.1　TOPSIS 法

本部分介绍多属性决策问题的理想解法（technique for order preference by similarity to an ideal solution，TOPSIS），TOPSIS 是一种有效的多指标评价方法。这种方法通过构造评价问题的正理想解和负理想解，即各指标的最优解和最劣解，通过计算每个方案到理想方案的相对贴近度，即靠近正理想解和远离负理想解的程度，来对方案进行排序，从而选出最优方案。

设多属性决策方案集为 $D = \{d_1, d_2, \cdots, d_m\}$，衡量方案优劣的属性变量为 $x_1, x_2, \cdots, x_n$，这时方案集 D 中的每个方案 d_i（$i = 1, 2, \cdots, m$）的 n 个属性值构成的向量是 $[a_{i1}, a_{i2}, \cdots, a_{in}]$，它作为 n 维空间中的一个点，能唯一地表示方案 d_i。

正理想解 C^* 是一个方案集 D 中并不存在的虚拟的最佳方案，它的每个属性值都是决策矩阵中该属性的最好值；而负理想解 C^0 则是虚拟的最差方案，它的每个属性值都是决策矩阵中该属性的最差值。在 n 维空间中，将方案集 D 中的各备选方案 d_i 与正理想解 C^* 和负理想解 C^0 的距离进行比较，既靠近正理想解又远离负理想解的方案就是方案集 D 中的最佳方案；并可以据此排定方案集 D 中各备选方案的优先序。

用 TOPSIS 求解多属性决策问题的概念简单，只要在属性空间定义适当的距离测度就能计算备选方案与理想解的距离。TOPSIS 所用的是欧氏距离。至于既用正理想解又用负理想解是因为在仅仅使用正理想解时，可能会出现某两个备选方案与正理想解的距离相同的情况，为了区分这两个方案的优劣，引入负理想解并计算这两个方案与负理想解的距离，与正理想解的距离相同的方案离负理想解远者为优。

5.5.2　模糊综合评判方法

模糊综合评判方法是一种运用模糊数学原理分析和评价具有模糊性的事物的系统分析方法。它是一种以模糊推理为主的定性与定量相结合、精确与非精确相统一的分析评价方法。由于这种方法在处理各种难以用精确数学方法描述的复杂系统问题方面所表现出的独特的优越性，近年来已在许多学科领域中得到了十分广泛的应用。

1. 单层次模糊综合评判模型

给定两个有限论域：

$$U = \{u_1, u_2, \cdots, u_m\} \tag{5-28}$$
$$V = \{v_1, v_2, \cdots, v_n\} \tag{5-29}$$

其中，U 代表所有的评判因素所组成的集合；V 代表由所有的评语等级所组成的集合。如果着眼于第 i（$i = 1, 2, \cdots, m$）个评判因素 u_i，其单因素评判结果为 $R_i = [r_{i1}, r_{i2}, \cdots, r_{in}]$，则 m 个评判因素的评判决策矩阵为式（5-30），就是 U 到 V 上的一个模糊关系：

$$R = \begin{bmatrix} R_1 \\ R_2 \\ \vdots \\ R_m \end{bmatrix} = \begin{bmatrix} r_{11} & r_{12} & \cdots & r_{1n} \\ r_{21} & r_{22} & \cdots & r_{2n} \\ \vdots & \vdots & & \vdots \\ r_{m1} & r_{m2} & \cdots & r_{mn} \end{bmatrix} \tag{5-30}$$

如果对各评判因素的权数分配为 $\tilde{A}=[a_1,a_2,\cdots,a_m]$（显然，$\tilde{A}$ 是论域 U 的一个模糊子集，且 $0\leqslant a_i\leqslant 1$，$\sum\limits_{i=1}^{m}a_i=1$），则应用模糊变换的合成运算，可以得到论域 V 上的一个模糊子集，即综合评判结果：

$$\tilde{B}=\tilde{A}\circ R=[b_1,b_2,\cdots,b_n] \tag{5-31}$$

2. 多层次模糊综合评判模型

在复杂大系统中，需要考虑的因素往往是很多的，而且因素之间还存在着不同的层次。这时，应用单层次模糊综合评判模型就很难得出正确的评判结果。所以，在这种情况下，就需要将评判因素集合按照某种属性分成几类，先对每一类进行综合评判，然后再对各类评判结果进行类之间的高层次综合评判。这样，就产生了多层次模糊综合评判问题。

多层次模糊综合评判模型的建立，可按以下步骤进行。

（1）对评判因素集合 U，按某个属性 c，将其划分成 m 个子集，使它们满足：

$$\begin{cases}\sum\limits_{i=1}^{m}U_i=U\\U_i\,|\,U_j=\phi(i\neq j)\end{cases} \tag{5-32}$$

这样，就得到了第二级评判因素集合：

$$U/c=\{U_1,U_2,\cdots,U_m\} \tag{5-33}$$

其中，$U_i=\{u_{ik}\}(i=1,2,\cdots,m;\ k=1,2,\cdots,n_k)$ 表示子集 U_i 中含有 n_k 个评判因素。

（2）对于每一个子集 U_i 中的 n_k 个评判因素，按单层次模糊综合评判模型进行评判。如果 U_i 中诸因素的权数分配为 $\tilde{A}_i$，其评判决策矩阵为 $\tilde{R}_i$，则得到第 i 个子集 U_i 的综合评判结果如式（5-34）所示：

$$\tilde{B}_i=\tilde{A}_i\circ\tilde{R}_i=[b_{i1},b_{i2},\cdots,b_{in}] \tag{5-34}$$

（3）对 U/c 中的 m 个评判因素子集 $U_i\,(i=1,2,\cdots,m)$ 进行综合评判，其评判决策矩阵为

$$\tilde{B}=\begin{bmatrix}\tilde{B}_1\\\tilde{B}_2\\\vdots\\\tilde{B}_m\end{bmatrix}=\begin{bmatrix}b_{11}&b_{12}&\cdots&b_{1n}\\b_{21}&b_{22}&\cdots&b_{2n}\\\vdots&\vdots&&\vdots\\b_{m1}&b_{m2}&\cdots&b_{mn}\end{bmatrix} \tag{5-35}$$

如果 U/c 中的各因素子集的权数分配为 $\tilde{A}$，则可得综合评判结果：

$$\tilde{B}^*=\tilde{A}\circ\tilde{B} \tag{5-36}$$

其中，$\tilde{B}^*$ 既是 U/c 的综合评判结果，也是 U 中的所有评判因素的综合评判结果。这里需要强调的是，在式（5-34）或式（5-36）中，矩阵合成运算的方法通常有

两种：一是主因素决定模型法，即利用逻辑算子 $M(\wedge, \vee)$ 进行取大或取小合成，该方法一般仅适合于单项最优的选择；二是普通矩阵模型法，即利用普通矩阵算法进行运算，这种方法兼顾了各方面的因素，因此适用于多因素的排序。

若 U/c 中仍含有很多因素，则可以对它再进行划分，得到三级以至更多层次的模糊综合评判模型。多层次的模糊综合评判模型，不仅可以反映评判因素的不同层次，而且避免了由于因素过多而难于分配权重的弊病。

5.5.3　熵值法

1. 熵值法的基本原理

熵（entropy）是德国物理学家克劳修斯在 1850 年创造的一个术语，它用来表示一种能量在空间中分布的均匀程度。熵是热力学的一个物理概念，是体系混乱度（或无序度）的量度，用 S 表示。在信息论中，信息量越大，不确定性越小，熵值越小；信息量越小，不确定性越大，熵值越大。应用在系统论中，熵越大说明系统越混乱，携带的信息越少，熵越小说明系统越有序，携带的信息越多。

熵值法是一种客观赋权方法，它通过计算指标的信息熵，根据指标的相对变化程度对系统整体的影响来决定指标的权重，相对变化程度大的指标具有较大的权重，此方法现广泛应用在统计学等各个领域，具有较强的研究价值。

2. 熵值法的计算方法及步骤

1）原始数据的收集与整理

确立指标体系，假定评价指标体系包括 m 个样本、n 个指标，便可以形成评价系统的初始数据矩阵：

$$X = \begin{pmatrix} x_{11} & x_{12} & \cdots & x_{1n} \\ x_{21} & x_{22} & \cdots & x_{2n} \\ \vdots & \vdots & & \vdots \\ x_{m1} & x_{m2} & \cdots & x_{mn} \end{pmatrix}$$

$$X = \{x_{ij}\}_{m \times n}, \quad 0 \leqslant i \leqslant m; \quad 0 \leqslant j \leqslant n$$

其中，x_{ij} 表示第 i 个样本第 j 项评价指标的数值。

2）数据处理——标准化处理

具体详见 5.2 节数据预处理，将 x_{ij} 处理为 y_{ij}。

3）计算指标信息熵值 e 和信息效用值 d

（1）计算第 j 项指标的信息熵值的公式为

$$e_j = -K \sum_{i=1}^{m} y_{ij} \ln y_{ij} \tag{5-37}$$

其中，$K = \dfrac{1}{\ln m}$ 。

（2）某项指标的信息效用价值 d 取决于该指标的信息熵 e_j 与 1 之间的差值，它的值直接影响权重的大小，信息效用值越大，对评价的重要性就越大，权重也就越大。

4）计算评价指标权重

利用熵值法估算各指标的权重，其本质是利用该指标信息的价值系数来计算，其价值系数越高，对评价的重要性就越大（或称权重越大，对评价结果的贡献大）。$d_j = 1 - E_j$，第 j 项指标的权重为

$$w_j = \frac{d_j}{\sum\limits_{i=1}^{m} d_j} \tag{5-38}$$

5）计算样本的评价值

采用加权求和公式计算样本的评价值，式中 U 为综合评价值，n 为指标个数，w_j 为第 j 个指标的权重。

$$U = \sum_{i=1}^{n} y_{ij} w_j \times 100 \tag{5-39}$$

显然，U 越大，样本效果越好，最终比较所有的 U 值，即得出评价结论。

3. 对熵值法的评价

（1）熵值法能够深刻反映出指标信息熵值的效用价值，从而确定权重。

（2）它是一种客观赋权法，因而由它得出的指标权重值比主观赋权法更具有较高的可信度和精确度。

5.5.4 灰色关联分析

灰色系统理论是由著名学者邓聚龙教授首创的，其基本思想是将评价指标原始观测数进行无量纲化处理，计算关联系数、关联度以及根据关联度的大小对待评指标进行排序。灰色关联度的应用涉及社会科学和自然科学的各个领域，尤其在社会经济领域，如国民经济各部门投资收益、区域经济优势分析、产业结构调整等方面，都取得了较好的应用效果。

关联度有绝对关联度和相对关联度之分，绝对关联度采用初始点零化法进行初值化处理，当分析的因素差异较大时，由于变量间的量纲不一致，往往影响分析，难以得出合理的结果。而相对关联度用相对量进行分析，计算结果仅与序列

相对于初始点的变化速率有关，与各观测数据大小无关，这在一定程度上弥补了绝对关联度的缺陷。

灰色关联分析的具体计算步骤如下。

第一步：确定分析数列。

确定反映系统行为特征的参考数列和影响系统行为的比较数列。反映系统行为特征的数据序列，称为参考数列。影响系统行为的因素组成的数据序列，称为比较数列。

设参考数列（又称母序列）为 $Y = \{y(k)|k = 1, 2, \cdots, n\}$；比较数列（又称子序列）$X_i = \{X_i(k)|k = 1, 2, \cdots, n\}$，$i = 1, 2, \cdots, m$。

第二步：变量的无量纲化。

由于系统中各因素列中的数据可能因量纲不同，不便于比较或在比较时难以得到正确的结论。因此在进行灰色关联度分析时，一般都要进行数据的无量纲化处理，如式（5-40）所示：

$$x_i(k) = \frac{X_i(k)}{X_i(l)}, \quad k = 1, 2, \cdots, n; \quad i = 0, 1, 2, \cdots, m \qquad (5\text{-}40)$$

第三步：计算关联系数。

参考数列 $y(k)$ 与数列 $x_i(k)$ 的关联系数如式（5-41）所示

$$\xi_i(k) = \frac{\min\limits_i \min\limits_k \left(\left| y(k) - x_i(k) \right| + \rho \max\limits_i \max\limits_k \right) \left| y(k) - x_i(k) \right|}{\left| y(k) - x_i(k) \right| + \rho \max\limits_i \max\limits_k \left| y(k) - x_i(k) \right|} \qquad (5\text{-}41)$$

记 $\Delta_i(k) = \left| y(k) - x_i(k) \right|$，则

$$\xi_i(k) = \frac{\min\limits_i \min\limits_k \Delta_i(k) + \rho \max\limits_i \max\limits_k \Delta_i(k)}{\Delta_i(k) + \rho \max\limits_i \max\limits_k \Delta_i(k)} \qquad (5\text{-}42)$$

其中，$\rho \in (0, \infty)$ 表示分辨系数。ρ 越小，分辨力越大，一般 ρ 的取值区间为（0，1），具体取值可视情况而定。当 $\rho \leqslant 0.5463$ 时分辨力最好，通常取 $\rho = 0.5$。

第四步：计算关联度。

因为关联系数是比较数列与参考数列在各个时刻（即曲线中的各点）的关联程度值，所以它的数不止一个，而信息过于分散不便于进行整体性比较，因此有必要将各个时刻（即曲线中的各点）的关联系数集中为一个值，即求其平均值，作为比较数列与参考数列间关联程度的数量表示，关联度 r_i 的公式如式（5-43）所示：

$$r_i = \frac{1}{n} \sum_{k=1}^{n} \xi_i(k), \quad k = 1, 2, \cdots, n \qquad (5\text{-}43)$$

第五步：关联度排序。

关联度按大小排序，如果 $r_1 < r_2$，则参考数列 y 与比较数列 x_2 更相似。在算出 $X_i(k)$ 序列与 $Y(k)$ 序列的关联系数后，计算各类关联系数的平均值，平均值 r_i 就称为 $Y(k)$ 与 $X_i(k)$ 的关联度。

5.5.5　ANP

1. ANP 简介

1）ANP 理论与方法

网络层次分析法（analytic network process，ANP）是在 AHP 的基础上提出来的一种适应非独立递阶层次结构的决策方法。AHP 将系统内各元素的关系用类似网络结构表示，而不再是简单的递阶层次结构，网络层中的元素可能相互影响、相互支配，这样 ANP 能更准确地描述客观事物之间的联系，是一种更加有效的决策方法。

AHP 在进行决策分析时，需要决策者对每个因素（影响因子）进行两两相对重要程度的判定。在实际生活中，决策者常常不是对所有的决策因素（影响因子）进行相对重要程度判断，而是根据自己的情况（知识、经验、喜好）对某几个因素（影响因子）进行相对重要程度判断，此时，两两判断矩阵就会出现一些空缺，我们称这种情况为信息不完备。为此，运用 ANP 进行分析，通过将问题化为一种二次规划问题来计算出权重，最后运用 ANP 的极限超矩阵得到总排序。ANP 经常被用来解决具有网络结构的系统评价与决策的实际问题。

2）ANP 网络结构

ANP 考虑到递阶层次结构内部循环及其存在的依赖性和反馈性，将系统元素划分为两大部分，第一部分称为控制层，包括目标和准则，所有的决策准则均被认为是彼此独立的，且受目标支配。控制层中可以没有决策准则，但至少有一个目标，控制层中的每个准则的权重均可由传统的 AHP 获得。第二部分称为网络层，它是由所有受控制层支配的元素组成的，其内部是互相影响的网络结构，图 5-1 就是一个典型的 ANP 结构。

2. ANP 算法步骤

1）分析问题

将决策问题进行系统的分析、组合形成元素和元素集。主要分析判断元素层次是否内部独立，是否存在依存和反馈。可用会议讨论、专家填表等形式和方法进行。

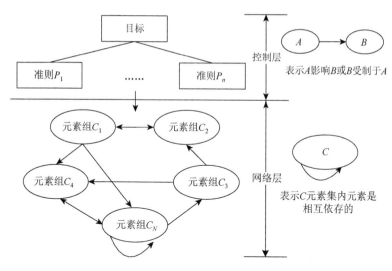

图 5-1　典型的 ANP 结构图

2）构造 ANP 的典型结构

首先是构造控制层次（control hierarchy），界定决策目标，再界定决策准则，这是问题的基本。各个准则相对决策目标的权重用 AHP 得到。

3）构造 ANP 超矩阵计算权重

ANP 赋权的核心工作是解超矩阵，这是一种非常复杂的计算过程，手工运算难度很大，应用 Super Decision 软件可以解决这个问题。其具体实施步骤如下。

（1）基于网络模型中各要素间的相互作用，进行两两比较。

（2）确定未加权超矩阵（基于两两判断矩阵，使用特征向量法获得归一化特征向量值，填入超矩阵列向量）。

（3）确定超矩阵中各元素组的权重（保证各列归一）。

（4）计算加权超矩阵。

（5）计算极限超矩阵（使用幂法，即求超矩阵的 n 次方，直到矩阵各列向量保持不变）。

第 6 章　电子商务推荐方法及用户兴趣表示方法

6.1　电子商务推荐方法

6.1.1　基于内容的推荐方法

目前电子商务个性化推荐方法中最主要的为基于内容的推荐方法以及协同过滤推荐方法。

基于内容的推荐方法（content-based filtering）源于信息获取领域，是信息检索领域的重要研究内容。基于内容的推荐是指通过比较资源与用户模型的相似程度向用户推荐信息的方式。Personal WebWatcher 是此类方式的代表。基于内容的推荐需要进行匹配计算，因而较多地应用于可计算的文本领域，如浏览页面的推荐、新闻组中的新闻推荐等。

基于内容过滤的推荐系统需要分析资源内容信息，根据用户兴趣建立用户档案（user profile），根据信息的内容特性进行过滤，将信息流和用户档案文件进行匹配，基于匹配程度确定该信息流对用户是否有价值，通过比较资源是否跟用户的档案信息一致来决定是否进行推荐。它需要从资源中进行特征提取，根据用户的评价，进行权重的修改，使得具有区分能力的特征有较高的权重。如果用户喜欢，则将该资源的特征向量按某种比例加入用户的特征向量之中，反之亦然，这称为相关反馈。目前，对于特征向量的提取和用户的学习算法有很多种。例如，INFOSCOPE利用基于规则的 Agent 分析用户的使用风格、监测信息的内容特征、判断其是否是用户感兴趣的，并向用户提供建议。典型的基于内容的推荐系统如图 6-1 所示。

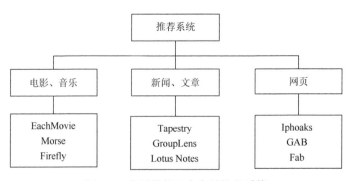

图 6-1　典型的基于内容的推荐系统

Abbattista 等（2002）提出使用智能代理技术分析用户的特定需求，提供推荐服务。Salton 等（1990）提出根据用户反馈自动更新用户档案。贝叶斯概率模型、遗传算法以及其他机器学习技术也被广泛应用于用户档案的建立和更新。基于内容过滤的实验型推荐系统主要包括 Malone 等（1987）提出的电子邮件信息过滤系统、Stanford 大学提出的信息过滤工具 SIFT（scale-invariant feature transform，尺度不变特征变换）。基于内容过滤的推荐方法关键在于计算相似性，其优点在于简单、有效，推荐结果直观，容易解释，不需要领域知识，但是单纯基于内容的方法有三个方面的不足。

（1）难以区分资源内容的品质，且不能为用户发现新的感兴趣的资源。

（2）特征提取的能力有限，通常只能对资源进行比较简单的特征提取。在一些领域，目前还没有有效的特征提取方法，如图像、视频、音乐等。即使文本资源，其特征提取方法也只能反映资源的一部分内容，如难以提取网页内容的质量，而这些特征可能影响用户的满意度。目前的特征提取技术也难以提取多媒体信息，包括嵌入到图像中的文字。

（3）推荐的资源过于专门化，由于系统应尽可能向用户推荐最符合用户需求的东西，因此，用户将仅限于阅读跟以前类似的资料。为解决该问题，通常是人为地加入随机因素，如采用交叉互换和变异的方法。

6.1.2　协同过滤推荐方法

协同过滤推荐（collaborative filtering recommendation）也是目前研究比较多的个性化推荐技术，推荐的个性化程度高。在协同过滤中，用户通过相互协作来选择信息，它依据其他用户对信息做出的评价来挑选信息，依据它们的判断向用户推荐信息。协同过滤推荐方法对用户的行为进行分析，并不关心信息的实际内容。自动化协同过滤推荐方法通过收集用户对信息的评价，搜索具有相同兴趣喜好的用户，然后根据具有相同兴趣喜好的用户对信息的评价产生推荐结果。

著名的系统有 GroupLens/Net Perceptions、Ringo/Firefly 及 Tapestry 等。协同过滤的最大优点是对推荐对象没有特殊要求，能处理非结构化的复杂对象，如音乐、电影。

协同过滤推荐主要分为以下几类。

（1）面向用户（user-based）的协同技术，即协同过滤技术通过分析历史数据，生成与当前用户行为兴趣最相近的用户集，将他们最感兴趣的项作为当前用户的推荐结果，即 top-N 推荐。基于协同过滤技术的推荐过程可分为三个阶段：数据表述，发现最近邻居，进而产生推荐数据集。

在一个典型的基于协同过滤技术的推荐系统中，输入数据通常可以表述为一

个 $m \times n$ 的用户–项评估矩阵 R，m 是用户数，n 是项数，r_{ij} 是第 i 个用户对第 j 项的评估数值，评估值与项的内容有关，如果项是电子商务中的货品，则表示用户订购与否，如 1 表示订购，0 表示没有订购；如果项是 Web 文档，则表示浏览与否，用户对它的兴趣度有多高，这样的评估值可以有几个等级，如 1~5 等。基于协同过滤技术的推荐系统的核心是为需要推荐服务的当前用户寻找其最相似的"最近邻居"集（nearest neighbor），即对一个用户 u，要产生一个依据相似度从大到小排列的"邻居"集合 $N = \{N_1, N_2, \cdots, N_t\}$，$u$ 不属于 N，从 N_1 到 N_t，sim（u, N_k）从大到小排列。

协同过滤中邻居的形成过程需要计算当前用户和其他用户之间的相似性，如计算欧几里得距离，Pearson 相关度计算方法和目前常用的向量空间相似度计算方法。式（6-1）是向量空间相似度计算公式，两个用户 u_1 和 u_2 被看作向量空间中的两个向量，可以通过计算两个向量的夹角的余弦来衡量相互之间的相似度，夹角越小，相似度越高。

$$\cos(u_1, u_2) = \frac{u_1 \cdot u_2}{\|u_1\| \cdot \|u_2\|} \tag{6-1}$$

"最近邻居"集产生后，可计算两类推荐结果：用户对任意项的兴趣度和 top-N 推荐集。设用户为 u，相应的已选项集为 I_u，则对任意项 $t(t \notin I_u)$ 的兴趣度值如式（6-2）所示。其中，$\bar{u}$ 是用户 u 对项的平均评估值，i 是"最近邻居"集的用户，corr_i 是用户 u 和用户 i 之间的 Pearson 系数，rating_i 是用户 i 对项 t 的评估值，$\bar{i}$ 是用户 i 对项的平均评估值。

$$\text{prediction} = \bar{u} + \frac{\sum_{i=1}^{n}(\text{corr}_i) \times (\text{rating}_i - \bar{i})}{\sum_{i=1}^{n}(\text{corr}_i)} \tag{6-2}$$

（2）基于降维的协同过滤推荐算法。尽管协同过滤技术在个性化推荐系统中获得了极大的成功，随着电子商务系统规模的扩大，用户数目和项数目指数级增长，导致用户评分数据的极端稀疏性。由于用户的"最近邻居"至少对两件商品进行了共同评分，因此在用户评分数据极端稀疏的情况下，无法搜索到某些用户其"最近邻居"，导致协同过滤推荐算法无法对这些用户产生任何推荐。另外，在大规模数据集上搜索当前用户的"最近邻居"非常费时，难以保证协同过滤推荐算法的实时性要求。同时，协同过滤推荐算法无法发现商品之间存在的隐含关联。

奇异值分解技术在信息检索领域得到了广泛的应用。奇异值分解是一种矩阵分解技术，它可将一个 $m \times n$ 阶的矩阵 R 分解为矩阵，如式（6-3）所示：

$$R = T_0 S_0 D_0', \quad S_0 = \text{diag}(\sigma_1, \sigma_2, \cdots, \sigma_r) \tag{6-3}$$

其中，$\sigma_1 \geqslant \cdots \geqslant \sigma_r \geqslant 0$，$T_0$ 和 D_0 分别表示 $m \times r$ 和 $n \times r$ 的正交矩阵 $(T_0T_0^T = I$，$D_0D_0^T = I)$，r 表示矩阵 R 的秩 $[r \leqslant \min (m, n)]$；$S_0$ 表示一个 $r \times r$ 的对角矩阵，所有的 σ_r 均大于 0 并按照大小顺序排列，称为奇异值。通常对于矩阵 $R = T_0S_0D_0^T$，T_0、S_0、D_0^T 必须是满秩的，但奇异值分解有一个优点，它允许存在一个简化的近似矩阵，对于 S_0，保留 k 个最大的奇异值，其余的用 0 来替代。这样，我们就可以将 S_0 简化为仅有 k 个奇异值的矩阵（$k < r$）。由于引入了 0，因此可以将 S_0 中值为 0 的行和列删除，得到一个新的对角矩 S，据此简化得到矩阵 T、D，那么有重构的矩阵 $R_k = TSD^T$，$R_k \approx R$。

基于降维的协同过滤推荐算法将奇异值分解应用到协同过滤推荐算法中，用奇异值分解算法分解后的低维正交矩阵在原始矩阵的基础上降低了噪声，并且可以更有效地揭示用户和商品的潜在关联。基于降维的协同过滤推荐算法较好地解决了评分矩阵数据稀疏性的问题，同时，因为 $k + n$ 的存在，计算开销也有相应的降低，有利于解决推荐算法的伸缩能力问题。但其推荐的精确性会有一定下降。

（3）基于模型的协同过滤方法。随着电子商务系统的进一步扩大，协同过滤推荐算法的实时性要求遇到了巨大挑战。在一个用户和商品均数以万计的系统中，同时为数以万计的用户提供实时的推荐服务越来越困难。协同过滤推荐算法提出了另外一种解决方案。它将整个用户空间根据用户的购买习惯和评分特点划分为若干个不同的聚类，从而使得聚类内部用户对项的评分尽可能相似，而不同聚类间用户对商品的评分尽可能不同。根据每个聚类中用户对商品的评分信息生成一个虚拟用户，虚拟用户代表了该聚类中用户对商品的典型评分，将所有虚拟用户对商品的评分作为新的搜索空间，查询当前用户在虚拟用户空间中的"最近邻居"，产生对应的推荐结果。相对于原始的用户空间而言，虚拟的用户空间要小得多，因此最近邻查询的效率也高得多，可以有效提高推荐算法的实时响应速度。

GroupLens 是第一个用于处理大规模数据集的自动化过滤推荐系统，用于向系统用户实时提供新闻推荐服务。高琳琦提出采用基于自组织映射聚类协同过滤推荐，依据顾客对商品的评分数据，将顾客分为不同的簇，同簇顾客应该具有相近需求，因此可以依据簇中其他顾客的态度为当前顾客提供推荐。

这种解决方案主要存在如下不足。首先，根据内容信息对项进行手工分类存在很大的主观因素，因此也是不精确的。其次，在许多大型的电子商务系统中，项数量巨大，对项进行手工分类非常耗时，因此是不现实的。最后，这种推荐方法只能推荐一定范围内的商品信息，从而失去了向用户提供其他有价值推荐的机会。

为了解决推荐系统中存在的上述问题，一个有效的方法就是根据内容信息对项进行自动分类。这种方案也存在一定弊端，其主要问题就是必须输入所有项的内容信息，在很多场合，项的内容信息无法获取，如图形、图像、视频等信息。

（4）基于内存的协同过滤（memory based collaborative filtering）。基于内存的推荐算法：推荐算法运行期间需要将整个用户数据库调入内存，因此可以利用最新的用户数据产生推荐。基于用户的协同过滤推荐算法、基于图的协同过滤推荐算法和基于项目的协同过滤推荐算法属于基于内存的推荐算法。

（5）基于模型的协同过滤（model based collaborative filtering）。基于模型的推荐算法：首先根据用户数据建立模型，推荐算法运行期间将建立的模型调入内存。基于模型的推荐算法可以通过各种机器学习算法建立模型，如贝叶斯网络技术、神经网络、潜在语义检索、聚类技术等。基于聚类的协同过滤推荐算法、基于降维的协同过滤推荐、基于贝叶斯网络技术的推荐算法和关联规则推荐算法属于基于模型的推荐算法。

协同过滤不足之处在于以下两个方面。

（1）冷开始问题：冷开始问题称第一评价问题或新项目问题，即对于一个无人评价的对象，则不会得到推荐，此时，推荐系统就失去了作用，故开始时推荐质量差。推荐质量取决于历史数据集。

（2）用户评分数据的极端稀疏性：随着电子商务系统规模的扩大，用户数目和项数目指数级增长，导致用户评分数据极端稀疏。在用户评分数据极端稀疏的情况下，协同过滤推荐算法无法对某些用户产生任何推荐。同时，推荐算法的推荐精度也显著下降。

6.1.3　基于关联规则的推荐算法

基于关联规则的推荐算法更常见于电子商务系统中，并且也被证明是行之有效的。是以关联规则为基础，把已购商品作为规则头，规则体为推荐对象。关联规则挖掘可以发现不同商品在销售过程中的相关性，在零售业中已经得到了成功的应用。管理规则就是在一个交易数据库中统计购买了商品集 X 的交易中有多大比例的交易同时购买了商品集 Y，其直观的意义就是用户在购买某些商品的时候有多大倾向去购买另外一些商品。比如，购买牛奶的同时很多人会购买面包；购买啤酒的同时很多人会购买尿布。

基于关联规则的推荐其实际意义是为了研究已购买了一些物品的用户更倾向于购买哪些另外的物品，其首要目标是挖掘出关联规则，也就是那些同时被很多用户购买的物品集合，这些集合内的物品可以相互进行推荐。目前关联规则挖掘算法主要从 Apriori 和 FP-growth 两个算法发展演变而来。

1. Apriori 算法

Apriori 算法具有以下性质：任何非频繁的 $(k–1)$-项集都不可能是频繁 k-项

集的子集。这是因为：如果含有（k–1）-项集的事务占事务总数的百分比不大于最
小支持度阈值，那么含有该（k–1）-项集与另外一项构成的k-项集的事务占事务总
数的百分比就更不可能大于或等于最小支持度阈值了。如果用概念来解释的话，
含有k-项集的事务构成的概念的内涵比含有（k–1）-项集事务所构成的概念的内涵
增加了，那么它的外延必然会减小，所包含的事务数也必然减少。

2. FP-growth 算法

FP-growth 算法使用一种称为频繁模式树（FP-tree）的紧凑数据结构组织
数据，并直接从该结构中提取频繁项集（晏杰和亓文娟，2013）。FP-tree 是一
种输入数据的压缩表示，通过逐个读入事务，并把每个事务映射到 FP-tree 中
的一条路径来构造。由于不同的事务可能会有若干相同的项，因此它们的路径
可能部分重叠。路径相互重叠越多，使用 FP-tree 结构获得的压缩效果越好。
如果 FP-tree 足够小，能够存放在内存中，就可以直接从这个内存的结构提取
频繁项集，而不必重复地扫描硬盘上的数据，从而提高处理的效率。FP-growth
算法包含两个步骤：一是构造 FP-tree，二是调用 FP-growth 算法进行频繁项集
挖掘。

算法的第一步关联规则的发现是最为关键且最耗时，是算法的瓶颈，但可
以离线进行，商品名称的同义性问题也是关联规则的一个难点。基于关联规则
的推荐系统一般转化率较高，因为当用户已经购买了频繁集合中的若干项目后，
购买该频繁集合中其他项目的可能性更高。该机制的缺点在于以下几个方面。

（1）计算量较大，但是可以离线计算，因此影响不大。

（2）由于采用用户数据，不可避免地存在冷启动和稀疏性问题。

（3）存在热门项目容易被过度推荐的问题。

6.1.4　基于知识的推荐算法

基于知识的推荐算法在某种程度上可以看成是一种推理技术。它不是建立在
用户偏好基础上推荐的，而是利用针对特定领域制定规则来进行基于规则和实例
的推理，以提高推荐精度及部分解决冷启动问题。其利用一个对象如何满足某一
特定用户的知识，能够解释需求和推荐的关系。例如，有学者提出一种基于知识
的推荐系统，利用了包括领域知识如餐馆、烹饪方法、食物类型等，给出用户可
选的餐馆推荐。但基于知识的推荐算法的难点在于获取领域知识，这是该方法理
论到应用转化过程的瓶颈。不过在领域知识能够被比较好的结构化表示的情况下，
该方法的性能比较高，如 Quickstep 和 Foxtrot Systems 就是利用论文主题本体向用
户推荐在线的研究论文。

6.1.5　基于效用的推荐方法

效用是一种使人具有某种满足性的度量。效用理论认为，某一物品的价值并不仅仅反映在该物品的直接量化属性上，还体现于该物品对人的有用程度或人对该物品的认可程度。效用值是以人的当前现状为基础对物品的精神感受值，是一种间接量化属性。由此可见，效用本身是一个主观概念，它抽象体现着用户对某些物品的个人偏好。

效用理论认为人们的经济行为（如投资、买彩票、购物等）是为了从增加货币量中取得最大的满足程度，达到最大的价值观念，而不是仅仅为了得到最大的货币量，也不是因价格低而加大需求量，价格高则不买或少买，而是愿意出高价，买名牌，从中获得自信、炫耀性的满足。因此，利用效用理论进行行为分析，依据消费者的效用最大化来进行商品个性化推荐，可以直接反映和揭示消费者消费的目的与本性，效用理论比别的方法更能让消费者满意。

基于效用的推荐（utility-based recommendation）是建立在对用户使用项目的效用情况上计算的，其核心问题是怎么样为每一个用户去创建一个效用函数，因此，用户资料模型在很大程度上是由系统所采用的效用函数决定的。基于效用推荐的好处是它能把非产品的属性，如提供商的可靠性（vendor reliability）和产品的可得性（product availability）等考虑到效用计算中。效用函数需要通过交互让用户指定影响因素及其权重，对于大多数用户而言是极其烦琐的事情，因而限制了该技术的应用。

6.1.6　基于机器学习的电子商务推荐方法

1. 机器学习中的文档分类技术与个性化文档推荐

随着互联网的飞速发展，电子文档数据急剧增加，面对如此庞大而且急速膨胀的信息海洋，如何有效地组织和管理这些信息，快速、准确且全面地帮助用户找到所需信息即成为当前信息科学和技术领域所面临的一大挑战。

作为信息过滤、信息检索、搜索引擎、文档数据库、数字化图书馆等领域的技术基础，基于人工智能技术的文档分类系统能依据文档的语义将大量的文档自动分门别类，个性化文档推荐据此对用户感兴趣的文档进行主题划分，即利用具有主题标识样本自动学习主题特征信息，构建用户兴趣模型，利用用户兴趣模型完成对未标识文档的主题判定，可缩小用户推荐范围，减少推荐数目，定位用户感兴趣文档主题，从而更好地帮助人们把握文档信息，方便用户准确地定位所需信息和分流信息，提高信息利用的效率。

自动文档分类技术作为一个重要的研究课题，其研究历史最早可追溯到 20 世纪 60 年代的 Maron 的研究工作，从那时起，该技术便逐渐应用到信息检索、文档组织、文档过滤等方面；20 世纪 60 年代末，向量空间模型（vector space model，VSM）被提出，由于该模型在良好的统计学方法基础上简明地实现了对文档特性的抽象描述，从而成为文档分类处理的一种经典模型；到 20 世纪 80 年代末，基于知识工程（knowledge engineering，KE）的方法仍是构建商用文档分类系统的主流方法，其中最著名的是为路透社开发的 Construe 系统。

进入 20 世纪 90 年代，随着机器学习技术的快速发展，文档自动分类的研究也进入了一个新的阶段，以机器学习技术为主的信息分类技术逐渐取代了基于 KE 的方法，成为文档自动分类研究的主要形式，几乎所有重要的机器学习算法在自动文档分类领域都得到了广泛应用。例如，1991 年基于最小二乘拟合的回归模型、1992 年 K-近邻分类和贝叶斯概率模型、1994 年决策树模型、1995 年神经网络、1997 年支持向量机和提升算法（Boosting）或引导聚集算法（Bagging）、1999 年最大熵和隐马尔可夫模型等均被先后用来构造文档分类器。1997 年多特蒙德大学的 T. Joachims 引入了支持向量机文档分类方法，取得了很好的效果。分类是机器学习的核心问题，分类算法的选择是决定文档分类、检索效果好坏的关键。

2. 机器学习中的文档聚类与个性化文档推荐

聚类属于机器学习范畴中的无指导学习方法，在很多领域得到广泛应用，如模式识别、数据压缩、图像处理、声音处理，以及市场分析等。聚类根据集中数据的不同特征，将其划分为不同的数据类，使得属于同一类别的个体之间的距离尽可能地小，而不同类别上的个体间的距离尽可能地大。

文档聚类是一个将文本集分组的全自动处理过程。每个组里的文本在一定方面互相接近。如果把文本的内容作为聚类的基础，不同的组则与文本集不同的主题相对应。

文档聚类是文本挖掘的研究内容之一，同时聚类分析涉及许多研究领域，包括数据挖掘、统计学、生物学以及机器学习等，并已应用于许多方面，包括模式识别、数据压缩、图像处理、声音处理，以及市场分析等。通过聚类，人们能够识别密集的和稀疏的区域，从而发现全局的分布模式，以及数据属性之间有趣的相互关系。

随着网络信息的飞速增长和搜索引擎等技术的日趋成熟，人们可以很容易地从各类电子商务网站上获得数目惊人的文本文档。人类社会所面临的主要问题已经不再是信息匮乏，而是如何提高信息获取和信息访问的效率。于是，人们对发展能够帮助用户有效地推荐所需文档的个性化电子商务推荐技术的兴趣越来越强。快速和高质量的文本聚类技术在实现这个目标过程中扮演了重要的角色。通过将大量信息组织成少数有意义的簇，这种技术能够提供导航或浏览机制，从而极大地改善推荐性能。

例如，用户在电子商务网站输入自己查询的关键字，一般在几秒内就会返回数以万计的文档。但返回的文档中有用的信息文档往往与垃圾信息混杂在一起，而且仍然需要在返回结果中人工搜寻感兴趣的信息，增加了用户的负担。通过对搜索引擎返回的结果进行聚类处理，用户可以不必依次查看所有文档，而只关注比较感兴趣的类别，从而使用户迅速定位到所需要的信息。研究表明通过对搜索引擎返回结果进行聚类处理，文档信息获取效率有较大提高。

此外，用户的个体差异和用户任务的上下文环境，不同的用户对兴趣主题的理解不可能完全相同，所以不宜采用相同的兴趣主题的分类标准。即便是对兴趣主题的理解相同，不同的用户理解的兴趣主题粒度也不会完全相同，如有的会把电子商务看成一类，有的会把电子商务分为 B2B、B2C 等。这时聚类分析可以作为一个独立的工具来获得数据的分布情况，观察每个文本主题的特点，对特定的类进行更深入的分析，可以找到隐藏在主题内部的用户偏好。

常用的文档聚类方法有基于分割的方法（partitioning-based）、层次方法（hierarchical）和 Kohonen 网络（Kohonen neural network），其他还有基于密度的方法、基于网格的方法、基于模型的方法等。

6.1.7　组合推荐

由于各种推荐方法都有优缺点，所以在实际中针对不同的具体问题常采用组合推荐（hybrid recommendation）。最简单的做法是分别用基于内容的方法和协同推荐方法，产生一个推荐预测结果，然后用某方法组合其结果。

尽管从理论上有很多种推荐组合方法，但在某一具体问题中并不见得都有效，组合推荐一个最重要原则就是通过组合后要能避免或弥补各自推荐技术的弱点，提高推荐质量。在组合方式上，研究人员提出了四种组合思路。

1. 综合两套独立的推荐系统

分别独立地使用两种算法进行推荐，然后将推荐结果综合起来形成最终推荐结果。有学者提出将二者产生的结果通过线性组合形成最终推荐，文献采用投票机制形成最后推荐，另外还有设定标准或者规则，在二者中选择最佳一个作为最终推荐，有学者提出选取最大置信度为标准，有的则选择与用户已有打分最为一致的结果。

2. 将基于内容的算法融入协同过滤推荐中

这类组合推荐使用协同过滤技术作为基础，但仍然保留基于内容的算法中获取的用户特征档案，用以计算用户之间的相似性。协同过滤的一大挑战是数据稀疏问题，导致用户共同打分的产品项数量过少，影响了最近邻的搜索和推荐质量，采用上述组合策略，可以在一定程度上缓解这一影响。

3. 将协同过滤算法加入到基于内容的推荐系统中

最常用的策略是在基于内容的用户特征获取过程中采用降维技术，如有学者先利用基于产品项的向量建立用户特征档案，然后对特征集合使用潜在语义分析技术，从协同过滤角度建立用户特征，实验结果表明性能有所提升。

4. 建立统一的推荐系统模型，集成基于内容和协同两种方法

有学者提出重新建立统一的模型，将基于内容和协同过滤推荐二者的特点有机地结合起来。Basu（2002）提出一种基于规则的分类器，同时将基于内容的推荐算法和协同过滤方法应用其中。基于统计学习的潜在语义分析方法，Schein 等（2002）、Huang 等（2004）分别提出了各自基于概率潜在语义分析技术的统一模型，用以融合基于内容和基于协同的过滤算法。

Asim 等（2000）和 Masumi 等（2008）提出了不同的思路，他们建立了贝叶斯回归模型，利用马尔可夫链蒙特卡罗（Markov Chain Monte Carlo，MCMC）方法进行参数估计，以此形成推荐。Basilico 和 Hofmann（2004）提出了一种基于感知器构架下的推荐模型用于综合两种方法。

不少学者通过实验对比了组合推荐与传统单一的基于协同或基于内容的推荐算法，结果表明组合推荐结果的精度有明显的提升。

人们对组合的方式进行了多方面的探索和研究，文献集中在以下几个方面：统计模型或贝叶斯网与协同过滤结合，线性回归模型与协同过滤结合，关联规则挖掘与协同过滤结合，降维技术与协同过滤结合等其他方面的综合。

除此之外，Marko 和 Yoav（1997）用协同过滤和多个个人信息过滤代理，协同过滤基于当前用户的个人代理和其他用户集上。Chih-Ping 等（2008）提出采用协同过滤和文档聚类的方法提高推荐的有效性。Kleinberg 和 Sandler（2007）采用多模型融合的方法，用奇异值分解和基于用户统计信息的推荐（demographic-based recommendation）联合的方法。当用户没有给出评分，只给出排序显示偏好时，Chen 和 Cheng 等（2008）给出一种四阶段法就预测排序。现有基于协同过滤的推荐系统一般采用集中的方法，当用户数据增多时，在时间和空间上其计算复杂性都会迅速上升，因此具有可测量性的缺点。Peng（2004）采用一种

分布式的协同过滤算法解决以上问题，有学者提出了七种组合思路。

6.2　移动电子商务推荐系统状况

越来越多的人开始频繁使用智能移动设备，设备的功能随着无线通信技术如Wi-Fi、GPRS（general packet radio service，通用无线分组业务）、UMTS（universal mobile telecommunications system，通用移动通信系统）、5G 等，以及位置探测技术如 RFID（radio frequency identification，射频识别技术）、GPS 的成熟而增强。移动应用根据移动设备的功能为用户提供更为合适的服务，但其合适程度因在线信息和服务数量的急剧增长正在变得愈发困难。

可访问信息的剧增造成了信息过载。移动应用不仅需要向用户提供丰富的信息，还需要提供一定的自动筛选功能，以帮助用户获取合适信息。推荐系统结合信息过滤技术、决策支持技术来解决信息过载问题。它根据用户的行为和偏好对不同用户的同类需求进行个性化推荐，从而使合适的信息展示给不同的用户。

6.2.1　移动互联网的基本概念及其特点

移动互联网是移动通信网络与互联网的结合，是指用户使用移动设备，如智能手机、平板等，通过移动通信网络如 5G、Wi-Fi、GPRS 等访问互联网。移动用户访问互联网的行为主要包括移动信息搜索、移动网页信息浏览、移动应用程序下载与在线使用（如在线游戏）、移动电子书阅读、移动音/视频播放、移动社交网络服务行为（如移动社区通信、移动邮件、读/写微博等）、移动电子商务、移动网络办公等。移动互联网与传统互联网的主要区别在于用户、接入网络和终端，这使前者增加了移动性、上下文感知、终端个人化等固有属性。

与传统互联网用户相比，移动用户通常具有更为明确和真实、可靠的用户标识，可方便地从概貌层面对移动用户进行刻画。例如，移动用户的人口统计学数据通常由移动用户注册入网时填写，也可以根据一些机器学习或者数据挖掘技术推理获取（如在移动用户授权许可范围内，可以根据身份证信息获取其籍贯信息、通过移动用户购买行为预测其收入信息、通过移动社交化网络挖掘移动用户的工作/教育背景等）。此外，还可以通过某些方式获取移动用户的其他信息。例如，通过 GPS 获取移动用户地理位置信息或者移动用户轨迹，利用机器学习和数据挖掘技术分析移动互联网用户行为以提取用户属性特征。

与传统互联网的接入方式不同，移动用户的移动特性、通过移动通信网络接入互联网以及设备的便携性等特征使得移动用户可以在任何时间、任何地点访问互联网，从而使上下文感知计算在移动互联网应用中显得尤为重要。随着移动通信技术的发展，特别是 5G 技术的逐步应用，移动用户访问移动互联网的速度得到提高，将进一步促进移动互联网的发展。

在终端方面，移动用户所使用的移动设备更加个人化、私有化，也存在屏幕小、输入和处理能力差等缺点。移动互联网中的各种应用不像传统互联网那样一体化、大应用、大软件，而是个性化、小应用、小软件，以此来缓解移动终端的限制。随着信息技术的发展，移动终端将越来越智能，近年来兴起的云计算将存储与计算功能集中于服务器端来缓解终端能力的不足，从而有利于智能移动设备在各个领域的普及应用。

6.2.2　移动推荐系统的特点

主流的推荐系统面向的是个人电脑（personal computer，PC）的 Web 平台，直接将推荐技术迁移到移动平台，可能会忽略移动平台的特性而不能达到预期效果。移动推荐具有以下的特性：移动性、位置性、分布性这三个特性。

（1）移动性。移动推荐的移动性可分为三类：用户移动性、设备移动性和无线连接性。用户移动性是指用户访问推荐系统时的位置是不固定的。一个应用于移动场景的推荐系统应该充分考虑用户移动性。推荐系统要为用户分配独特的逻辑应用会话，以便用户在不同的上下文使用不同的设备来访问推荐系统。无论用户的位置如何变化，用户都可得到基于先前交互的相关回应。设备移动性是指访问推荐系统的设备是移动的。移动设备可以跟随用户移动并可以连接到其他设备分享推荐。设备移动性是已有相关研究中的主要研究点，并取得了一定的研究成果。无线连接性是指设备访问推荐系统使用的无线技术，如 Wi-Fi、UMTS、蓝牙等。无线通信技术是目前移动推荐领域最重要的技术发展，导致了移动设备的变革。无线通信除了为实现标准网络服务提供便利，还能通过 Ad-hoc（来源于拉丁文，意思为点对点模式）创造新的 p2p（peer-to-peer，个人对个人）应用场景。任何移动性都可以由上述三类组成，它们对系统的用况和功能有独立的影响。另一种移动性的分类是将移动性分为三类：固定的；游牧的（用户以任意方式访问推荐系统，但在使用推荐系统时位置固定）；移动的（用户使用推荐系统时是移动的）。

（2）位置性。移动推荐系统的应用场景比较灵活，用户对推荐内容的位置往往具有明确要求。如果能很好地满足位置性，移动用户会更易于接受推荐。基于以上事实，移动推荐系统需要根据用户反馈的信息和环境信息提供准确的包含位置信息的推荐。为了体现位置性，移动推荐系统需要建立用户剖面并保存位置信息，同时还需要利用移动设备的计算能力。位置性使得移动推荐系统的实用性得到更大的提升。

（3）分布性。移动推荐继承了主流推荐的信息处理方式。主流的信息处理方式是大规模矩阵计算或是规则挖掘，从而为用户提供准确的推荐。但是，移动场景中有很多离线的状况和缺失的通信标准。移动推荐系统需要设计一种分布式的推荐方式——用户之间进行自主的数据交换，采用小规模的算法完成推荐任务。分布性是当前移动推荐系统研究中的一个热点。

6.2.3　移动推荐电子商务系统的应用进展

移动推荐系统的普适性和个性化特性使其具有广阔的应用前景，本节就移动推荐系统的应用进展进行分析、总结，表 6-1 中列举分析了移动推荐系统的一些典型案例。

表 6-1　移动推荐系统的典型应用

应用领域	典型应用	移动设备类型	推荐方法
移动新闻	Moners	平板、手机等	基于内容的推荐
	Daily learner	平板、手机等	基于内容的推荐
移动搜索	明复移动搜索	手机	混合推荐
移动旅游	Compass	平板、手机等	混合推荐
	Cyberguide	平板、手机等	基于知识的推荐
	MTRS	平板、手机等	协同过滤推荐
	MyMytileneCity	平板、手机等	基于内容的推荐
移动应用程序	Applause	手机	混合推荐
	Appjoy	手机	协同过滤推荐
	Appazaar	手机	协同过滤推荐
移动博客	m-CSS	平板、手机等	混合推荐
	M-CRS	手机	基于内容的推荐
移动广告	Caesar	手机	协同过滤推荐
	MALCR	平板、手机等	基于内容的推荐
移动音乐/电影	CoFoSIM	手机	协同过滤推荐
	MOBICORS-Movie	手机	混合推荐
移动设备服务配置	ICR	平板、手机等	协同过滤推荐

1. 移动新闻推荐

新闻推荐一直是互联网推荐系统研究热点之一，近年来在移动领域也受到研究者的关注。**Daily learner** 新闻推荐系统可以运行在平板或手机上，通过挖掘用户的短期兴趣和长期兴趣向移动用户推荐每天的新闻，其中，用用户兴趣使用选择的关键字权重向量来表示。为了解决冷启动问题，当用户第一次使用该系统时，需要用户在预先定义好的新闻类别中选择自己喜欢的类别。由于新闻的时效性，用户喜欢阅读自己关注方面的最新消息，如用户喜欢足球，那用户可能希望尽快了解最新的重要足球比赛结果和扼要介绍。新闻随着时间的推移对用户的吸引力会逐渐降低，但其中一些重要的新闻依然有价值。移动互联网新闻推荐系统 **Moners** 考虑了新闻的时效性，表明时效性的权重随新闻存在时间长短而变化，随着时间的推移，其权重会有所降低，综合考虑新闻的重要性、时效性和用户的偏好，向移动用户推荐新闻。

2. 移动搜索推荐

移动搜索将搜索技术与移动通信技术融合，对分布在传统互联网和移动互联网上的数据信息进行搜索，满足用户随时随地搜索的要求。传统的搜索引擎只是对文本的搜索，用户并不能获取理想的查询结果。由于移动设备的输入能力、屏幕、无线连接等限制，用户希望移动搜索能够提供更准确的、满足自己需求的搜索结果。为了理解用户的需求，可以分析用户的搜索记录、个人信息等，由于移动终端所具有的个人化特性，移动搜索更容易获取这些信息。移动搜索中的排序功能往往可以利用移动推荐系统的技术，以提供个性化的搜索结果。例如，有的学者将基于用户统计信息的推荐、协同过滤推荐与基于关联规则的推荐加以混合，应用到移动搜索。其中，用户统计信息包括用户基本信息、消费习惯、使用偏好、兴趣偏好等；在协同过滤算法中，通过移动用户的显式评分或隐式推导（根据页面停留时间和浏览频率）得到用户对项目的偏好；通过用户预先定制和统计挖掘的方式获得项目集与项目集之间的关联规则。

3. 移动旅游推荐

移动旅游推荐是移动推荐系统中的一个主要应用点，旅游推荐不仅包括旅游景点的推荐，还涉及周边服务（如餐厅、宾馆等）。传统的推荐系统主要以列表的方式向用户展示推荐的内容，而在旅游推荐中，为了使用户更清楚地了解推荐项目的信息，可以选择基于地图的方式来展示推荐内容。旅游向导 **Cyberguide** 根据用户当前的位置及历史位置进行一般化推荐，没有考虑用户的个人偏好。针对前期旅游向导没有考虑相似旅游者的评分、行为等信息，利用相似旅游者（根据对相同景点的评分来计算）的信息，同时结合上下文信息（如用户目前的位置、时间、天气情况、已经参观的景点等），利用协同过滤算法对用户进行推荐。针对协同过滤算法在旅游推荐中的一些先天性的缺陷，数据的稀疏性变得更严重，用户旅游行为远低于看电影、购物等其他消费行为，为了避免数据稀疏性造成的推荐性能下降，采用基于知识的方法来进行推荐。为了使旅游向导适应性更强，如适应不同的移动设备、不同的移动连接方式等，实现了不同的用户定位方式（Wi-Fi、GPS、用户设定）。使用基于用户行为推理的方法进行推荐，其中，行为主要分为在线预订、项目选择、网页标签等。

4. 移动应用程序推荐

随着智能手机的推广，为了满足移动用户的各种应用需求（如通过手机接收邮件等），手机应用程序层出不穷，过载的应用程序让用户难以选择。移动推荐系统能够挖掘用户、上下文（如位置等）、应用程序之间的潜在关联，为用户的选择提供有效的支持。这使得移动应用程序成为移动推荐系统的重要应用场合。Applause 是基于位置上下文的个性化移动应用程序推荐，位置信息通过移动设备自动感知或人为设定获取。而对于新用户，系统不考虑用户的个人偏好，只是根据当前位置附近应用程序的使用频繁程度向其进行推荐，在一定程度上解决新用户问题。Appjoy 针对免费移动应用程序的下载行为并不能很有效地体现用户需求，因为用户的消费习惯，有时下载免费的应用程序只是想试一试，Appjoy 通过分析用户使用应用程序的行为（使用频率、使用时长、最近使用时间）获取用户对应用程序的真实偏好并使用协同过滤算法进行推荐。Appazaar 从用户识别、项目识别、上下文获取、偏好获取这几个方面提出移动上下文感知推荐系统的设计空间，其中，每个方面都可以通过显式或隐式的方式实现。

5. 移动博客推荐

自 21 世纪以来，博客发展迅速，博文数量剧增，使用户在获取自己感兴趣的博文时变得困难（特别是移动用户由于手机的屏幕和输入能力的限制），博客推荐成为移动推荐系统中的主要应用之一。m-CSS 系统将博文进行聚类，通过分析移动用户的博文浏览记录，获取移动用户对不同博文类型的偏好，并考虑互联网用户对博文的点击率，将点击率高并满足用户偏好的博文推荐给移动用户。微博作为一个基于用户关系的信息分享、传播及获取平台，通过广播、收听、听众等关系来及时传播用户感兴趣用户的留言。随着微博用户量的增加，如何找到用户感兴趣的其他用户变得困难，基于微博的用户推荐将是移动推荐系统应用热点之一。

6. 移动广告推荐

随着智能手机和平板电脑等智能移动终端的普及，移动广告投放也成为工业界关注的热点之一。移动广告弥补了互联网和电视广告的空缺，使得广告可以根据移动用户的个性化需求、位置、移动社交网络等进行实时、有针对性地推送，从而能够准确地为潜在的产品用户提供相关信息。通过隐式分析用户的浏览行为来获取用户对广告的偏好，并考虑位置上下文对广告推荐的影响，从而形成推荐结果，在现实生活中，对选择什么类型的产品，熟人（如亲戚、朋友）的建议作用显著。通过合法利用手机短信记录构建社会化网络，并找到移动用户的朋友，根据朋友的行为向移动用户推荐。如果移动用户以前在附近的餐厅就餐并给出了好评，而其朋友恰好在午餐的时间在这附近，那么就向其朋友推荐该餐厅。

7. 移动音乐/电影推荐

随着移动通信带宽的增加、移动终端处理能力的增强和移动多媒体应用程序的日益丰富，越来越多的移动用户通过手机来看电影、听音乐。而目前，对音乐/电影等多媒体资源内容本身的分析比较困难。如何提取移动用户对多媒体的偏好并向其推荐，是移动推荐在音乐/电影领域应用需要研究的问题。通过移动用户的浏览行为（如忽略、点击、试听、购买等）隐式地获取移动用户对音乐的相对偏好，再如购买行为表达的偏好强于试听行为表达的偏好。根据获取的偏好使用协同过滤算法预测该移动用户对其他音乐的偏好关系，从而进行音乐推荐。还可以使用 VSM 描述电影特征和移动用户对电影特征的偏好，通过行为分析用户对电影的潜在偏好，不同的行为表达移动用户对电影的不同偏好程度，移动用户首先根据用户对电影的潜在偏好使用协同过滤算法推荐，根据移动用户对某部推荐电影的反馈，如果移动用户喜欢推荐的电影，则向其推荐类似的电影，否则屏蔽该电影下次不再推荐。

8. 移动设备服务配置推荐

随着移动智能设备上各种应用程序的增加，在安装各种应用程序时，大部分用户使用程序的默认配置，但是用户并不了解默认的配置是不是最优的。由于不正确的配置可能泄露用户的隐私信息，如基于位置的服务，有些情况用户愿意公开自己的位置信息，但有些情况用户并不愿意公开。可以根据用户在不同情况下的配置行为，为用户提供合理的配置推荐。研究表明，移动用户在不同上下文情况下对基于位置服务的配置是不同的，通过统计分析用户在不同上下文中的配置，向用户提供服务配置推荐。针对上下文不完全匹配的特性，利用模糊粗糙集进行上下文间的匹配，并根据匹配的上下文进行应用程序配置的推荐。

6.2.4　移动电子商务推荐系统研究发展的难点与热点

针对信息过载问题和面向移动用户的个性化服务趋势，随着移动通信技术的发展和移动终端处理能力的提升，移动推荐系统的研究与应用取得了一定的进展。作为一个新兴的研究领域，其中可以深入研究并可能取得成果的研究方向有很多。

1. 移动用户偏好获取

推荐系统中获取用户偏好是推荐的前提，在移动推荐中，由于移动设备屏幕小和输入能力差，通过显式的用户评分来获取用户偏好会严重影响用户的体验。在移动推荐中，常用隐式方法来获取用户偏好。如何快速、准确地获取移动用户的偏好，依然是移动推荐系统的难点。随着时间的推移，移动用户偏好不是一成不变的，上下文用户偏好也是如此（例如，用户原本喜欢独自看喜剧类电影，后来喜欢和好友一起看喜剧类电影），因此，上下文用户偏好变化检测与修正技术，也是值得关注的研究方向。

2. 移动推荐的冷启动问题

推荐系统中的冷启动问题，移动推荐系统也存在包括新用户问题和新项目问题。对首次使用系统的移动用户，系统没有或只有少量关于用户的信息，不能准确地获取用户偏好。新项目问题是指新加入的项目在一段时间之后才可能有移动用户对其浏览并评价，在使用协同过滤的移动推荐系统中，由于新项目没有被移动用户浏览或评分，因此不能被推荐。如何解决移动推荐系统中的冷启动问题是值得关注的。利用位置信息来解决新用户的推荐问题，根据当前位置将移动应用程序的使用情况向新用户推荐。为了避免冷启动问题，利用用户的基本信息（年龄、性别、职业等），使用基于规则的推理进行推荐。

3. 移动社会化网络推荐

移动社交具有现实交往的特性，移动用户在移动社交网络中的行为更能体现真实用户社交行为，将移动社会化网络信息用于移动推荐系统以提高推荐性能。移动社会化网络的精确构建是移动推荐的基础，移动社会化网络的构建可以通过显式的方法，也可通过用户的行为隐式地构建。在隐式构建中，如何确定用户间的关系及关系强度，是构建移动社会化网络的难点。通过构建的信任网络或朋友网络获取用户的邻居节点，进而使用协同过滤算法进行推荐，是将移动社会化网络和移动推荐结合的一种方法。如何将移动社会化网络融合到移动推荐以提高推荐性能，是移动社会化网络推荐的研究热点之一。

4. 移动上下文感知推荐

移动推荐系统中上下文对移动用户偏好存在不同程度的影响，当并没有明确规定需要考虑哪些类型的上下文时，从降低计算复杂度来讲，获取尽可能多的上下文信息并不是必需的。因此，明确不同上下文在不同领域对移动推荐系统性能的影响，只考虑有效的上下文以降低计算复杂度。由于移动环境的不确定性，获取的上下文可能存在错误或丢失的情况。如何处理上下文错误或丢失的情况以提高移动推荐系统的健壮性，也是移动上下文感知推荐需要研究的问题。利用有效的上下文生成推荐结果，是移动上下文感知推荐的核心。目前，移动上下文感知推荐生成技术也面临各种问题，包括单维上下文与多维上下文推荐、基于模型的上下文感知推荐等。

5. 移动推荐系统的评价

移动推荐系统的性能，主要是由其评价指标来衡量的。传统互联网推荐系统中的评价指标，如精确率、召回率等也被用来衡量移动推荐性能。在使用这些指标时需要相应的数据集，但目前，在移动推荐领域很少有公开可用的数据集，这给移动推荐系统的验证带来了一定的困难。为了评价移动推荐系统的性能，研究者经常召集志愿者实际使用移动推荐系统，通过调查问卷的方式统计分析用户的反馈，以了解移动推荐的性能。通过调查问卷的方式可以了解到移动用户对推荐系统的满意度、实时性、交互体验等用户主观性指标，但这需要花费较大成本，而且样本数量相对较少。如何有效地评价推荐系统的性能，是移动推荐系统需要研究的问题之一。

6. 移动推荐结果的解释

很少有研究者关注移动推荐结果的解释，但这方面的研究对移动推荐系统很重要，有效而正确的解释可以让用户了解系统是如何工作的，可以提高用户对系统的信任，能够帮助用户更快、更好地做出决定，提高用户对推荐结果的点击、浏览或购买率。在移动设备屏幕比较小、输入不方便的情况下，如何设计有效的方法以提供有效而正确的解释，特别是在推荐算法很复杂的情况下，让移动用户了解系统推荐的动机，帮助用户更快、更好地做出决定，这是一个很有意义的研究方向。

7. 移动推荐系统的人机交互技术

移动推荐系统在实时性和精确度等方面的高要求，使其特别依赖于移动人机交互技术。传统互联网推荐系统领域的用户主要关心商品的价格、服务的质量、信息内容的精确性和多样性等，但是移动推荐系统并不是单纯地将推荐系统的现有技术和实用系统简单地转到移动设备上去，要从移动终端着手，开发良好的用户界面，注重交互性（甚至使用语音、动作等手段），让移动用户参与推荐结果的反馈，使得系统能够根据用户反馈进行自适应改进。为吸引移动用户积极参与到推荐过程中，需要设计人性化、游戏化的移动推荐交互，通过移动用户的参与能够更准确地获取用户的偏好，提高推荐的性能。

8. 移动组推荐

目前，移动推荐系统的对象基本针对个人，但在一些情况下，有必要为一组人而不是个人进行推荐，如为一家人推荐电视节目、为一群朋友推荐餐厅等，这需要综合考虑一组人的偏好进行推荐，而不是只是考虑某个人的偏好。组推荐需要考虑多个用户的偏好，但组用户的偏好不尽相同，如何处理组用户偏好之间的冲突，以获取准确的组偏好并完成对一组用户的推荐，是组推荐的重点。目前，移动推荐系统中对组推荐的研究很少，但这是一个很有意义的研究方向，值得深入研究。

9. 移动推荐的隐私和安全问题

移动用户的隐私保护和安全问题制约了移动推荐系统的发展。移动推荐系统为了给移动用户提供准确的推荐，必须记录并分析移动用户的信息、行为、位置等，但出于隐私与信息安全的考虑，移动用户不愿意提供完整和准确的信息给推荐系统，认为用户的隐私会得不到保障，移动推荐系统记录的信息有可能被泄露。通过移动用户不同时间的位置信息可以分析出移动用户的移动轨迹，而移动轨迹是一种特殊的个人隐私，它本身包含敏感信息（移动用户访问过的敏感位置），或由移动轨迹推导出其他个人信息（如家庭住址、工作地点、生活习惯等），对移动轨迹的保护也是移动推荐系统需要关注的问题。为了缓解由信息集中带来的安全问题，使用分布式的移动推荐系统，用户描述文件在各个移动终端代理间相互传递并保存，避免了用户信息集中的问题。另外，有些熟悉移动推荐算法的攻击者可能利用虚假数据欺骗推荐系统，从而危害系统的推荐信用。移动推荐系统的用户隐私和安全问题是其研究的一个难点。

6.3　获取用户兴趣的方法及电子商务文档的表示方法

由于电子商务推荐具有电子商务的特点，它的主要功能是提供个性化服务、保留用户，为电子商务网站创造利润，所以尤其要注重用户的反馈，反映用户兴趣。如何表示用户的偏好兴趣也是当前研究的热点。除文档主题分类、聚类本身就有获取用户兴趣主题的功能外，还有以下两种重要的方式：用户反馈和用户主题领域知识。

随着网络的飞速发展，可以很容易地从互联网、电子商务网上获得数目惊人的文档商品包括电子书籍、文章、网页、新闻等。然而文档信息商品的多样性和多变性导致了信息的过度膨胀，人们经常为找不到需要的信息而苦恼。面对如此庞大而且急速膨胀的信息海洋，如何有效地组织和管理这些文档信息，快速、准确且全面地帮助用户找到所需信息即成为电子商务推荐领域所面临的一大挑战。本节介绍电子商务文档的表示方法（庞秀丽等，2008b）。

6.3.1 用户反馈的方式

目前，用户兴趣模型中的知识获取主要有用户显式反馈和用户隐式反馈两种方式。

（1）用户显式反馈。用户显式反馈是指用户回答系统提出的问题，提出自己的兴趣，能相对准确地反映用户的需求。通过用户显式反馈获取的信息比较具体、全面、客观，结果往往比较可靠，其缺点是灵活性差，存在答案异质性、需要用户的直接参与、用户不愿提供自己兴趣，以及用户的兴趣主题改变时要手动更改系统中用户兴趣等诸多问题，打扰用户的正常工作，反馈的实时性、可操作性难以得到保证。

（2）用户隐式反馈。用户隐式反馈是指系统在观察用户行为的基础上通过推理来获取用户兴趣知识。例如，根据服务器日志、捕获的用户行为数据等来推断出用户兴趣。例如，朱志国和邓贵仕（2010）提出一种持久偏爱的 Web 用户访问路径信息挖掘方法，张玉峰和蔡皎洁（2011）提出一种基于 Web 挖掘技术的用户兴趣本体学习方法。用户隐式反馈可以减少用户很多不必要的负担，不会打扰用户的正常生活。但有时其更多地关注的是网页文档的权威度，而不是主题相关度，所以在引导主题搜索的过程中，很快就容易发生主题漂移，有时可能还会起到相反的效果。此外，若过度跟踪用户的历史记录，有时会引起用户的反感，而放弃对当前文档推荐系统的使用。

6.3.2 用户主题领域知识

受用户知识背景、资源和经验等方面因素的限制，用户有时意识不到自己的兴趣主题，因此，为用户提供提示和启发信息，从海量文档信息中为用户提供个性化的领域知识服务，如专家的意见、领域术语抽取，可以实现领域知识的复用，为用户间的协同提供支持，支持用户兴趣获取，提高用户兴趣获取的质量，提高文档推荐的质量与个性化（庞秀丽等，2008b）。许多研究者在领域术语抽取方面做了不少工作。通常被采用的方法可以分为基于规则的和基于统计的方法两大类。基于规则的方法是通过预先设定许多规则模板，然后把待处理语料中与规则模板相匹配的词语作为领域术语候选。基于规则的方法的不足在于很难制定一个完备的规则集来穷尽所有语言现象，并且当已有许多规则时，还需要考虑多个规则之间的冲突及解决。基于统计的方法通常包括机器学习方法和基于统计量度的方法，基于统计量度的方法是从领域分类语料中统计用词规律从而发现领域术语。

6.3.3　电子商务文档的表示方法

1. 文档表示

在自动文本分类的研究领域，文本的形式化表示是一个基本的、非常重要的问题。首先要将文本从无结构的原始形式转化为计算机能够理解的结构化形式，然后才能进行分析与处理。常见的文本表示模型有 VSM、概率模型。

（1）VSM。VSM 对文档进行简化表示，认为特征之间是相互独立的而忽略其依赖性，将文档内容用它所包含的特征词条集合$(v_1, v_2, \cdots, v_n)$来表示，对于每一词条 v_i 都根据其在文档中的重要程度赋予权值 w_i，并将 $v_1, v_2, \cdots, v_n$ 看成一个 n 维坐标系中的坐标轴，$w_1, w_2, \cdots, w_n$ 为对应的坐标值。这样由$(v_1, v_2, \cdots, v_n)$分解而得的正交词条矢量组就组成了一个文档向量空间，文档则映射成为空间中的一个点。对于所有文档和文档类都可映射到此文档向量空间，用词条矢量$(v_1, w_1; v_2, w_2; \cdots; v_n, w_n)$来表示，从而将文档类的匹配问题转化为向量空间中的向量匹配问题。

VSM 的相关研究集中在以什么语义单元作为项及计算项的权重两个问题上。大部分工作仍以词（或 n-gram）（Peng and Schuurmans，2003）作为项，以项的频率为基础计算权重，如 TF-IDF（term frequency inverse document frequency）方法（Salton and Buckley，1988）。

（2）概率模型。在概率模型中，文档和用户查询被表示为索引词的集合的形式，通常采用索引词在文档中的统计分布等参量计算任意训练文档 d 与给定用户文档 q 相关的概率 $P(q|d)$。在概率模型中索引词的权重都是二元的，用户文档 q 是索引词集合的子集，设 R 是相关文档集合（初始的猜测集合），$\bar{R}$ 是 R 的补集（非相关文档的集合），$P(R|d_j)$表示训练文档 d_j 与用户文档 q 相关的概率，$P(\bar{R}|d_j)$ 表示训练文档 d_j 与用户文档 q 不相关的概率。

概率模型的优点在于，文档可以按照相关概率递减的顺序来计算秩。缺点在于，开始时需要根据猜测把文档分为相关和不相关的两个集合。实际上这种模型没有考虑索引术语在文档中出现的频率（因为所有的权重都是二元的），并且索引术语都是相互独立的。

2. 特征选择

自然语言文档集中往往包含大量的词汇。如果把这些词都作为特征，将带来一系列问题。首先是特征维数太大，给计算带来了巨大压力——占用存储空间大、处理速度慢。其次是这些词实际上有很大一部分是冗余的，对推荐作用不大。因此，有必要降低特征的维数，选择那些最有代表意义的词作为特征。

从使用方法上特征选择可以分为两大类：一类叫作过滤器（filter）的特征选择算法，它独立于分类方法对数据进行处理，即在训练开始之前去除不必要的属性。算法使用基于数据一般特点的启发性规则对特征子集进行评价，通常可利用概率或信息熵方法来比较特征项关于类别分布的显著性，典型方法包括：文档频度（document frequency，DF）、信息增益（information gain，IG）、交叉熵（cross entropy，CE）、互信息（mutual information，MI）以及 χ^2 统计等。

另一类特征选择方法叫作包装器方法，即在特征选择时考虑具体机器学习算法的特点。它使用某一归纳算法结合重复统计抽样技术（如交叉确认）来评价特征子集的准确性。它的思想是先生成不同特征子集，然后通过执行学习算法和测量结果分类器的准确性对各个子集进行评估。包装器方法准确性很高，但速度慢，且丧失了数据的一般特性。

第 7 章 一种主题推荐中特征缺失补偿方法

为了解决朴素贝叶斯分类器在处理文本分类任务时，往往存在的特征词缺失问题，即由于语料库中的词语出现分布情况遵循齐夫定律，仅依靠简单地增加训练语料方式难以解决这种由数据稀疏而引发的特征词缺失问题。借鉴统计语言模型中数据稀疏问题的处理方法，本章提出引入数据平滑算法来补偿贝叶斯分类中缺失的特征词，克服数据稀疏带来的问题。本章采用折扣再分配策略对统计参数进行重新估值，进而来补偿缺失特征词对分类带来的影响。我们引入统计语言模型中 Good-Turing 算法直接对特征词的条件概率平滑，此外，又将贝叶斯文本分类中的类别与特征词看作是 Bigram 语言模型中的二元对，并引入绝对折扣（absolute discount）平滑算法对二元对进行平滑，来计算缺失特征词的补偿概率，以此克服数据稀疏问题带来的影响（庞秀丽等，2008a）。

本章首先阐明贝叶斯文本分类及其与 N-gram 语言模型的关系，其中详细介绍贝叶斯主题推荐算法，分析贝叶斯主题推荐算法中特征缺失问题，引入 N-gram 模型，进而分析 N-gram 模型和贝叶斯主题推荐的关系；其次详细介绍贝叶斯文本分类特征词缺失补偿策略；最后为实验结果与分析。

7.1 贝叶斯主题推荐与 N-gram 模型

7.1.1 贝叶斯主题推荐算法

基于主题的电子商务推荐方法，采用分类的方式对海量信息进行组织和管理是人们惯用的思维方式，人们在搜寻事物时通常把事物归于特定兴趣主题以获得指引。在电子商务中，人们购买商品时，往往习惯通过对用户感兴趣的商品进行主题划分，如数码产品、厨房用具等进行搜索购买。电子商务推荐系统采用具有主题标识的样本自动学习主题特征信息，构建用户兴趣模型，然后利用用户兴趣模型完成对未标识商品的主题判定，可缩小用户推荐范围，减少推荐数目，定位用户感兴趣文档主题。用户感兴趣的商品往往存在不同主题。如果没有对商品信息进行类别区分，而是将所有的特征全部放到同一个向量中，有可能会出现推荐约束能力不足的问题。通过对返回的结果进行处理，则可以不必依次查看所有商品，而只关注比较有希望的类别，从而帮助用户迅速定位到所需的商品信息。

基于主题分类的推荐以用户感兴趣的信息主题来刻画用户的兴趣特征，向用户推荐其兴趣主题的产品。

由于对商品资源特征提取能力有限，因而目前基于主题分类的推荐较多地应用于可计算的文本领域，如浏览页面的推荐、新闻组中的新闻推荐等，Personal WebWatcher 是此类方式的代表。文本分类是处理与组织信息数据的一项重要技术，它是指在给定的分类体系下，根据信息数据的内容自动判别文本类别的过程。近年来，分类技术已经逐渐与搜索引擎、信息抽取、信息过滤等信息处理技术相结合，有效地提高了信息服务的质量。分类技术开始主要是基于规则的，之后基于统计的自动文本分类方法日益受到重视。主要的分类算法包括朴素贝叶斯（袁方和苑俊英，2006）、K-近邻（K-nearest neighbours）（Guo et al.，2005）、最大熵（maximum entropy）方法（Nigam et al.，1999）、支持向量机（support vector machine）（Joachims，1998）等文本分类方法。

文本分类中的许多特征词选择方法也被深入研究。利用朴素贝叶斯分类器进行文本分类时，虽然假设特征满足条件独立性，然而大量实验表明，对于特征词不严格满足独立性假设的情况下，其仍能取得较好的分类效果，表现出相当的健壮性，成为文本分类中广为使用的一种方法。

人们通常采用两种方式改进朴素贝叶斯分类器：一种是构建新的样本特征集（对每个类别分别构建，但类别保持不变），期望在新的特征集中的特征间存在较好的条件独立关系；另一种是弱化条件独立性假设，在朴素贝叶斯分类器的基础上增加特征间可能存在的依赖关系。

贝叶斯分类器是一种基于最小错误的贝叶斯决策理论的分类方法。贝叶斯分类器算法是一种概率方法，通过贝叶斯公式转换来计算在一个文档 d 出现的条件下类别 c_i 出现的条件概率，可利用式（7-1）表示：

$$P(c_i \mid d) = \frac{P(c_i)P(d \mid c_i)}{P(d)} \tag{7-1}$$

在贝叶斯主题推荐中，可将式（7-1）作为判别函数，把商品推荐对象分配到具有最大条件概率的类别中。在对商品推荐对象 d 做判别时，因式（7-1）中的分母与类别无关，因此判别过程可由式（7-2）来表示：

$$
\begin{aligned}
c^* &= \underset{c_i}{\arg\max}\, P(c_i \mid d) = \underset{c_i}{\arg\max}\, \frac{P(c_i)P(d \mid c_i)}{P(d)} \\
&= \underset{c_i}{\arg\max}\, P(c_i)P(d \mid c_i)
\end{aligned}
\tag{7-2}
$$

式（7-2）中，判别函数由主题的概率与商品推荐对象的类条件概率来表示，它们需要通过训练数据由极大似然方法估计获得。类别概率表示为

$$\hat{P}(c_i) = \frac{N_i}{N} \tag{7-3}$$

其中，$\hat{P}(c_i)$ 表示 $P(c_i)$ 的估计；N_i 表示类别 c_i 具有的训练文档数；N 表示总训练数据总数。另一个需要估计的参数是类条件概率 $P(d\,|\,c_i)$，而其值需经转换以获得近似估计。假设商品推荐对象 d 可由其所包含的特征词表示，即 $d = (w_1, w_2, \cdots, w_m)$，其中 m 表示特征的个数。贝叶斯假设特征对于给定类的影响独立于其他特征，即特征独立性假设。对用户兴趣主题分类来说，它假设各个单词 w_i 和 w_j 之间对类别的影响两两独立。此时商品推荐对象的主题条件概率可由下式估计：

$$P(d\,|\,c_i) = P((w_1, w_2, \cdots, w_m)\,|\,c_i)$$
$$= \prod_{k=1}^{m} P(w_k\,|\,c_i) \qquad (7\text{-}4)$$

在式（7-4）中，基于特征条件独立性假设，商品推荐对象的主题条件概率转换为求特征的类条件概率。其采用极大似然的估计方法：

$$\hat{P}(w_k\,|\,c_i) = \frac{N_{i,k}}{\sum_{j=1}^{M_i} N_{i,j}} \qquad (7\text{-}5)$$

其中，$N_{i,k}$ 表示训练集中特征词 w_k 在类别 c_i 中出现的次数；M_i 表示该类别中特征词个数。

7.1.2　贝叶斯推荐中特征缺失问题

由于用户兴趣主题分类中的特征词较多，因此在训练语料中，往往存在一些特征仅在某一些用户主题类别中出现，而在其他的用户主题中并不出现，如"卫星"常出现在"航空、航天""自动化技术、计算技术"主题中，而在"艺术""建筑科学"主题中少见甚至根本不出现。这种情况下，按照极大似然估计，缺失的特征词出现的概率为零。

在式（7-5）中，当某一特征词在类别中不存在时，会出现零概率问题。一种方法是在式（7-5）中增加一个非常小的经验值；另一种方法就是平滑算法。可以采用 Lidstone 法则增加一个统一的贝叶斯估计。

$$\hat{P}(w_k\,|\,c_i) = \frac{\lambda + N_{i,k}}{\lambda \cdot M_i + \sum_{j=1}^{M_i} N_{i,j}} \qquad (7\text{-}6)$$

式（7-6）中，λ 一般取值范围为[0, 1]。若 λ 取 0 则回归到式（7-5），若取 1 则成为 Laplace 法则。Johnson 证明了它可以看作是在极大似然估计和统一的先验概率之间的线性插值。最常用的 λ 值为 1/2，这个选择在理论上可以被证明是极大似然估计的最大化的期望。

当 $\lambda > 0$ 时，可以克服式（7-5）中可能出现的概率为 0 的现象。但在电子商务自动推荐中，该方法存有两点不足：①需要预先指定一个 λ 值；②使用 Lidstone 法则的折扣总是在极大似然估计频率上给出一个线性的概率估计，但是这和低频情况下的经验分布不能很好地吻合。

7.1.3　N-gram 模型

在统计语言模型中，自然语言被看作是一个随机过程，其中每一个语言单位，包括字、词、句子、段落和篇章等都被看作是有一定概率分布的随机变量。为计算一个自然语言句子 S 的概率值 $p(S)$，假定 S 由最小的结构单位词 $w_1, w_2, \cdots, w_n$ 组成，直接计算 $p(S)$ 将很困难，通常利用离散概率的乘法定律将 $p(S)$ 分解为条件概率的乘积，见式（7-7）：

$$p(S) = p(w_1, w_2, \cdots, w_n) = \prod_{i=1}^{n} p(w_i \mid h_i) \tag{7-7}$$

其中，$h_i \stackrel{def}{=} \{w_1, w_2, \cdots, w_{i-1}, w_{i+1}, \cdots, w_{n-1}, w_n\}$ 表示 w_i 的上下文。在实际应用中，由于当前词 w_i 只和前面若干个词相关，同时由于统计语言模型特有的数据稀疏问题，所以通常只考虑一定范围内的上下文。

N-gram 模型实质是 N-1 阶马尔可夫模型，N-gram 模型利用马尔可夫过程中时间不变特性（time invariant）和水平有限特性（limited horizon）减少参数估计的维数，见式（7-8）：

$$p(w_i \mid h_i) = p(w_i \mid w_{i-n+1}, \cdots, w_{i-1}) \tag{7-8}$$

模型中 n 的大小要考虑估计中有效性和描述能力的折中。n 值越大，描述能力越强，但是估计的有效性越差。N-gram 模型有两个主要的问题：首先，模型的参数空间随着 n 值呈指数性增长，由于存储空间有限，从而极大限制了 n 值的大小，所以目前常用的 N-gram 模型是 Bi-gram 和 Tri-gram 模型。过小的 n 值使得模型不能包含长距离的词法信息，而这种信息在语言现象中是广泛存在的。其次，即使 Tri-gram 模型可以解决存储空间的问题，但自然语言遵循齐夫定律，使得大量的语言现象不能出现在训练语料中，从而带来数据稀疏的问题。数据稀疏问题不仅使我们不能准确地预测某些小概率语言现象，更为严重的是，训练语料中未见的事件所带来的零概率问题会使整个 N-gram 模型不能通过动态规划算法来进行全局路径寻优。

7.1.4　N-gram 语言模型和贝叶斯推荐的关系

N-gram 通过估计概率 $P(w_n \mid w_1, \cdots, w_{n-1})$ 来获得对每条可能的转移路径计算概

率。基于马尔可夫假设，当前词 w_n 只受前 $n-1$ 个词的约束。在 N-gram 模型中，重要的是如何通过训练语料计算出较佳的条件概率 $P(w_n | w_1, \cdots, w_{n-1})$。由于数据稀疏问题的存在，N-gram 中同样面临着"未出现词"的概率估计问题。

本章提出把贝叶斯分类中的式（7-5）$\hat{P}(w_k | c_i)$ 的计算视作是求解 Bi-gram 模型中估计条件转移概率 $\hat{P}(w_k | w_{k-1})$。因此，文本分类中词的类概率估计与 Bi-gram 模型中的二阶转移概率面临着相同的困难，就是因数据稀疏带来的对"未出现词"的概率估计问题，即数据平滑问题。一种基本想法就是"劫富济贫"，即从已出现词中"折扣"出一定的概率，再分配到未出现词中去。Laplace 原则以及式（7-6）中的 Lidstone 法则已经用于处理 N-gram 模型中的数据稀疏问题。

7.2 贝叶斯主题推荐中特征缺失补偿策略

7.2.1 主题推荐中特征缺失情况统计

如本章引言所阐述，由于目前特征提取的能力有限，通常只能对资源进行比较简单的特征提取，在一些领域，目前还没有有效的特征提取方法，如图像、视频、音乐等。

判别文档 $d = (w_1, w_2, \cdots, w_m)$ 中，m 代表 d 中特征词的个数，将式（7-4）代入式（7-2）可得贝叶斯判别公式：

$$c^* = \underset{c_i}{\mathrm{argmax}} \, P(c_i) \prod_{k=1}^{m} P(w_k | c_i) \tag{7-9}$$

由式（7-9）可知，在计算词的类条件概率时，需要对每个类别均判别特征词 w_k 出现的概率，然而由于数据稀疏，w_k 可能在某些类别中不出现，即特征词缺失现象。如表 7-1 所示，在 2004 年国家 863 评测语料的封闭测试与开放测试中每个兴趣主题平均缺失特征词的统计情况。统计中去掉了时间、日期、数字等仿词（factoid word）。

表 7-1 平均每个兴趣主题的特征词缺失情况

统计条件	封闭标注	开放标注
全部特征	14.35%	14.25%
去掉停用词	23.41%	23.17%
CE 选择	67.81%	67.42%

表 7-1 表明，特征词缺失在贝叶斯判别方法中较为常见，因此对其有效处理

也将影响整个贝叶斯判别的性能。由于停用词一般是常用的虚词等，所以去掉停用词后特征词缺失情况会更严重。而通过 CE 算法选择特征后，特征词对于各个类别更具有针对性，故特征词缺失情况更为严重。

　　缺失的特征词可以看作是"未出现对象"（unseen object）。我们将类别 c_i 与其中的特征词 w_k 构成二元对，记为 $<c_i, w_k>$。假设特征词 w_k 满足二项分布，这种假设的合理性与 Bi-gram 模型相似，于是可以借助统计语言模型中的平滑算法来重新分配已出现对象与未出现对象的概率分布。

7.2.2　贝叶斯推荐中特征补偿方法

　　图 7-1 显示语料中特征出现次数（occurrence）与其排名（rank）的关系。

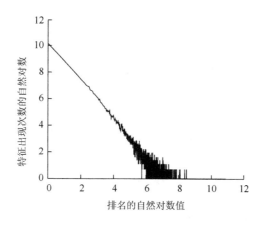

图 7-1　训练语料特征词出现符合齐夫定律

　　从图 7-1 可以看出，特征词的出现次数与其排名符合齐夫定律。按照极大似然估计，缺失的特征词出现的概率为零。这种概率估计并不十分合理，由于自然语言现象复杂，不能因为在训练语料中不出现，就认为该词永不会出现在某些主题中。而齐夫定律表明，语言中的大部分词都属于低频词，所以不太可能有一个足够大的训练语料解决数据稀疏问题。克服该问题的典型方法：①增大训练语料。但收集语料比较耗费人力，并且也无法根本解决数据稀疏问题。由于语料库中的词语出现分布情况遵循齐夫定律，所以不能依靠简单地增加训练语料方式来解决未出现词概率估计问题。②增加领域知识，如应用主题词词典等，但收集这种资源较为困难。③数据平滑算法。重新估计特征的概率分布克服数据系数问题。

　　在为未出现的特征词分配多大概率的问题上，Good-Turing 根据图灵机原理提出了一种确定事件频率或者概率估计的方法，假设事件的分布是二项分布。该方法适用于大词表中得来的大量数据观测，尽管文本中的词汇不服从二项分布，也可很好处理未出现特征词的概率估计。

Good-Turing 估计对于出现 r 次的事件，假设它的出现次数为 r^*，$r^* = (r+1)\dfrac{n_{r+1}}{n_r}$，其中，$n_r$ 表示训练语料中实际出现 r 次的事件的个数，那么，对于出现次数为 r 的事件 α 的条件概率，$p_{GT}(\alpha) = \dfrac{r^*}{N}$。其中，$N$ 表示总事件的个数。分配给所有未出现事件的总概率可以利用式（7-10）计算：

$$P(\text{unseen objects}) = N_1 / N \qquad (7\text{-}10)$$

假设对于主题 c_i 的特征词维数 M_i，而词典中词的个数为 M（该值可以通过分词词典或者切分后的训练语料获得估计），则未出现对象的个数可以估计为 $M-M_i$。因此主题 c_i 中缺失特征的补偿概率为

$$PC_i = P(\text{unseen objects}) / (M - M_i) \qquad (7\text{-}11)$$

式（7-10）给出折扣值，而式（7-11）则采用均匀分配的策略将概率分配在缺失特征词上。在式（7-10）中，N 表示观察到的对象的总数：

$$N = \sum r \cdot N_r \qquad (7\text{-}12)$$

在传统的极大似然估计方法中，r 的概率为 $P_r = r/N$，其对于未出现对象无法给出估计概率。而为了分配给未出现事件概率，需要对已出现事件概率进行折扣，以使总概率和为 1。而 Good-Turing 给出 r^* 的精确估计：

$$r^* = (r+1)\frac{E(N_r + 1)}{E(N_r)} \qquad (7\text{-}13)$$

其中，$E(x)$ 表示随机变量 x 的数学期望，此时所有未知对象的总概率可以表示为 $E(N_1)/N$。由于 N_1 可以被看作是所有 N_r 中得到的最佳测量的数值，即对 N_1 的估计可认为相比其他 N_r 更为准确，因此本章使用 N_1 作为 $E(N_1)$ 的替代值。而对于 N_r 替代 $E(N_r)$ 作为 $E(N_r)$ 的估计值却不合理，如图 7-1 所示，这是因为 N_r 出现的次数偶然性相对较大，尤其在接近 0 的时候，更是变化较大。因此本章使用 $S(N_r)$ 作为 $E(N_r)$ 的估计值，这里 $S(N_r)$ 是对于 N_r 进行平滑后的数值。

对于 $S(N_r)$ 本章采用线性回归的方法来计算，如图 7-1 所示，对于 log-log（即 x、y 两个变量都取对数）形式，图形接近线性形式，因此，通过线性回归计算，本部分将 N_r 对应平滑后的估计值 $S(N_r)$ 用作 $E(N_r)$ 的合理估计，代入式（7-13）后，计算出 r^*，于是出现次数为 r 的事件 α 的条件概率，如式（7-14）所示：

$$p_{GT}(\alpha) = \frac{r^*}{N} \qquad (7\text{-}14)$$

本部分通过式（7-11）与式（7-14）计算出贝叶斯主题分类模型中每一个类别 c_i 的条件概率 $P(w_k | c_i)$，从而实现对于未出现特征的补偿作用。

此部分中，一种是应用上述 Good-Turing 算法直接针对条件概率平滑，另一种是将主题 c_i 与其中的特征词 w_k 构成二元对 $<c_i, w_k>$ 视作对象，对于所有对象进行平滑。本章应用绝对折扣平滑性算法，其描述如下。

$$N_{1+}\left(w_{i-n+1}^{i-1} \bullet\right) = |\{w_i : c(w_{i-n+1}^{i-1}w_i) > 0\}|$$

其中，N_{1+} 表示下一状态的件数；$\bullet$ 表示任意变量；$c()$ 表示计数函数。此时转移概率为

$$p\left(w_i \mid w_{i-n+1}^{i-1}\right) = \frac{\max\left\{c\left(w_{i-n+1}^i\right) - D, 0\right\}}{\sum_{w_i} c\left(w_{i-n+1}^i\right)} + \frac{D}{\sum_{w_i} c\left(w_{i-n+1}^i\right)} N_{1+}\left(w_{i-n+1}^{i-1} \bullet\right) p\left(w_i \mid w_{i-n+2}^{i-1}\right) \quad (7\text{-}15)$$

由于作为二元对看待，n 的最大取值为 2。参数 D 是折扣（discount）参数，用于对每个非零计数进行折扣，D 可由训练数据上的删除算法来估计，如式（7-16）所示：

$$D = \frac{n_1}{n_1 + 2n_2} \quad (7\text{-}16)$$

其中，n_1 与 n_2 分别表示数据库中同现次数为 1 与 2 的对象个数。

7.3 实验结果与分析

7.3.1 实验数据

2004 年国家 863 文本分类评测中提供的评测数据形成的中文分类数据集，该数据集以中国图书分类法（Chinese library classification，CLC）作为分类体系（去除掉 T 工业技术、Z 综合类图书这两类较难分辨的类别，故实际总的分类数为 36 个类）。该语料共有训练、测试文本 7200 篇。表 7-2 显示了中图分类法的 36 类的类别情况，以及每一个类别中的训练文本、测试文本的数量情况。这个数据集是本章进行中文分类系统性能测试所使用的数据集。

表 7-2 中国图书分类法数据集上 36 类数据情况

主题	训练文本数/篇	测试文本数/篇	主题	训练文本数/篇	测试文本数/篇
A 马列主义、毛泽东思想	100	100	F 经济	105	80
B 哲学	107	106	G 文化、科学、教育、体育	77	140
C 社会科学总论	108	116	H 语言、文字	103	81
D 政治、法律	108	121	I 文学	105	104
E 军事	97	89	J 艺术	101	100

续表

主题	训练文本数/篇	测试文本数/篇	主题	训练文本数/篇	测试文本数/篇
K 历史、地理	93	96	TJ 武器工业	107	103
N 自然科学总论	94	39	TL 动力工业	104	97
O 数理科学和化学	99	99	TL 原子能技术	100	102
P 天文学、地球科学	101	95	TM 电工技术	99	102
Q 生物科学	89	105	TN 无线电电子学、电信技术	99	97
R 医药、卫生	114	102	TP 自动化技术、计算技术	100	89
S 农业科学	101	104	TQ 化学工业	91	103
TB 一般工业技术	106	102	TS 轻工业、手工业	101	102
TD 旷野工程	101	100	TU 建筑科学	100	103
TE 石油、天然气工业	104	110	TV 水利工程	94	101
TF 冶金工业	108	108	U 交通运输	101	99
TG 金属学、金属工艺	94	117	V 航空、航天	92	90
TH 机械、仪表工艺	96	106	X 环境科学、劳动保护科学（安全科学）	101	92

注：训练文本 3600 篇，测试文本 3600 篇

实验中数据来自 2004 年国家 863 评测文本。其包含 36 个兴趣主题，训练文本 3600 篇，测试文本 3600 篇。实验中按照每个测试文档只归属第一个给定的分类答案来评分。由于数字、日期、时间等作为特征词时对主题分类作用不大，甚至会影响分类效果，下述实验中去掉了这类词。

7.3.2　实验分析

首先我们选用全部训练语料中出现的词作为特征词来测试平滑算法在贝叶斯分类器分类中的作用。表 7-3 给出几种方法的分类精度对比。

表 7-3　全部词作为特征的贝叶斯分类器主题推荐

贝叶斯方法	封闭标注	开放标注
设定小值 10^{-20}	99.94%	61.17%
Laplace 原则	91.19%	61.28%
Lidstone（$\lambda = 0.5$）	94.64%	64.64%
Good-Turing	97.25%	67.03%
AbsoluteDiscount	98.61%	66.97%

从表 7-3 的实验结果看出：增加 Good-Turing 的贝叶斯主题推荐相比增加 Laplace 原则开放测试提高了 5.75 个百分点，封闭测试提高了 6.06 个百分点。相比 Lidstone 方法，Good-Turing 可以不必预先指定经验参数，获得具有 67.03% 的分类性能。AbsoluteDiscount 方法直接针对二元对象平滑，也获得了 66.97% 的性能。此外，利用 Laplace 原则克服零概率问题所获得的性能好于设定小值 10^{-20} 的方法。

由表 7-1 可知，去掉停用词后的特征词缺失情况相比表 7-3 的实验严重。在表 7-4 中，我们评价了去掉停用词时几种方法的性能。

表 7-4 去掉停用词的贝叶斯分类器主题推荐

方法	封闭标注	开放标注
设定小值 10^{-20}	99.97%	61.36%
Laplace 原则	92.92%	64.39%
Lidstone（$\lambda = 0.5$）	95.64%	66.44%
Good-Turing	97.67%	67.44%
AbsoluteDiscount	98.61%	67.23%
最大熵模型 0	95.69%	68.14%
最大熵模型 1	92.53%	68.39%

其中"最大熵模型 0"代表未进行特征过滤，而"最大熵模型 1"去掉了只出现 1 次的特征词。该实验的开放测试表明：Good-Turing 算法相比设定一个经验小值 10^{-20}，可提高 6.08 个百分点，比 Laplace 原则提高了 3.05 个百分点，相比 Lidstone（$\lambda = 0.5$）提高 1.00 个百分点。而增加 AbsoluteDiscount 算法的贝叶斯分类性能相比 Lidstone（$\lambda = 0.5$）提高了 0.79 个百分点。进一步，在 CE 抽取特征词的分类过程中，表 7-5 对比了分类中引入平滑算法的性能。

表 7-5 特征选择后的贝叶斯分类器主题推荐

方法	封闭标注	开放标注
设定小值 10^{-20}	98.81%	63.36%
Laplace 原则	92.67%	70.56%
Lidstone（$\lambda = 0.5$）	93.69%	71.25%
Good-Turing	95.64%	71.36%
AbsoluteDiscount	96.39%	71.11%
最大熵模型 0	95.69%	69.11%
最大熵模型 1	92.53%	69.41%

　　表 7-5 与表 7-3、表 7-4 的实验结果相一致，经过平滑后的贝叶斯分类器算法获得了更好的分类性能。此外，与表 7-4 相对比，通过 CE 选择特征的贝叶斯分类器主题推荐增加 Good-Turing 算法比最大熵模型 1 的性能高 1.95 个百分点。此外，从表 7-3、表 7-4 与表 7-5 的封闭测试结果来看，设定小值方式具有最好的封闭性能，而引入平滑算法后以损失少量的封闭测试性能为代价，有效地增加泛化性能。而利用机器学习算法的本质也恰是希望模型具备好的泛化性能，于是本部分引入平滑是有意义的。此外，在开放测试与封闭测试上，Good-Turing 算法都比 Laplace 原则和 Lidstone（$\lambda = 0.5$）具有好的精度。

　　图 7-2 对比了上述三个实验中，五种特征词缺失的补偿方法的贝叶斯分类性能。图 7-2 表明：开放测试中引入 Good-Turing 平滑方法的贝叶斯分类方法要好于其他几种特征缺失的补偿方法。此外不同于 Lidstone 方法，Good-Turing 平滑方法不需要预先指定参数。

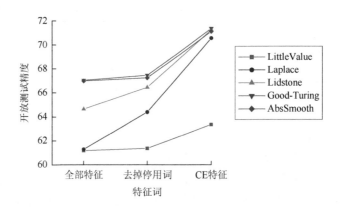

图 7-2　五种特征词补偿方法的开放测试对比

7.4　本　章　结　论

　　（1）在全部词作为特征的分类过程中引入 Good-Turing 方法补偿特征可以获得 63.07%的分类精度，比 Laplace 原则提高了 5.75 个百分点，比 Lidstone（$\lambda = 0.5$）平滑可以提高 2.39 个百分点。

　　（2）在去掉停用词的分类过程中引入 Good-Turing 方法补偿特征可以获得 67.44%的分类精度，比 Laplace 原则提高了 3.05 个百分点，比 Lidstone（$\lambda = 0.5$）平滑可以提高 1.00 个百分点。

　　（3）在特征选择后的分类过程中引入 Good-Turing 方法补偿特征可以获得 71.36%的分类精度，比 Laplace 原则提高了 0.8 个百分点，比 Lidstone（$\lambda = 0.5$）平滑可以提高 0.11 个百分点。

第8章 基于用户偏好聚类的电子商务推荐方法

由于用户的个体差异和用户任务的上下文环境，不同的用户对兴趣主题的理解不可能会完全相同，所以不宜采用相同的兴趣主题分类标准。此外，不同用户对主题理解的粒度也可能会不一样。由此本章以用户个性化的分类体系为框架，利用聚类技术进行创建与描述偏好。

8.1 相 关 理 论

聚类技术的种类较多，常用的方法有基于分割的方法、层次方法和 Kohonen 网络，其他还有基于密度的方法、基于网格的方法、基于模型的方法等。一个好的聚类方法应该能产生高质量的聚类结果：簇。这些簇应该具有较高的簇内相似性、较低的簇间相似性的特点（刘远超等，2006）。下面介绍常用的三种聚类方法。

8.1.1 层次聚类方法

这种方法对给定的数据集合进行层次划分，直到满足条件为止，具体又可以分为自顶向下（divisive hierarchy-based clustering，DHC）和自底向上（agglomerative hierarchy-based clustering，AHC）两种方法。AHC 是一种比较典型的方法，有很多方法用来决定 AHC 中下一对将要被融合的类别，如组内平均（groupaverage）、单链路（single-link）、完全链路（complete-link）等。为了确定合适的聚类划分，一般采用各种聚类合并的终止性规则，当然终止性规则对于聚类的结果也存在一定的影响。

采用 AHC 方法进行文本聚类的基本步骤如下。

（1）计算文档的相似度矩阵，可以是相似系数，也可以是距离。

（2）将所有的 n 个文档分别看作一类，即得到了 n 类。

（3）合并距离最近的两个类为一新类。

（4）更新相似度矩阵，即重新计算新类与当前类的相似度；若类的个数为 1，则转到步骤 5，否则转到步骤 3。

（5）将聚类过程用一个直观图形画出，即得到聚类图。

（6）确定所需类的个数。

确定两类的距离有如下几种方法：①最短距离法（single link method）。取不同类中文档间最短的距离作为这两类间的距离。②最长距离法（complete link method）。取不同类中文档间最长的距离作为这两类间的距离。③类平均法（group average method）。取类与类之间的距离平方为这两类中不同类的文档间的距离平方的平均值。④重心法（centroid method）。取两类中的文档向量均值之间的距离。从物理的观点看，一类用它的重心做代表比较合理。重心法聚类的计算量要比最短距离法和最长距离法的大。因为它每并一次类，就必须重新计算新类的重心以及它与其他类的距离。⑤离差平方和法。这种方法由 Ward 提出，又称 Ward 法，它的思想来源于方差分析。基本思想是用合并两类之后的总的离差平方和，减去原来两类中各自的离差平方和，以这个新的离差平方和定义为两类间的距离。

从距离角度来说，最短距离法因为将两个类之间的距离定义为各自包含元素之间的最小距离，使得聚类空间有浓缩趋势；反之，最长距离法将两个类之间的距离定义为各自包含元素之间的最大距离，会使聚类空间有扩张趋势。空间浓缩，意味着不容易分辨细小的类，灵敏度差些；而空间扩展，则会将细枝末节的东西呈现出来，在一定程度上干扰研究人员的注意力。而其他距离计算方法则是在这两种极端之间寻求折中处理。

8.1.2 动态聚类方法

动态聚类方法主要基于这样的假设，即类的中心可以代表整个类，并且一般由该类包含对象的平均值来描述。假设集合有 N 个对象，动态聚类方法将对象划分为 k 个组，每个组代表一个聚类，并且 $k<<N$。对于给定的 k 值，该方法首先给出一个初始的划分，然后进行反复多次迭代来改变分组，使定义的优化函数每次都有所改进，直到结果收敛或者达到某一迭代次数为止。动态聚类方法的例子包括 k-均值聚类算法、k-中心点算法、基于随机选择的聚类算法（clustering algorithm based on randomized search，CLARANS）等。近年来，很多研究人员倾向于认为基于划分的聚类方法由于计算上的需求较低，更加适合于大量的文本聚类场合。

动态划分聚类法中比较典型的方法是 k-均值聚类算法。如果 k 值选取得不合适，或者选择的初始聚点分布不均匀，没有代表性，都将延缓聚类进程，影响聚类结果。初始聚类中心的选取传统上主要有两种方法：①用随机方法选取凝聚点。②当对聚类对象有较好的训练样本或有较多的专业知识时，用经验法选取聚点。此外，研究人员还提出了一些较为复杂但很有效的方法：重心法、密度法。

动态聚类方法的另外一个问题是如何确定聚类个数 k 值。目前在相关研究中还没有比较理想的 k 值发现方法，一般采用一些方法辅助进行人工 k 值发现，如树状图、伪 F、t^2 等。Casillas 等（2003）提出采用遗传算法来优化 k 值。此外还有一种自动发现 k 值的方法是对输入的数据集合进行多次划分，并对聚类结果进行质量评价来发现最佳 k 值，典型的重复次数是从 2 到 $\sqrt{N}$，其中 N 是输入样本的个数。由于受 k 值选取和初始聚点选择等因素的影响，基本 k-平均算法难以保证较好的聚类效果，为此研究人员提出了一些改进措施，其中一种较为有效的方法是二分 k-平均聚类法。这里值得指出的是，二分 k-平均方法开始时是将所有的文档作为一个类对待。类的总体相似度是衡量类的内聚性的一个指标值，其计算方法是计算此类中的两两文档相似度的平均值，此值越大，聚类的效果越好。可以用不同的方法决定选择哪一个类进行分裂，如选择最大的类分裂，或选择具有总体相似度最小的类分裂，或者对二者综合考虑。

8.1.3　SOM 聚类方法

自组织其网络映射（self-organizing maps，SOM）聚类方法由芬兰赫尔辛基大学的 Kohonen 教授提出，又称 Kohonen 网。Kohonen（2012）认为，一个神经网络接受外界输入模式时，将会分为不同的对应区域，各区域对输入模式具有不同的响应特征，而且这个过程是自动完成的。SOM 正是根据这一思想提出来的，其特点与人脑的自组织特性类似。

SOM 聚类方法具有这样几个特点：①可以将高维空间的数据转化到二维空间表示，并且其优势在于源空间的输入数据彼此之间的相似性在二维离散空间可以得到很好的保持，因此在高维空间数据之间的相似程度可以转化为表示空间的位置邻近程度，即可以保持拓扑有序性；②抗噪声能力较强；③可视化效果较好；④可并行化处理。文本聚类具有高维和与语义密切相关的特点，SOM 聚类方法的上述特点使其非常适合文本聚类这样的应用。SOM 聚类方法对数据对象的阐述较为形象化，可视化的效果较好，目前在数字图书馆等领域得到了较好的应用。

SOM 聚类方法网络的运行分为训练和工作两个阶段。在训练阶段，对网络随机输入训练集中的样本。对某个特定的输入模式，输出层会有某个节点因为产生最大响应而获胜，而在训练开始阶段，输出层哪个位置的节点将对哪类输入模式产生最大响应是不确定的。当输入模式的类别改变时，二维平面的获胜节点也会改变。获胜节点周围的节点因侧向相互兴奋作用也产生较大的响应，于是获胜节点及其邻域内的所有节点的权值向量都作程度不同的调整。网络通过自组织方式用大量训练样本调整网络的权值，最后使输出层各节点成为对特定模式类敏感的神经细胞。并且当两个模式类的特征接近时，代表这两类的节点在位置上也接近。

SOM 网络训练结束后，输出层各节点与各输入模式类的特定关系就完全确定了，此时 SOM 聚类方法网络有如下主要性能：①各聚类中心是类中各个样本的数学期望值，即质心；②对输入数据有聚类作用，而且保持拓扑有序性，为此 Mu-chun 等（2002）对 SOM 聚类方法的拓扑保序特点还进行了量化分析。经过充分训练的 SOM 聚类方法网络可以被视为一个模式分类器。当输入一个模式时，网络输出层代表该模式类的特定神经元将产生最大响应，从而将该输入自动归类。

8.2　基于用户偏好聚类推荐方法实验结果与分析

本部分实验主要包括以下内容：首先在标准语料库 MovieLens 数据上进行偏好用户聚类实验，该语料数据搜集了 1405 个用户在电影方面的偏好数据，每一个样本包含 1682 维特征，代表着 1682 个特征指标；其次，利用 2004 年 863 文本分类语料库进行偏好特征聚类实验，通过将用户偏好文档特征融入基于聚类的内容推荐方法中，并进一步利用协同扩展的方式扩大用户偏好文档，从而评价基于协同扩展的偏好聚类方法。

在 MovieLens 语料库中应用协同过滤方法，利用 943 个样本进行训练，对462 个样本进行预测。衡量预测值一般采用预测值和实际值的 MAE，公式为：$\text{MAE} = \sum_{i=1}^{N} |p_i - q_i| / N$。其中，$p_i$、$q_i$ 分别为预测值和实际值；N 为预测项的个数。经过计算，预测平均误差 0.8809。下面，利用层次聚类方法给出用户偏好数据的聚类过程，鉴于篇幅本节只给出前 10 个用户的相似矩阵，如表 8-1 所示。

表 8-1　用户偏好聚类中的相似矩阵

样例	向量之间的余弦相似度									
	用户 1	用户 2	用户 3	用户 4	用户 5	用户 6	用户 7	用户 8	用户 9	用户 10
用户 1	1.000	0.097	0.052	0.021	0.194	0.290	0.200	0.098	0.061	0.201
用户 2	0.097	1.000	0.051	0.084	0.016	0.188	0.074	0.023	0.108	0.078
用户 3	0.052	0.051	1.000	0.146	0.037	0.085	0.016	0.086	0.000	0.031
用户 4	0.021	0.084	0.146	1.000	0.017	0.000	0.038	0.046	0.000	0.023
用户 5	0.194	0.016	0.037	0.017	1.000	0.159	0.171	0.157	0.054	0.090
用户 6	0.290	0.188	0.085	0.000	0.159	1.000	0.201	0.090	0.076	0.241
用户 7	0.200	0.074	0.016	0.038	0.171	0.201	1.000	0.089	0.085	0.257
用户 8	0.098	0.023	0.086	0.046	0.157	0.090	0.089	1.000	0.000	0.117
用户 9	0.061	0.108	0.000	0.000	0.054	0.076	0.085	0.000	1.000	0.067
用户 10	0.201	0.078	0.031	0.023	0.090	0.241	0.257	0.117	0.067	1.000

基于组间平均连接方式，并采用余弦值衡量两个向量的相似度，利用层次聚类方法，可获得图 8-1 的聚类结果。

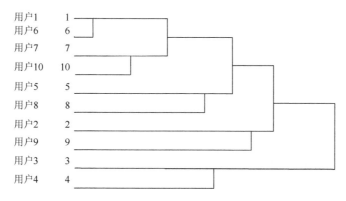

图 8-1　用户偏好的层次聚类方法结果示意图

图 8-1 采用层次聚类方法，其他聚类方法也能实现聚类功能，比如 k-平均方法以及 SOM 聚类方法。其中 SOM 聚类方法也将应用于下述实验。

实验首先评价将用户偏好文档特征融入到基于内容推荐方法，之后再利用扩展协同过滤方法增强用户偏好文档的规模和质量，实现基于协同过滤与基于内容过滤结合的推荐策略。本实验采用 TF-IDF，如式（8-1）所示：

$$W(t,\vec{d}) = \frac{(1+\log_2 tf(t,\vec{d})) \times \log_2(N/n_t)}{\sqrt{\sum_{t \in \vec{d}}\left[(1+\log_2 tf(t,\vec{d})) \times \log_2(N/n_t)\right]^2}} \tag{8-1}$$

其中，$W(t,\vec{d})$ 表示词 t 在文本 $\vec{d}$ 中的权重；$tf(t,\vec{d})$ 表示词 t 在文本 $\vec{d}$ 中的词频；N 表示训练文本的总数；n_t 表示训练文本集中出现 t 的文本数，分母为归一化因子。

本章实验数据来自 2004 年国家 863 文本分类中的 170 篇，包括"D 政治、法律" 41 篇、"E 军事" 43 篇、"F 经济" 42 篇、"TP 自动化技术、计算技术" 44 篇。实验对比通过对比传统的基于内容推荐的精度，与引入用户偏好特征的聚类方法的基于内容推荐的精度。其中，推荐精度的评价（见第 7 章）是按照国家 863 语料库给定的按照中图分类法的分类标准作为本节的评价标准。

本实验采用 SOM 聚类方法，具体为增量式聚类（growing hierarchical self-organizing maps，GHSOM）方法完成按层次聚类过程。下面首先给出融入用户偏好特征的聚类实验细节，最后给出对比实验结果。在搜集用户偏好文档的特征，并融入到原有推荐内容文档集后，再用 SOM 聚类方法进行聚类，聚类的实验过程如下。首先抽取用户偏好文档的特征，通过式（8-1）来表示文档向量空间。然后融入到原有的推荐文档所抽取的特征集中，即扩展特征集。在 SOM 聚类方法中，对于 SOM 顶层采用 2×2 的网络神经元结构，向下仍然以 2×2 的网络神经元结构分层聚类。本实验聚类过程主要参数如下：TAU_1 = 1.0；

TAU_2 = 0.01；INITIAL_LEARNRATE = 0.5；INITIAL_NEIGHBOURHOOD = 3；LABELS_THRES HOLD = 0.35。

　　因篇幅关系，下面只给出第一层与第二层的聚类情况细节，如表 8-2 所示。该表按照各层的 2×2 神经元结构给出 MQE（mean quantization error，平均量化误差）值以及起主要作用的特征。第一层神经元输出结果如表 8-2 所示，其表格的位置对应着 2×2 神经元结构。

表 8-2　第一层神经元输出结果（MQE 与主要分类特征）

MQE: 22.7908 对外贸易，管理员，交换机，集聚，外汇	MQE: 18.0945 经济学家，资本主义，货币，资产阶级，经济学
MQE: 84.5684 军事，战争，民族主义，权力，北约	MQE: 31.9070 战争，指挥，武器，作战，防御

　　按照层次聚类结果，第一层神经元向下继续细分，表 8-3 仅给出第一层神经元节点（1, 2）与（2, 2）对应的第二层细分情况。从该表输出的主要特征来看分别代表“F 经济”和“E 军事”类的推荐文档。此外，第二层的 MQE 值也小于第一层的 MQE 值。

表 8-3　第二层神经元输出部分结果（MQE 与主要分类特征）

第一层（1, 2）神经元节点进行细分	MQE: 4.466 85 经济学家，经济学，资本主义，李嘉图，数学家	MQE: 3.177 25 通货膨胀，货币，凯恩斯，利率，失业
	MQE: 5.154 96 剥削，立法，所有制，权力，政党	MQE: 1.650 30 经济学，资产阶级，资本主义，凯恩斯主义，凯恩斯
第一层（2, 2）神经元节点进行细分	MQE: 4.130 94 战争，军队，部队，战斗，火力	MQE: 9.381 19 战争，作战，武器，样式，军事
	MQE: 10.3320 国防，武器，兵力，军事，防御	MQE: 4.566 76 军事，战争，指挥，海军，侦察

　　最后，我们对于是否融入用户偏好文档特征的两次实验结果进行对比，实验采用 89 组实验数据对比融入特征前后的差异。实验表明，未融入符合用户偏好时的精度为 70.78%，当采用用户偏好文档特征融入到原有推荐内容文档集后，再用层次聚类，符合用户偏好的评价精度为 73.03%，提高了 2.25 个百分点。由于聚类属于无监督方法，其性能与语料库关系非常大，因此，难以完全验证本章方法，但是由于如下原因，可以分析本章方法的有效性。首先，在未融入用户偏好文档

特征时，聚类过程完全依靠传统 TF-IDF 方法选择特征，然而，当融入用户偏好文档特征时，实质上可以利用与类别相关特征的衡量方法，如 CE、χ^2 统计、MI 等，而在文本分类技术的大规模实验中已经验证这些特征抽取方法要优于传统的 TF-IDF 特征抽取方法。这也是本章融入用户偏好特征的基本思想。

在 AHC 层次聚类下，仅对比 TF-IDF 聚类与 CE 方法特征抽取的性能，图 8-2 给出在不同过滤阈值下，两种方法的向量空间维数对比。

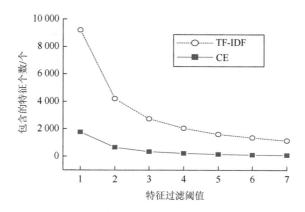

图 8-2　特征数比较对于两种特征抽取方法

图 8-3 给出不同过滤阈值下的聚类性能比较。一般来说 CE 方法由于已经大规模降低向量的维数（图 8-2），故在存储空间以及计算工作量都大幅度降低，并且在较小的过滤阈值下，CE 方法具有非常高的聚类性能。因此，这也说明通过 CE（注统计、MI 有相似功能）可以有效获取用户偏好特征，并可融入到用户偏好的推荐过程中。

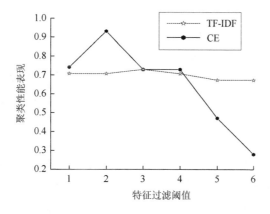

图 8-3　两种方法在不同过滤阈值下的聚类性能比较

第 9 章　推荐领域语义知识构造方法

本章将对推荐领域语义知识的构造方法进行深入研究。本章首先研究如何通过词矢量空间模型扩展概念空间，以及结合概念相关知识库 HowNet 及词的概念相关模型，构造推荐中词汇语义网络。本章具体介绍领域数据候选计算与领域术语抽取方法，其中探索基于 MI 衡量字符串的结合强度算法，以及基于信息熵的领域候选术语构造方法，同时给出领域术语词典构造框架。其次阐述基于矢量空间的同义词构造方法。再次研究相关词的抽取方法以及用户检索意图的扩展方法，从而更好地给出推荐商品。最后给出实验结果与分析（庞秀丽，2009）。

9.1　领域术语候选计算及领域术语抽取

领域术语表示一个完整的、基本的语义单元，显然，在进一步进行语义单元分析前，正确识别每一个语义单元是非常重要的。现有技术处理文本信息时，通常使用一个基本词汇表，其中包含常用的词汇。作为基本的语法、语义单元，这些词远不能表示推荐领域内的一些专业术语以及新出现的术语，而这些术语对于推荐系统分析相应的语义信息却是至关重要的。例如，正确识别"迅驰 CPU""调制解调器"等术语有助于这类电子产品的推荐。

术语抽取算法是用于抽取相关领域内的术语。当新的商品、新的词汇、新的实体名产生的时候，原有系统很难正确识别并处理，因此术语抽取的一个作用也是用于发现一些新的术语，获取基本语义单元，增强系统分析的能力。推荐领域术语可通过领域专业语料库统计获得。本章采用以下研究方案：首先，需确定通用词，它是根据现有多个词库汇总后，再按照大规模平衡语料统计选出；其次，术语可使用信息熵的方法在领域专业语料库抽取出来，由于词内部的汉字结合紧密，而词与两侧的汉字结合比较灵活，信息熵用于衡量词候选与两侧字之间的灵活性，可以按照所有候选词的信息熵大小排序，值越高的候选词具有更大的概率是词，最终可由少量的人工筛选获得高质量的推荐领域术语。

领域术语自动抽取是指从一定规模的语料中抽取出能反映某一领域文本特征或共性的词语。术语的自动抽取目标是在文本集中抽取一定意义的词语搭配。单纯靠语言学专家抽取领域术语费时费力，很难形成规模，因此开发一种自动化的方法来辅助术语抽取显得尤为必要。许多研究者在领域术语自动抽取方面做了不少工作。通常被采用的方法可以分为基于规则的和基于统计的方法两大类。基于规则的方法是通过预先设定许多规则模板，然后把待处理语料中与规则模板相匹配的词语作为领域术语候选。基于规则的方法不足在于很难制定一个完备的规则集来穷尽所有语言现象，并且当已有许多规则时，还需要考虑多个规则之间的冲突及解决。基于统计的方法通常包括机器学习方法和基于统计量度的方法。Gao等（2001）、Avancini 等（2003）分别采用词语聚类法和分类法获取领域术语。陈文亮等（2003）采用 bootstrapping 方法逐步扩大领域词汇数量。基于统计量度的方法是从领域分类语料中统计用词规律从而发现领域术语。

　　基于统计的方法是国内外进行词语搭配抽取的主要研究方法。作为一种特殊的词语搭配，术语的抽取过程一般有两个步骤：①进行术语候选抽取（term candidate extraction）；②在候选集中进行术语选择（term selection）。通常基于统计计算字串的内部结合强度来决定是不是候选术语。常用的方法有频率、MI、Dice 公式等。其中，MI 方法在两字新词抽取方面结果较好，它的 F 量度为 57.82%（Luo and Sun，2003）。术语选择的方法有依据频次排序选择法，即根据候选术语在语料中出现的频次从多到少排序，按顺序选择一定数目的候选术语作为术语选择的结果（Patrick and Dekang，2001）；另外就是利用术语的词法、句法信息和语义信息等进行术语选择。本章设计了一个中文术语自动抽取系统。系统利用 MI 计算字串的内部结合强度，从而得到术语候选集。

9.1.1　基于 MI 的结合强度计算

　　记待识别字串为 $c = c_1, c_2, \cdots, c_n$，$c$ 的两个最长子串记为 $a = c_1, c_2, \cdots, c_{n-1}$，$b = c_2, c_3, \cdots, c_n$。例如，字串"电子商务推荐"，$c =$ 电子商务推荐；$a =$ 电子商务推；$b =$ 子商务推荐；记 $f(c)$ 为字串 $c_1 c_2 \cdots c_n$ 在语料中的共现频率；$p(c)$ 为字串 $c_1 c_2 \cdots c_n$ 在语料中的共现概率。根据最大似然估计，在语料规模足够大的情况下，可以认为 $p(c)$ 等于 $f(c)$。其中 n 为字串的长度，要求 $n>1$。

　　在信息论中两个事件 AB 的 MI 计算如下：

$$\text{MI} = \log_2 \frac{p(AB)}{p(A) \cdot p(B)} \tag{9-1}$$

　　那么对于字串 $c = c_1 c_2 \cdots c_n$，可以定义其 MI 为（Ong and Chen，1999）：

$$\text{MI} = \log_2 \frac{p(c)}{p(a) \cdot p(b)} = \log_2 \frac{f(c)}{f(a) \cdot f(b)} \tag{9-2}$$

　　如果字串 c 结合十分紧密，那么 $f(c)$ 就与 $f(a)$ 或 $f(b)$ 相差不大，依据式（9-2）计算的字串 MI 就比较大；反之，$f(a)$ 和 $f(b)$ 会远远大于 $f(c)$，这样计算出来的 MI 就比较小。因此，MI 可用来衡量一个字串的内部结合强度。

基于统计的思想认为，一个词语搭配如果在语料中出现，那么它肯定不只出现一次。因此运用上述公式分析字串的内部结合强度时，一般只对在语料中出现次数大于指定次数阈值（如 3 次）的术语进行考察。

除 MI 可用于衡量字串的内部结合强度外，还有一些类似方法可用，包括平均 MI、IG 等。平均 MI 方法不仅考虑到 $f(a)$ 或 $f(b)$ 的出现情况，还能考虑到其中一者不出现对另一者的影响，即其衡量二个概率分布之间的 KL 距离。类似方法，如 IG、χ^2 方法也都能衡量结合强度。

9.1.2 基于信息熵的领域术语抽取方法

本节阐述基于信息熵抽取高频词构造领域术语词典的方法。粗略统计表明，在 9000 个常用词中，单字词占 26.7%，双字词占 69.8%，三字词占 2.7%。因此 MI 抽取双字词是很有意义的，而信息熵可以抽取多字词（任禾和曾隽芳，2006）。词内部的汉字结合紧密，而词与两侧的汉字结合比较灵活。信息熵用于衡量词候选与两侧字之间的不确定性（灵活性）。其定义为

$$H_l(s) = -\sum_{a \in A} P(s_{la}/s)\log(P(s_{la}/s)) \tag{9-3}$$

$$H_r(s) = -\sum_{b \in B} P(s_{rb}/s)\log(P(s_{rb}/s)) \tag{9-4}$$

其中，s 表示词候选；A 表示 s 左侧字的集合；s_{la} 表示由左侧字 a 与 s 构成的串；$H_l(s)$ 表示 s 的左信息熵；B 表示 s 右侧字的集合；s_{rb} 表示由 s 与右侧字 b 构成的串；$H_r(s)$ 表示 s 的右信息熵。高频词获取算法可以表示如下。

（1）去除噪声，包括去除 Factoid 仿词、标点符号等，将其标记为空格。

（2）按照指定词长生成词候选 s，如词长分别取 2、3、4。

（3）去除包含停用字的词候选，如停用字表"我你他她们某该各每这那什哪么谁年月日时分秒几多来在就又很的呢吧吗了么嘛哇儿哼啊嗯是着都不和说也看把还个有小到一得地为中于对会之第此或"。

（4）在给定的专业语料库上统计 s、s_{la}、s_{rb} 的计数。

（5）按照式（9-3）与式（9-4）计算 $H_l(s)$ 与 $H_r(s)$，s 的评价值可表示为

$$H(s) = \mu H_l(s) + (1-\mu)H_r(s) \tag{9-5}$$

其中，μ 在 0 与 1 之间，表示左侧信息熵的权重，缺省值可取值 0.5。而预先去除 Factoid 仿词可提高术语抽取的质量。仿词主要包括数值词、日期词、时间词等，按 1998 年上半年人民日报语料库中统计，数值词的分布占语料库词分布的 3.71%，日期时间占语料库词分布的 1.75%。Factoid 仿词属于未知词的重要部分，其变化形式多样，本章利用正则表达式来识别这类词。

对于利用信息熵抽取的所有候选术语，可以按照其信息熵大小排序，值越高的候选词具有更大的概率是词。抽取候选词后，须经下述进一步处理以方便构造领域术语词典。

9.1.3 术语候选抽取及术语选择

对原始领域文本经过粗切分后得到的每一个字串，系统以字为单位顺序扫描，通过 MI 或者信息熵等量度衡量候选字符串的结合强度，把内部结合强度超过预先设定阈值的子串抽取出来，完成术语候选的抽取（姜维，2007）。术语选择就是从术语候选集中选出正确的术语。对术语候选集观察分析后，我们发现术语候选一般包括基本词、人名、地名、机构名、普通词语搭配、正确的术语和无意义的字串组合。基本词就是分词词表中已经有的词，其中也有部分术语，如电饭锅、打印机、正态分布等，因为可以被分词系统正确切分，我们直接从候选中去除；对人名、地名和机构名等未登录词的识别，可经由最大熵模型等方法构造的命名实体识别系统获得不错的识别效果，因此，本章也不作为处理对象。

本章将词典划分为通用词典和领域术语词典。通用词典是根据现有多个词库汇总后，再按照大规模平衡语料统计选出，如人民日报语料。相比领域术语，通用词主要指在日常生活中以及多个领域中常用的。为此，我们通过词频以及词的分布情况来选出通用词库，约 6.5 万词。领域术语（又称为专业词）往往在某一个领域或几个领域内经常出现。领域的划分可根据行业或参照中图分类法进行，如经济、管理、电子工程、计算机、网络、生物化学、医学等。这里的领域还可以是用户自己定义的一个范围。通用词典是在已有几个词表以及通过平衡语料进一步扩展获得。图 9-1 给出了本章的术语抽取流程，即在抽取领域术语时，可以去除其中的通用词，获得领域术语候选。

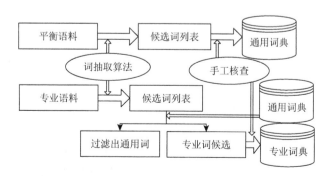

图 9-1　通用词典与领域术语词典术语抽取流程

9.2　同义词词典的构造

　　同义词词典用于指明哪些词之间在语义上相同或者相近。例如，人们在购买商品时的称呼或有不同，有些人称 U 盘，而有些人却称之为闪存。再比如计算机又称为电脑，知道这类同义词，可有助于推荐系统处理相同产品的不同描述。性能很棒与性能好，知道这里的"棒"与"好"相同，可有效用于情感分析中的感情色彩的分析过程。

　　本章采用基于矢量空间模型计算词语相似度，并通过与现有同义词资源相结合的方法来构造语义词典。在向量空间中，两个词的相似度拟采用词矢量夹角来衡量。在词向量空间中，选择数轴上的特征词尤为重要，这是由于所有词向量空间中的词都需要利用特征轴衡量。在选择数轴上的特征词时需要考虑以下特性：单义词、正交性、覆盖性和代表性。本节将结合词典 HowNet2005 的义原与 TF-IDF 算法共同选择特征词。

　　矢量空间是指一个高维、离散、基于词的空间，每一维是从词典中根据特定量度选出来的一个词，称为坐标轴词。在矢量空间中，每一个特征词可以表示为空间中的一个矢量。图 9-2 表示特征词"软件"与坐标轴词"闪存"和"计算机"在一定上下文范围内分别共现 280 次和 600 次。此时，特征词"软件"可以被表示为矢量 = {280, 600}。

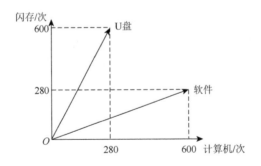

图 9-2　二维词矢量空间模型

　　这种表示方法利用了语言中"观其伴、知其义"本质特征。这种特征描述的方法是假设一个词 w 可由邻近的词来表示，通过与邻近词的同现情况来代表该词在词向量空间的语义。在词向量空间中，通过计算两个词向量之间的接近程度（本章使用典型的余弦夹角）来粗略地估计两个词之间的相似程度。这基于假设：两个相似的词通常在相类似的上下文环境中出现。在构造词向量空间后，两个词 v 与 w 的相似度可以利用式（9-6）计算，这里余弦值等价于归一化的相关系数。

$$\text{corr}(\vec{v},\vec{w}) = \frac{\sum_{i=1}^{N} v_i w_i}{\sqrt{\sum_{i=1}^{N} v_i^2 \cdot \sum_{i=1}^{N} w_i^2}} \qquad (9\text{-}6)$$

在词向量空间中，选择数轴上的特征词尤为重要，这是由于向量空间中的词都需要利用特征轴衡量。在选择数轴上的特征词时需要考虑以下特性：单义词、正交性、覆盖性和代表性。一些典型选择特征词的方法是利用 TF-IDF 算法。在本章，我们结合词典 HowNet2005 的义原与 TF-IDF 算法共同选择特征词。由于 HowNet2005 的义原是由人工精心选择的一些典型代表词，其衡量词的性能较高。我们选择特征词的具体做法是：首先通过 TF-IDF 算法选择比较典型的特征词候选，然后利用 HowNet2005 的义原对于 TF-IDF 算法生成的结果再一次过滤。为了生成高质量的特征词组，一定的手工挑选工作是必需的，挑选的原则主要是符合上述四种特性。

坐标轴词应该具有两个最基本的条件：首先，它应该是一个实词；其次，为避免数据的稀疏，它也应该是一个高频词。我们的做法是通过 IDF 来对虚词进行过滤，然后在剩下的基本实词中选择出 2000 个高频实词作为坐标轴词。在此基础上，本章同时从基本实词中选择出 14 000 个高频实词作为特征词。下一步的工作就是构建一个 14 000×2000 的二维矩阵。矩阵中每一行都代表矢量空间上的一个矢量。矢量中的每个分量分别记录着这个特征词在一定尺寸的上下文窗口中与每个对应坐标轴词共现的频度。

MI 主要用于衡量元素对之间的独立性，然而却未能很好地度量其间的依赖性，这是因为没有考虑一个元素未出现时对另外元素的影响。而另外一种衡量标准，平均 MI 却考虑到相互之间的依赖性（Rosenfeld，1994）。平均 MI 的定义：

$$\begin{aligned}\text{AMI}(A,B) &= P(A,B)\log\frac{P(B|A)}{P(B)} + P(A,\overline{B})\log\frac{P(\overline{B}|A)}{P(\overline{B})} \\ &\quad + P(\overline{A},B)\log\frac{P(B|\overline{A})}{P(B)} + P(\overline{A},\overline{B})\log\frac{P(\overline{B}|\overline{A})}{P(\overline{B})}\end{aligned} \qquad (9\text{-}7)$$

式（9-7）与 MI 的不同体现在两个方面：①右侧第一项表达式包括了 MI 中的度量，即已知 A，类别 B 不确定。此外，AMI 进一步考虑到 A 未出现时对于 B 出现的不确定性的度量等信息。②MI 实质上是对于点对间的信息度量，而 AMI 是两个概率分布的度量，可以被看作 Kullback-Leibler（KL）距离：

$$\text{AMI}(X,Y) = D(P(X,Y)\,\|\,P(X)\times P(Y)) \qquad (9\text{-}8)$$

从式（9-8）可以看出，实质上 AMI 是衡量 $P(X,Y)$ 与 $P(X)\times P(Y)$ 之间的概率分布的距离。KL 距离表示的是两个概率分布的距离，这两个概率分布分别为 $P(A,B)$ 和 $P(A)\times P(B)$。在每个分布上，A、B 分别可以取两个离散值。相比于平均 MI，MI 只是度量了两个分布上某一点的距离，从这个意义上来说，总体的分布距离要更加可靠一些。

如果对于所有词都利用词向量空间来衡量相似度会存在如下问题：①计算量太大；②语言本身极其复杂，并且语料库也会存在不均衡性，那么这种方法对一些词的衡量必然会存在不足；③词 VSM 基于假设相似的词具有相似的上下文环境，由于语料库的选取或一些词本身的特性，无法对全部词进行有效衡量；④作为轴的特征词选取目前并没有完美的算法。上述原因会导致词向量空间计算词之间的相似度存有一定的局限性，为此，我们通过同义词词林以及词典 HowNet2005 计算相似度的方法辅助词向量空间法。首先利用同义词词林中的同义词类获取一定相似词的候选，在该候选中利用词向量空间法，最终再辅以 HowNet2005 相似度的计算方法。对于坐标轴词进行一定量的手工检查和筛选通常有助于精确获取相似语义对。

9.3　实验结果与分析

首先，进行基于信息熵的领域术语抽取算法实验，该实验数据来自 2004 年国家 863 评测分类语料中的"经济"类别数据，抽取算法采用 9.1.2 节的信息熵方法抽取，并且按照信息熵的大小排序，按照图 9-1 的术语抽取流程抽取专业术语。表 9-1 给出经济领域的专业术语抽取的部分结果。

表 9-1　抽取的经济专业术语举例

序号	专业词（候选）	信息熵	序号	专业词（候选）	信息熵
1	经济全球化	3.395 19	10	货币政策	2.787 14
2	财政收入	3.246 11	11	生产要素	2.781 73
3	反倾销	3.153 05	12	微观经济学	2.732 71
4	金融市场	2.998 69	13	经济绩效	2.608 91
5	资源配置	2.996 79	14	生产成本	2.596 50
6	凯恩斯主义	2.995 83	15	企业管理	2.530 45
7	外贸出口	2.917 98	16	边际效用	2.519 61
8	金融危机	2.837 73	17	通货膨胀率	2.476 93
9	股市系统	2.833 15	18	金融风暴	2.368 30

正确识别领域术语对于基于主题的推荐系统是非常重要的，主题的确定、主题分类以及主题聚类技术都需分析推荐内容，而内容分析过程中正确划分语义单元才能使得推荐算法有机会准确利用语义信息。

专业语料数据在很大程度上影响词典的搜集效果。专业语料数据的来源通常包括专业论文、专业文档以及互联网上搜集到的专业文本。对于网页数据需要使用网页正文抽取程序，获取其中的文本数据。与前述实验数据类似，表 9-2 显示关于计算机类术语抽取实验结果的部分数据。

表 9-2 抽取的计算机领域专业术语举例

与"商品信息"相关的专业术语			可用于"商品内容"分析的专业术语		
序号	专业词（候选）	信息熵	序号	专业词（候选）	信息熵
1	路由器	3.474 80	1	数据仓库	3.011 32
2	网卡	3.458 12	2	体系结构	2.940 48
3	内存条	3.359 84	3	数据挖掘	2.927 72
4	反病毒软件	3.357 87	4	数据库系统	2.691 67
5	笔记本电脑	3.183 87	5	套接字	2.552 40
6	机箱	3.100 67	6	电子政务	2.551 18
7	声卡	3.038 10	7	电脑病毒	2.465 60
8	摄像头	2.773 59	8	文件描述符	2.356 07
9	设备插架	2.489 15	9	网络通信	2.297 18
10	软盘	2.140 85	10	局部变量	2.270 13
11	模拟摄像头	2.025 33	11	格式化	2.268 79
12	液晶显示屏	1.811 18	12	内存芯片	2.106 29

从表 9-2 可看出，基于信息熵的领域术语抽取算法表现出较好效果。当截取信息熵大于 1 的候选词串，其精确率为 35.7%，为了获得高质量的专业词表，还需进行手工核查。但检查词的工作量并不大，例如，我们从 8000 个候选中搜集的计算机专业词汇约 2500 个，手工工作量并不大。

下面，我们考察基于矢量空间的词义相似度性能。实验数据来自 1998 年与 2000 年人民日报语料，在[−8, 8]窗口范围内的上下文特征计算词 w 与特征词的同现，最终将 w 表示在矢量空间中。当词 w 与词 v 都表示在矢量空间后，就可以利用式（9-6）计算这两个词之间的相似度。通过同义词词林，"教授"含有 63 个同义词，表 9-3 给出其中几个词的相似度矩阵。

表 9-3 相似度矩阵

样例	向量之间的余弦相似度					
	学生	教授	副教授	导师	大学生	中学生
学生	1.000	0.352	0.280	0.288	0.433	0.331
教授	0.352	1.000	0.722	0.815	0.310	0.174

续表

样例	向量之间的余弦相似度					
	学生	教授	副教授	导师	大学生	中学生
副教授	0.280	0.722	1.000	0.641	0.216	0.136
导师	0.288	0.815	0.641	1.000	0.226	0.139
大学生	0.433	0.310	0.216	0.226	1.000	0.674
中学生	0.331	0.174	0.136	0.139	0.674	1.000

计算词义相似度后，可以进一步通过聚类算法获得词之间的聚合关系。词之间通常具有两种重要的关系：聚合关系和组合关系。聚合关系定义了语言单位之间的相似性，也称为词义相似度。它是一种可称作替代式的相似度，两个具有聚合关系的词在特殊的上下文中可以相互替代，而不影响句子意义的合法性。例如，"我使用电脑"和"我使用计算机"，这两句话中"电脑"和"计算机"具有相同的词义。图 9-3 给出表 9-3 中词的层次聚类结果。在实际使用中，可以在本章的词矢量空间法的辅助之下，建立有效的同义词资源库，并应用于基于主题的推荐系统中。

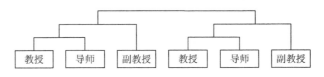

图 9-3　层次聚类结果

下面考察引入触发对后，对于词矢量空间聚类效果的影响。在来自相同的人民日报数据语料下，按照 9.2 节的方法，选用了 2000 个高频实词作为它的坐标轴，分别考察未应用触发对和应用触发对对词矢量空间中的影响。应用触发对做筛选的方法是在建立同现矩阵时，将坐标轴词和特征词看成是一个词触发对候选，如果出现在词触发对库中才统计其对应的同现频度。根据夹角余弦量度计算它们彼此的词义相似度，结果如表 9-4 和表 9-5 所示。

表 9-4　未应用触发对的相似度矩阵

词	面包	馒头	电脑	计算机	工业	农业	宾馆	饭店
面包	1.000	0.755	0.266	0.238	0.382	0.300	0.329	0.343
馒头	0.755	1.000	0.166	0.129	0.182	0.156	0.268	0.282
电脑	0.266	0.166	1.000	0.609	0.305	0.217	0.236	0.229
计算机	0.238	0.129	0.609	1.000	0.393	0.278	0.230	0.227

续表

词	面包	馒头	电脑	计算机	工业	农业	宾馆	饭店
工业	0.382	0.182	0.305	0.393	1.000	0.792	0.276	0.270
农业	0.300	0.156	0.217	0.278	0.792	1.000	0.193	0.189
宾馆	0.329	0.268	0.236	0.230	0.276	0.193	1.000	0.925
饭店	0.343	0.282	0.229	0.227	0.270	0.189	0.925	1.000

表 9-5　应用触发对筛选后的同义词相似度矩阵

词	面包	馒头	电脑	计算机	工业	农业	宾馆	饭店
面包	1.000	0.666	0.028	0.035	0.174	0.144	0.037	0.060
馒头	0.666	1.000	0.022	0.001	0.011	0.009	0.034	0.055
电脑	0.028	0.022	1.000	0.456	0.071	0.043	0.018	0.062
计算机	0.035	0.001	0.456	1.000	0.219	0.159	0.025	0.057
工业	0.174	0.011	0.071	0.219	1.000	0.720	0.056	0.069
农业	0.144	0.009	0.043	0.159	0.720	1.000	0.039	0.054
宾馆	0.037	0.034	0.018	0.025	0.056	0.039	1.000	0.877
饭店	0.060	0.055	0.062	0.057	0.069	0.054	0.877	1.000

在表 9-4 和表 9-5 中，同义词之间的距离基本不变，但非同义词之间的距离下降很大，实质上，这种对比差异的显著变化有助于抽取同义词。

值得说明的是，在词语聚类问题中，名词取得了很好的结果，这是因为名词的词义更多地被篇章所限制，也就是说，只凭上下文中的某个词，我们很难精确描述出名词的词义，所以我们用矢量空间模型，这种模型的特点是可以采集到上下文中很多的相关词，而每个词对词义的贡献大致相等，这种蕴含于篇章中的特征信息正好符合名词的词义特点。

9.4　本　章　结　论

本章主要讨论了语义知识构造方法，针对推荐过程中使用的最基本语义信息的处理方法进行深入研究，为推荐过程增加语义分析能力。本章着重探讨了领域术语抽取方法、语义相似度计算与词语聚类方法，以及基于局部上下文抽取相关词来进行查询扩展的研究。

基于信息熵的领域术语抽取可以为推荐系统提供基本的语义单元，如路由器、内存条、网卡、液晶显示屏作为计算机专业词汇可提高推荐内容的分析能力。另外，本章采用基于矢量空间模型计算词语相似度，并与现有同义词资源相结合的方法来构造语义词典。同时提出了结合词典 HowNet2005 的义原与 TF-IDF 算法共同选择特征词。在查询扩展上，先对训练集文档中的词和词组进行了相关分析，计算出每对词和词组间的关联程度。当需要查询扩展时，利用中文语义网与同义词资源生成扩展词候选集合，根据其与上下文的相关性选出最优的查询扩展。相比现有研究中一般仅采用基于外延的方法，不关心推荐对象的语义，本章进行的基于主题的推荐研究，需要分析推荐对象的内容，因此进行商品语义分析、相似度计算就显得非常重要，它提升了推荐系统对概念的敏感能力。

第 10 章　一种基于社会网络的合著推荐方法

由于现实电子商务推荐数据的保密性，本章基于社会网络进行某大学合著网络构建与分析进行核心作者推荐，模拟电子商务中核心用户的推荐，以期为电子商务推荐起到重要参考作用。论文作为衡量科研成果的主要形式，一篇期刊论文只由单独一个作者完成的情况已经很少，合著现象越来越普遍。作者合著论文的情况，在一定程度上可以反映这个领域科研合作与学术交流的特点。合著网络中作者的角色是评价专家学者的时候应该考虑的一个重要方面，并且可以对科技管理工作提供很好的借鉴（庞秀丽等，2013）。

目前，已有很多国内外学者对合著网络进行了研究。国际方面，Domenico 等（2013）采用三种数据源验证了合著网络的性能，比较了它们之间的异同及适用范围。Lemarchand（2011）发现科学出版物中列出的总数科学引文索引（science citation index，SCI）、社会科学引文索引（social sciences citation index，SSCI）和艺术与人文科学引文索引（arts & humanities citation index，A&HCI）遵循指数增长。Mehri 等（2012）通过书中共生网络来研究语言，结合个人的写作风格分类与可接受的高分辨力，进行著作权识别。Abbasi 等（2011）运用相关分析、回归分析以及复杂网络的分析方法来判定学者在合著当中的贡献。国内方面，姚啸华（2011）通过社会网络分析方法，以武汉大学信息管理学院为例进行实证研究。张洋和刘锦源（2012）选择 8 种国内竞争情报领域核心期刊合著论文为样本，构建我国竞争情报领域的合著网络。陈瑜林（2012）借助教育技术期刊载文中的作者合著信息，构建出我国教育技术学者合著网络知识图谱。吕海洋和冯玉强（2010）应用自同构对等性，对 ACM SIGKDD（association for computing machinery special interest group knowledge discovery and data mining，知识发现与数据挖掘会议）合著网络进行了作者的角色分析。

本章以某大学经管学院教师在期刊上发表文章的合著情况为研究对象，采用社会网络的分析方法，借助 Pajek 及 UCINET 分析工具，构建合著网络，分析了该学院教师论文学术合作和交流状况，分别从个体属性以及整体属性等多方面加以剖析。个体属性包括中心性分析、凝聚子群分析以及核心边缘分析。整体属性包括该学院的合著网络的小世界效应以及该院合著网络的聚类特性。

10.1　合著网络构建

10.1.1　合著网络数据来源

以 2013 年该学院在职的 98 位教师为对象,通过查阅知网 1997~2012 年论文数据,发现其中参与院内合著的教师有 48 位,其余的 50 位教师没有进行院内教师论文合著,合著作者比率达到 48.98%。通过知网查阅得到 98 位教师共发表论文 157 篇,其中院内合著的论文为 107 篇,合著论文比率为 68.15%。平均每篇论文合著教师为 0.45 位,平均每位合著教师发表论文 1.60 篇。

在 98 位教师中,有 50 位教师没有和院内任何一位教师具有合著关系,为了避免孤立点产生,将这 50 位教师信息删除,以 48 位合著教师为节点,以共同发表论文为研究对象,构建合著网络矩阵。如果合著教师节点 i 与合著教师节点 j 有合著关系,则矩阵元素 a_{ij} 不为 0,值为该边的权重。如果合著教师节点 i 与合著教师节点 j 没有合著关系,则矩阵元素 a_{ij} 为 0。由此,该合著矩阵对角线上元素为 0,且为对称阵。

10.1.2　论文合著网络图构建

在进行分析时,为了对教师姓名信息进行隐私保护,用编号 1~48 表示 48 位教师,即每一个编号对应一位老师,在后面的研究中,编号与教师的对应关系不变。按照“1 数据准备”的方法对合著网络矩阵输入整理后,输入可视化网络分析软件 Pajek,得到教师合著网络图,如图 10-1 所示。

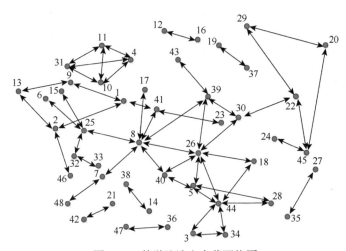

图 10-1　某学院论文合著网络图

由于构建的是无权矩阵，凡是具有论文合著的教师节点之间都有一条连线。从图 10-1 可以看到，编号为 8、26、39 和 44 等教师和其他教师论文合著关系比较密切，合作比较频繁，成为合著网络中的核心。这些教师可以看作是该学院科研核心团队，联系着其他成员，发挥着比较重要的论文合著作用。

10.2　合著网络分析

10.2.1　网络个体属性分析

对图 10-1 网络的个体属性分析包括：中心性分析、凝聚子群分析及核心-边缘结构分析。其中，中心性分析包括点度中心性、中介中心性，凝聚子群分析包括 k-核、k-丛分析。

1. 中心性分析

中心性反映个体在整个网络中所占据的重要性程度，根据计算方法的不同，中心性又包括点度中心性、中介中心性。该学院为某大学规模较大的一个学院，专业较多，教师人数也较多，而每位教师在合著网络中所起的作用是不同的，有必要从中心性角度分析每位教师在整个网络中所起的重要性程度及所在专业。

1）度中心性

度中心性是研究网络拓扑结构的基本参数，用于描述在网络中节点的影响力，常被用于衡量团体中的中心人物，公式为

$$C_D(k) = \sum_{i=1}^{n} r_{ki} \tag{10-1}$$

其中，n 表示网络中节点数目；r_{ki} 表示邻接矩阵中的元素。

为了比较不同规模网络中节点的度中心性，需要对度指标进行归一化处理，归一化度指标为

$$C_{ND}(k) = \sum_{i=1}^{n} r_{ki} / n - 1$$

本章主要研究教师作者之间的合著关系，故规定在论文合著网络中不允许两个节点之间有多条边存在，即作者之间的联系是无权的。度中心性体现了该节点与周围节点之间建立直接联系的能力。度中心性数值越大说明这位教师与其他不同科研人员的论文合著范围越广，合著越频繁。表 10-1 显示了度数值较大的部分节点的节点编号、度中心性、归一化的度中心性以及对应的专业名称，其按照节点度中心性降序排列。该学院设有经济学、工商管理、市场营销、会计学、国际经济与贸易、金融学、统计学、人力资源管理等 8 个本科专业，以及行政人员。

表 10-1　论文合著网络度中心性

节点编号	度中心性	归一化的度中心性	所在专业或部门
26	7	0.148 936 2	金融学
8	6	0.127 659 6	金融学
44	6	0.127 659 6	工商管理
5	4	0.085 106 4	金融学
25	4	0.085 106 4	经济学
39	4	0.085 106 4	行政
1	3	0.063 829 8	会计学
2	3	0.063 829 8	会计学
4	3	0.063 829 8	人力资源管理
10	3	0.063 829 8	经济学
11	3	0.063 829 8	行政
22	3	0.063 829 8	金融学
30	3	0.063 829 8	金融学
31	3	0.063 829 8	经济学
40	3	0.063 829 8	金融学
45	3	0.063 829 8	统计学

从表 10-1 中可以发现，度中心性较高的作者是编号为 26、8 和 44 教师，表明他们曾和 6 位到 7 位教师合作过。同时也可以发现，金融学专业的教师和专业内部与其他专业合作最为频繁，其次为经济学，而这两个专业正是学院的省级重点专业，该学院的省级精品课程也都出自这两个专业。这也从一个侧面说明，合著水平较高的领域，往往带动和促进其他科研合作，加速科研水平的提高。

2）中介中心性

中介中心性是指最短路径经过该节点的频数，体现出节点对其他节点的控制能力，即当此节点被去除时，最短路径数量增加，有些节点甚至将会与主体网络断开。设网络具有 n 个节点，则节点 x 的中介中心性定义为

$$C_b(x) = \sum_{j<k} g_{jk}(x) / g_{jk} \tag{10-2}$$

其中，$g_{jk}(x)$ 表示从 j 到 k 的最短路径中经过节点 x 的数量；g_{jk} 表示从 j 到 k 的最短路径数量。表 10-2 显示了中介中心性数值较大的部分节点的节点编号、中介中心性、归一化的中介中心性以及节点对应的专业名称，其按照节点中介中心性降序排列。其余未显示的节点其中介中心性均为 0。

表 10-2　论文合著网络中介中心性

节点编号	中介中心性	归一化的中介中心性	所在专业或部门
8	146.000	0.135 060	金融学
26	131.500	0.121 647	金融学
30	95.000	0.087 882	金融学
25	85.000	0.078 631	经济学
22	81.000	0.074 931	金融学
44	53.000	0.049 029	工商管理
39	50.000	0.046 254	行政
45	33.500	0.030 990	统计学
7	23.000	0.021 277	会计学
32	23.000	0.021 277	经济学
5	13.000	0.012 026	金融学
29	10.500	0.009 713	金融学
1	9.000	0.008 326	会计学
40	7.500	0.006 938	金融学
2	6.500	0.006 013	会计学
41	5.000	0.004 625	会计学
9	1.500	0.001 388	会计学
13	1.000	0.000 925	工商管理
20	1.000	0.000 925	统计学
12	0	0	工商管理
18	0	0	人力资源管理

　　结果显示，中介中心性最高的是编号为 8、26、30、25、22 的教师作者，他们主要来自金融学及经济学这两个该院的重点专业，说明这两个专业起到了联系整个学院各专业教师的纽带作用。这再次说明了合著交流水平较高的领域，往往会促进其他科研合作，有助于科研水平的提高。对比表 10-1 与表 10-2，可以看到度中心性较高的编号为 5 的作者，其中介中心性较低，说明了两种指标的差异性，即合著比较频繁的作者不一定交流信息的能力强。同时，可以看到中介中心性为 0 的教师作者共有 29 位，占到教师作者总人数的 59.18%，说明大部分的作者与其他作者交流信息不是特别通畅。

2. 凝聚子群分析

1）k-核分析

一个网络，如果其中任何一个节点至少有 k 个邻居仍然在这个网络中，则该网络就叫作一个 k-核心网络。较大 k-核心网络中的节点也属于所有的较小的 k-核心网络。核心就是在复杂网络中起着重要作用的节点。

从复杂网络的结构上来看，这些核心节点之间联系非常紧密，而其他的非核心节点仅仅通过少数几条边与这些核心节点相连。寻找复杂网络图的核心，就是找出复杂网络图中所有的 k-核心网络。在很多复杂网络中，都存在这样的现象：虽然复杂网络的节点数目非常庞大，但是它的"核心"节点相对于整个复杂网络的节点数目来说非常少。

为了找到该学院的核心，进行论文合著网络 k-核心分析。表 10-3 为得到的部分 k-核心，及其所对应的节点编号及专业名称。其余节点对应的 k-核心数目均为 1，在这里就不一一列出。

表 10-3　论文合著网络 k-核心

节点编号	k-核心数目	所在专业或部门
4	3	人力资源管理
10	3	经济学
11	3	行政
31	3	经济学
1	2	会计学
2	2	会计学
3	2	工商管理
5	2	金融学
8	2	金融学
9	2	会计学
13	2	工商管理
18	2	金融学
20	2	统计学
22	2	金融学
26	2	金融学

续表

节点编号	k-核心数目	所在专业或部门
28	2	工商管理
29	2	金融学
30	2	金融学
34	2	工商管理
39	2	行政
40	2	金融学
43	2	行政
44	2	工商管理
45	2	统计学

　　表 10-3 中每个节点对应的类的编号即为该节点所属所有 k-核心网络中最大的 k 值,如果该节点不属于任何核心网络,则其对应类编号为 0,而整个网络中不存在对应类编号为 0 的节点。说明整个网络是连通网络,不存在孤立点。节点编号为 4、10、11、31 这四个节点对应的 k-核心数目类编号为 3,这四个节点构成了一个 3-核心网络,他们是整个网络的核心。如果将这五个节点移除,则整个网络将会剩下一些孤立的节点。而这 4 位核心教师分别来自人力资源管理、行政、经济学专业或部门,说明这些专业发展比较稳定,未来有可能发展成为科研团队。

　　2)k-丛分析

　　对于一个社会网络,若一个凝聚子群的规模为 n,当该子群中的每一节点度数都大于等于 n-k 时,被称为 k-丛。为了对构建的教师合著网络的合著规模进行判别,进行 k-丛分析,其中 k 取值为 2。结果如图 10-2 所示,共有 64 个 2-丛,每丛节点数规模绝大多数为 3,规模比较小,只有少部分为 4。根据 k-丛定义,说明绝大多数教师作者只与其所在丛中其他至少一个教师作者产生过合著关系,即此合著网络中大多数教师作者只与少量作者具有合著关系,合著不是很紧密。通过软件 Pajek 给出的会发现编号为 1、3、5、7、8、22、26、24 等的教师作者在多个 2-丛当中出现过,说明这些作者可以使不同的 2-丛之间发生联系,合著作用明显。

　　将图 10-2 中规模为 4 的 2-丛抽取出来,数量为 9 个,表 10-4 列出了这 9 个规模为 4 的 2-丛教师作者及所在专业的分布情况。可以看出,该学院教师之间的合著关系主要集中在金融学与工商管理专业内部,占到整个规模为 4 的 2-丛成员的 33.33%，而金融学内部规模为 4 的 2-丛成员占 11.11%。从表 10-5 可以看出，金融学专业教师不但系内合作较频繁，和其他系别之间也有良好的合作，比重占到 11.11% + 33.33% + 22.22% + 11.11% = 77.77%，反映出该专业合著关系较为活跃。其次工商管理和行政也对系别之间教师合作起了很大的作用。

64 k-plexes found.			
1: 1 2 9 13	17: 5 26 39	33: 8 17 39	49: 18 34 44
2: 1 2 41	18: 5 26 40 44	34: 8 17 40	50: 20 22 29 45
3: 1 2 46	19: 5 28 40	35: 8 18 26	51: 20 24 45
4: 1 9 41	20: 5 34 44	36: 8 25 26	52: 22 24 45
5: 1 23 41	21: 6 8 25	37: 8 25 32	53: 22 26 30
6: 2 13 46	22: 6 15 25	38: 8 25 39	54: 22 29 30
7: 3 5 44	23: 6 25 32	39: 8 25 40	55: 22 30 39
8: 3 18 44	24: 7 8 17	40: 8 26 30 39	56: 22 30 45
9: 3 26 44	25: 7 8 25	41: 8 26 39 40	57: 25 32 33
10: 3 28 44	26: 7 8 26	42: 8 26 44	58: 26 30 40
11: 3 34 44	27: 7 8 39	43: 8 39 43	59: 26 30 44
12: 4 10 11 31	28: 7 8 40	44: 15 25 32	60: 26 34 44
13: 5 8 26 40	29: 7 8 48	45: 18 26 30	61: 26 39 43
14: 5 18 26 44	30: 8 15 25	46: 18 26 39	62: 26 39 44
15: 5 26 28 44	31: 8 17 25	47: 18 26 40	63: 28 34 44
16: 5 26 30	32: 8 17 26	48: 18 28 44	64: 30 39 43

图 10-2　教师 k-丛分析图

表 10-4　9 个规模为 4 的 2-丛成员所在系别的分布表

规模为 4 的 2-丛成员编号	所在专业或部门	比重
1:　　1　2　9　13	会计学 + 工商管理	11.11%
12:　　4　10　11　31	人力资源管理 + 行政 + 经济学	11.11%
13:　　5　8　26　40	金融学	11.11%
14:　　5　18　26　44	金融学 + 工商管理	33.33%
15:　　5　26　28　44	金融学 + 工商管理	
18:　　5　26　40　44	金融学 + 工商管理	
40:　　8　26　30　39	金融学 + 行政	22.22%
41:　　8　26　39　40	金融学 + 行政	
50:　　20　22　29　45	金融学 + 统计	11.11%

3. 核心-边缘结构分析

社会网络中，核心-边缘结构分析是根据网络中节点密度的大小，将节点分为两类：核心与边缘。核心节点网络密度及连通性相对较高，其拥有的社会资源越多，人际关系也较复杂，是网络中最具价值的节点。边缘节点与之相对，网络密度相对低，处于行动的边缘。

图 10-3 为该学院论文合著网络核心-边缘结构分析结果。表中显示了输入数据来源、数据类型、相关系数，以及核心-边缘的成员等。共有 33 位教师作者在网络中位于核心位置，是网络中价值比较高的节点。其余 15 位教师作者位于边缘位置。这 33 位核心教师作者中，编号为 8 和 39 的作者发表文献数量最多，他们分别发表了 13 篇和 9 篇文章，而核心教师作者最少发表了 1 篇文章。

简单核心/边缘模型

  输入数据集：合著教师原始矩阵(D:\合著教师原始矩阵)

数据类型：正项

适陪度测量：CORR

核心边缘密度：

迭代次数：50

种群规模：100

输出集群：CorePartition (D:\合著教师原始矩阵\CorePartition)

输出划分区：CoreClasses (D:\合著教师原始矩阵\CorePartition)

初始适配度：0.020

最终适配度：0.020

核心-边缘成员：

  1: 1 2 3 4 5 6 7 8 9 10 11 13 15 17 18 20 22 24 25 26 28 29 30 31 32 33 34 39 40 43 44 45 48

  2: 12 14 16 19 21 23 27 35 36 37 38 41 42 46 47

图 10-3 论文合著网络核心-边缘结构分析

10.2.2 网络整体属性分析

1. 小世界效应

对于合著网络来说，如果其符合小世界效应，那就说明节点成员信息交流通畅、快捷。相反，节点成员不能够通畅、快速交流。图 10-4 为该学院教师合著网络的最大直径及平均距离，其显示了合著网络中所有节点的最长距离是从第 33 个节点到第 20 个节点，直径距离为 8。说明该教师合著网络中任何两个教师之间的距离不会超过 8，从侧面证明了该院教师合著没有大的障碍，交流比较畅通、快速。从图 10-4 还可看到，合著网络间节点间的平均距离是 3.330 33，即某一教师作者平均只需 3 步就可达到另外一位教师作者。显示出该合著网络很强的联系，该学院教师之间能够便捷地交流。

结果：

合著网络中所有节点的最长距离是从第33个节点到第20个节点，直径距离为8

花费时间：0:00:00

工作中…

不可到达的对数：1590

可到达对数的平均路径长度：3.330 33

最远距离节点：20 (20)和33 (33)。距离为8

图 10-4　最大直径及平均距离

类似地，通过聚类特性，也能体现出社会网络的小世界效应。假设复杂网络中节点 i 有 k_i 条边和其他节点相连，节点之间最多可能有 $k_i(k_i-1)/2$ 条边。聚类系数 $CC_i(i)=2E_i(i)/(k_i(k_i-1))$，复杂网络的聚类系数 CC_i 为聚类系数的平均值，如式（10-3）所示：

$$CC_i = \frac{\sum_{i=1}^{N} CC_i(i)}{N} \tag{10-3}$$

其中，N 表示复杂网络中的节点个数。

该院教师论文合著网络的聚类系数为 0.219 147，数值比较高，平均路径长度仅为 3.330 33，显示了该合著网络符合小世界效应，网络中存在着彼此熟悉的团队，信息交流比较通畅。

2. 最大连通子图分析

图 10-5 为该网络的最大连通子图，由 25 个节点组成，这些节点为该学院的骨干力量，他们起到联系整个学院教师合著的关键作用，学院对这部分教师应给予积极引导机制，发挥他们的带动作用。同时，他们的数量仅占整个教师合著网络的52.1%，还有 47.8% 的教师节点游离于最大连通子图之外，与其内部教师节点没有交流，还应加强整个教师之间的交流。该最大连通子图主要由三个主要部分构成：一是以教师节点 8 为核心，辐射 6 位作者；二是以教师节点 26 为核心，辐射 7 位作者；三是以教师节点 44 为核心，辐射 6 位作者。以节点 8 为核心的大部分合著教师是以节点 8 为中介点来和其余人员合作，无直接合著，这种合著关系比较脆弱，一旦节

点 8 停止写作，此辐射网将面临崩溃。而以节点 26 及 44 为核心的合著教师之间有直接合著，显示网络更复杂，相互间联系更紧密，活跃度更高。

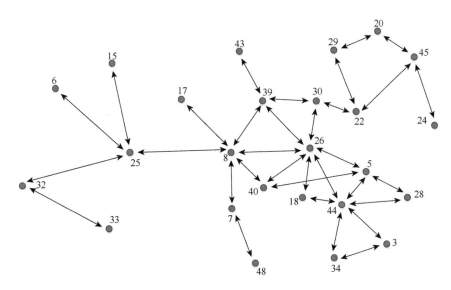

图 10-5　最大连通子图-25 节点

10.3　本 章 结 论

（1）本章基于社会网络分析法构建并分析了某大学经管学院合著网络，将网络个体属性研究与网络整体属性研究相结合。个体属性包括中心性分析、凝聚子群分析以及核心-边缘分析。整体属性包括小世界效应验证以及最大连通子图分析。除加强合著网络中节点间的合著交流外，还应根据各学科专业发展的需要，从现有合著网络外部吸纳有利于网络发展的新成员。

（2）通过构建的某学院的合著网络，分析了该院的论文科研合作情况。通过对该院论文合著网络的个体属性及整体属性进行分析，得出了该院论文合作教师合著的特点，以及教师所在专业在合著当中体现的特点。对于发展比较好的重点专业，应进一步支持，发挥其优势辐射作用，而对于学术交流较少的专业应加以政策引导，给予必要的扶持，以此促进全院各学科的全面发展。

（3）通过分析整个合著网络的特点，看出部分教师合著频繁，交流活跃，应积极鼓励这些核心教师，使其带动整个学院教师合作的发展。同时，虽然整个合著网络体现出小世界效应，交流比较通畅，但还有相当多的教师游离于主体部分之外，合著关系比较脆弱，对于这部分教师，学院可制定相应激励政策，积极引导，倡导更多的交流合作。

第 11 章　某期刊作者合著网络模式研究

科研合作成果展示的一个重要途径即论文合著,随着科研合作的广泛开展,各国的论文合著现象已越来越普遍。在诺贝尔奖获奖论文中,合著论文占 79%。国内外学者对论文合著研究日趋深入(庞秀丽等,2013)。国际方面,Li 等(2013)等研究了在合著网络中,学者可以利用社会资本来扩大研究的影响,指出合著者通过提高在网络中的中介中心性可以有效地达到这一目的。Domenico 等(2013)利用三种数据源构建了意大利统计学家的合著网络,分析了网络整体结构,测量了网络位置对科学绩效的影响,发现了其独特的合作模式。Abbasi 等(2011)利用社会网络分析(social network analysis,SNA)检验了社会网络对学者绩效的影响,得出了只与一个学者进行合作的学者群表现良好,学者应与学生而非其他成绩突出的学者合作。Lemarchand(2011)发现科学出版物中列出的 SCI、SSCI 和 A&HCI 遵循指数增长。Mehri 等(2012)通过书中共生网络来研究语言,结合个人的写作风格分类与可接受的高分辨力,进行著作权识别。Ding(2011)结合主题建模和路径寻找算法来确定作者引用及合作的倾向性,结果表明两种不同类型作者表现出不同的特点。Abbasi 等(2011)采用度、紧密度及中介中心性分析不同节点作者的位置关系,以及他们在合著网络演化过程中所起的作用,以此来判断作者的偏好联系。此外,采用基于理论模型的社会网络方法以及基于引文的方法来探索学者的合著网络特性。通过结构洞理论,并联系作者的学术引文水平来发掘合著的密度、效率以及约束等特性。

国内方面,刘娅(2011)以美国科学引文数据库收录的中国在环境研究领域发表的国际合著论文为研究对象,通过对论文的生产能力、机构分布、地域分布、发表期刊分布、研究热点分布等方面的分析,揭示我国环境领域国际科技合作的基本特征。吕海洋和冯玉强(2010)应用自同构对等性,对知识发现与数据挖掘会议 ACM SIGKDD 合著网络进行了作者的角色分析。余丰民和汤江明(2011)通过可视化技术,绘制了某期刊学术论文的作者合著网络、机构合著网络及区域合著网络的知识图谱,分析了该期刊在合著网络方面的优势与不足之处。郭世月和李睿(2013)通过分析某领域论文期刊作者合著网络的拓扑属性,研究了合著网络模式与论文产出量与被引频次之间的相关性。黄玮强等(2012)采用合著网络的分析方法研究企业的知识扩散,构建了基于创新合作网络的知识扩散模型,运用仿真方法研究集群知识扩散规律,给出促进最优创新合作网络安排的相关政策建议。孙耀吾（2011）基于小世界网络的视角构建了高技术企业联盟知识扩散模型，分析了联盟的知识扩散特性，并提出了促进知识创新的有效途径。李丽蓉等（2010）构建了三种管理信息系统期刊中的合著网络，进行成分分析，计算出五种成分中的作者广度中心度，并对广度中心度分值较高的作者背景，以及合作者的研究领域进行了分析。温芳芳和李佳靓（2011）以五种情报学期刊为样本，从合著率、合作度、合作范围以及不同作者数的论文分布情况等几个角度对 1999～2008 年来我国情报学期刊论文的合著现象及其发展变化规律进行了统计和分析。

本章研究的某期刊是由哈尔滨工业大学管理学院主办的学术类期刊，于1987 年创刊，设有企业管理、国际贸易、证券市场、市场营销、管理信息系统、经济学、公共管理、人力资源八个栏目，其科学内容翔实、观点新颖、文章可读性强、信息量大，促进了我国管理科学的发展，成为中国最早的中文社会科学引文索引年来源期刊（Chinese social sciences citation index，CSSCI）之一，以及国家自然科学基金委员会管理科学部认定的管理科学 A 级重要期刊，代表了我国管理科学的研究水平。其被公认誉为具有业内影响力的杂志之一。

本章采用社会网络分析方法构建了某期刊合著网络，分别探究了在有权与无权状况下该期刊合著网络属性的不同，分析了不同情况下节点的属性、各个子群的属性、网络整体属性，以及网络稳健性，总结了该期刊的特点，以期为该期刊的进一步发展提供些许借鉴。

11.1　数　据　准　备

本章利用 NoteExpress 软件处理了某期刊 2009～2013 年所刊登的 353 篇论文，其中刊有关于稿件的通知、征文启事等共 23 篇（以下的研究不将其计算在内），由单个作者完成的文章 40 篇，合著文章共 290 篇，合著论文比率为 88%，高于重要学术期刊中综合型期刊的合著产中值 83%。另外，论文作者 677 人，合著作者637 人，合著作者比率为 94%。平均每篇论文合著作者为 2.2 位，可以看出该期刊论文合著情况显著。

为了专注于合著情况，同时使研究更有效率又不损害数据的真实性和可靠性，本章在删除了单个节点的基础上又删去了所有独立存在的节点对，得到合著文章150 篇，节点 272 个。在构建合著网络时：①分别构造了无权与有权网络。无权网络即两个作者存在合作关系即存在一条关系，有权网络即以作者合作次数为权重。②不考虑合作的方向性。作者之间的合作是相互的，因此构建的网络是无向的。在进行分析时，为了对作者姓名信息进行隐私保护，用编号表示作者，即每一个编号对应一位作者，在后面的研究中，编号与教师的对应关系不变。

11.2 合著网络特征

本章将围绕节点的属性、各个子群的属性、网络整体属性这三个方面，分别从有权与无权两个角度来探索本章构成的合著网络的特征，包括研究有权与无权网络条件下节点指标及其之间的相关性分析、核心节点分析；凝聚子群的重要方面——"成分"的分析；网络稳健性的分析，从而得出该领域科研合作的特点。

11.2.1 节点中心度

合著网络中作者的角色是评价专家学者的时候应该考虑的一个重要方面，并且可以对科技管理工作提供借鉴，而中心度是衡量作者节点重要性的首要指标，包括点度中心度、中介中心度和接近中心度。对于论文合著网络来说，关注某一作者在该领域发挥的不同作用也就需要根据相应的指标来分析。三个度值各有其绝对值和相对值之分。绝对值可以用于直接比较在构建的单个网络中各值的大小关系，若存在多个网络且规模不同，则需要利用各点相对值来对其节点进行比较。将根据无权网络计算得到的某期刊各节点的点度中心度和中介中心度按降序排列，接近中心度按升序排序，得出前 20 位的作者节点如表 11-1 所示。

表 11-1　无权合著网络的节点中心度分析

按点度中心度排序			按中介中心度排序			按接近中心度排序		
节点号	绝对点度中心度	相对点度中心度	节点号	绝对中介中心度	相对中介中心度	节点号	绝对接近中心度	相对接近中心度
231	10	0.014	231	40.5	0.111	231	70 733	0.383
265	9	0.013	265	25	0.068	112	70 739	0.383
154	7	0.010	182	20	0.055	212	70 739	0.383
78	7	0.010	32	19	0.052	8	70 740	0.383
183	7	0.010	168	18	0.049	139	70 740	0.383
6	6	0.008	183	14	0.038	97	70 740	0.383
130	6	0.008	105	12	0.033	251	70 741	0.383
38	6	0.008	70	12	0.033	121	70 741	0.383
119	6	0.008	198	10	0.027	256	70 741	0.383
235	6	0.008	212	10	0.027	127	70 741	0.383
112	6	0.008	29	9	0.025	111	70 748	0.383
148	6	0.008	241	9	0.025	271	70 749	0.383

续表

按点度中心度排序			按中介中心度排序			按接近中心度排序		
节点号	绝对点度中心度	相对点度中心度	节点号	绝对中介中心度	相对中介中心度	节点号	绝对接近中心度	相对接近中心度
245	5	0.007	76	8	0.022	182	71 277	0.38
171	5	0.007	235	8	0.022	168	71 278	0.38
168	5	0.007	71	8	0.022	219	71 281	0.38
76	5	0.007	53	8	0.022	53	71 281	0.38
213	5	0.007	19	8	0.022	57	71 281	0.38
43	5	0.007	171	7	0.019	4	71 282	0.38
71	5	0.007	6	6.5	0.018	215	71 282	0.38
118	5	0.007	20	6	0.016	48	71 284	0.38

1. 点度中心度

点度中心度测量的是一个节点拥有的直接联系的节点数。在合著网络中，节点的点度中心度值越大，说明其有越强的自身交际能力，掌握着越多的资源。节点 231 的点度中心度最大，与 9 个节点有直接合作关系。扩大网络范围即拥有更多直接联系的节点，不但便于个体获得更多的资源，实现个体利益最大化，而且整个网络范围越大，包含的资源关系越多，每个成员从网络中所能获得的资源都有不同程度的增加。因此，每个合著作者应努力增加自己的合作对象，与更多的作者产生联系，形成更大规模的合作网。表 11-1 以节点 231 为核心的子网即是整体网络的最大子网，它们之间的合作使得自身和该领域的整体科研水平得到提高。

2. 中介中心度

中介中心度指其他节点的最短路径通过该节点的频数。中介中心度与点度中心度测量的是一个节点的不同方面。点度中心度可以看出节点的交往范围，而中介中心度则表明节点把握控制其他节点的能力。中介值越大，沟通桥梁的作用越明显，节点控制力越强。中介中心度最大的仍是节点 231，说明其确实在整个网络中发挥着很重要的作用，既与许多节点产生联系，同时也控制着其他节点，调查背景发现，该作者作为项目负责人主持了国家自然科学基金项目 5 项，享受国务院政府特殊津贴，主要科研著作有《管理信息系统》，在管理领域具有一定的建树。节点 171，虽然其点度中心度较大，但是中介中心度排在后面，因此该节点的重要性相对较低。而节点 32 虽然直接联系的节点数较少，但是中介性强，在其所属的子网中是不可或缺的。

3. 接近中心度

点度中心度测量了节点本身的局部性质，中介中心度测量了节点的全局性质。如果要判断节点在合著网络中的传播能力，需要分析节点在网络中所处的位置。接近中心度测量节点到其他所有节点的最短路径之和，由此判断节点是否处于网络的中心，弥补了点度中心度与中介中心度的缺陷。若一节点与网络所有其他点的距离都很短，则称该点为网络的中心点，反映的是节点在多大程度上不受其他节点的控制，该值越小说明节点越不受其他点控制。同样的，节点 231 的接近中心度值相对较小，传播影响力较强，位于整体网络的核心。但是，由于各节点接近中心度值大致相同且数值较大，从网络位置来看，各节点重要程度无较大差别，可看出由某期刊合著作者构造的整体网络结构零散，高度不联通，如图 11-1 所示，每个圆点代表一位作者。

4. 有权网络与无权网络节点中心度对比分析

将采用无权合著网络得到的各个节点中心度值和利用有权合著网络得到的度值相比较，如表 11-2 所示，发现各节点的中介中心度和接近中心度值不变，排名也没有变化，说明有权与无权对这两个指标无影响，而点度中心度由于测量的是节点的总的直接联系的数目，在有权网络中因为各节点合作关系强度的增加而不同。对比表 11-2 前四列即可得到，有权网络的点度中心度大于无权网络的，且由于有些作者与相同作者的合作次数多，所以中心度变大。例如，节点 154 由于其与相同的作者合作过 3 次，如果单纯从合作者数量看，即在无权网络中，点度中心度小。而在有权网络中其度值却排在第三位。不过，虽然节点度值变大了，但是其合作对象数量仍不变，因此如果仅需要探究作者的合著关系时，利用无权网络即可。

11.2.2　相关性分析

对该期刊构造的无权网络的全部作者的点度中心度、中介中心度和发表论文数进行了相关性分析，得到表 11-3。结果表明：点度中心度和中介中心度、发表论文数三者之间存在明显的正相关性。点度中心度和中介中心度相关系数为 0.611，说明节点作者在和大量作者合作的同时也充当了作者之间的桥梁，承担起联结整个网络的作用。点度中心度和发表论文数也高度正相关，相关系数为 0.552，在一定程度上说明发表论文数多，与之直接联系的作者也相对较多，反之亦成立。中介中心度和发表论文数相关度为 0.793，则说明发文多的作者一般也充当着中介者的职能，在网络中起联系沟通的作用。其中，发表论文数与中介中心度的相关度 0.793，高于与点度中心度的相关度 0.552，说明高产作者尽管直接联系的作者不多，文章与相对较少的作者合作完成，但是其在局部网络中的控制力比较强，影响力较大。

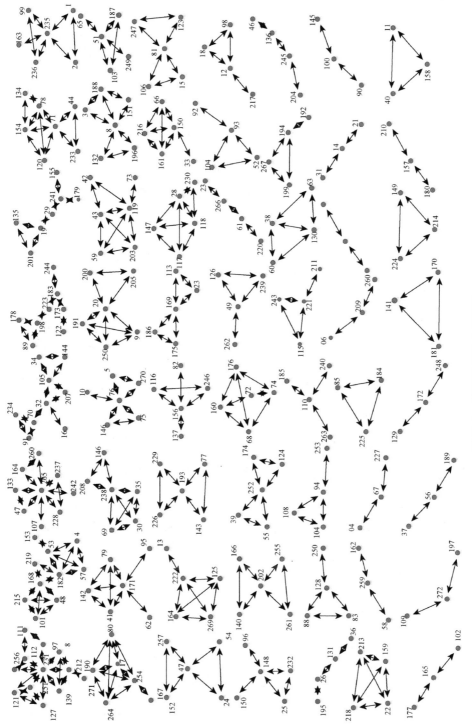

图 11-1　某期刊作者合作网络

表 11-2　有权网络与无权网络节点中心度对比

按点度中心度排序				按中介中心度排序				按接近中心度排序		
节点号	有权网络点度中心度	节点号	无权网络点度中心度	节点号	有权网络中介中心度	无权网络中介中心度	节点号	有权网络接近中心度	无权网络接近中心度	
231	10	231	9	231	40.5	40.5	231	70 733	70 733	
265	9	265	8	265	25	25	112	70 739	70 739	
154	7	171	5	182	20	20	212	70 739	70 739	
78	7	182	5	32	19	19	8	70 740	70 740	
183	7	183	5	168	18	18	139	70 740	70 740	
6	6	6	5	183	14	14	97	70 740	70 740	
130	6	168	5	105	12	12	251	70 741	70 741	
38	6	76	5	70	12	12	121	70 741	70 741	
119	6	119	5	198	10	10	256	70 741	70 741	
235	6	238	5	212	10	10	127	70 741	70 741	
112	6	71	5	29	9	9	111	70 748	70 748	
148	6	20	5	241	9	9	271	70 749	70 749	
245	5	235	5	76	8	8	182	71 277	71 277	
171	5	254	5	235	8	8	168	71 278	71 278	
168	5	148	4	71	8	8	219	71 281	71 281	
76	5	193	4	53	8	8	53	71 281	71 281	
213	5	43	4	19	8	8	57	71 281	71 281	
43	5	53	4	171	7	7	4	71 282	71 282	
71	5	28	4	6	6.5	6.5	215	71 282	71 282	
118	5	198	4	20	6	6	48	71 284	71 284	

表 11-3　无权网络点度中心度、中介中心度和发表论文数相关系数表

斯皮尔曼相关系数		点度中心度	中介中心度	发表论文数
点度中心度	相关系数	1.000	0.611**	0.552**
	Sig.（双侧）	0.000	0.000	0.000
	N	272	272	272
中介中心度	相关系数	0.611**	1.000	0.793**
	Sig.（双侧）	0.000	0.000	0.000
	N	272	272	272
发表论文数	相关系数	0.552**	0.793**	1.000
	Sig.（双侧）	0.000	0.000	0.000
	N	272	272	272

**在置信度（双侧）为 0.01 时，相关性是显著的

11.2.3　核心节点分析

　　由于某期刊合著网络中各个节点的接近中心度值相差不大，用其作为区分节点重要性指标没有意义，因此将无权网络点度中心度和中介中心度作为衡量节点在网络中重要性的最主要的两个指标，我们将这两个指标皆位于前 20 位的节点看作核心节点，并同由普莱斯定律确定的核心节点进行比较分析，看出哪些节点确实在各个方面都发挥着重要作用。利用分析无权网络得到的核心节点，共 13 个，为 231、265、171、182、183、6、168、76、71、20、235、53、198。

　　依据普莱斯定律，我们可以采用以下方法测定某学科领域的核心作者：将该领域最高产作者发表论文数开方，再乘以 0.749，高于此发表论文数的作者即为核心作者。在本章中，发表论文数最大的为节点 265，共发表 6 篇论文，则发表论文数高于 1.8 篇的作者即可认定为核心作者，共有 91 位。鉴于在该刊发表两篇及以上文章人数较多，我们将发表论文数大于等于 3 的作者视作核心节点，得核心节点 22 个，为 6、38、76、112、130、171、241、25、51、78、119、154、156、194、32、110、183、231、235、245、148、265。两种方法得到共同的节点为 6、76、171、183、231、235、265。

　　通过上述分析可以看到从不同角度分析的节点其重要程度各不相同。虽然节点 265 发表论文数最多（6 篇），但是在直接联系的作者的数量上不如节点 231（4 篇），主要是因为节点 231 的文章多是与三个及以上作者合作的，与之直接联系的作者较多。另外有大量高产作者非核心节点，也主要是因为其多次与相同的作者合作或者每篇文章只与一个作者合作，导致自己的科研合作圈子较小，核心的作用不显著。由此可以得到，要想使自己真正成为核心节点，不仅需要产出大量的科研成果，而且需要积极扩大自己的合作圈子，与更多的作者产生联系，既不能一直与固定的作者合作，也不能仅仅只与少量作者合作。吸引越来越多的科研者参与到自己的科研圈子里来，有利于发挥自己真正的核心作用。

　　另外，因为有权网络的点度中心度不仅可以反映节点的直接相邻节点，还可以反映他们的合作次数，即既可以体现作者的直接合作作者数，又可以体现其发表论文数，那么有权网络的作者的点度中心度和中介中心度结合算出的核心节点与无权网络的上述算法确定的核心节点应大致相同。通过分析发现，仅利用有权网络的点度中心度和中介中心度算出的核心节点为 6、76、171、183、231、235、265、168、71。可以看出，两种算法得到的核心节点基本一致，有权网络多出了节点 168 和 71，因为他们只发表了 2 篇文章，小于规定的最小发文数。由此得出，有权网络的点度中心度和中介中心度相结合比仅用无权网络的点度中心度与中介中心度更能反映是否为核心节点，因为有权的点度中心度可以在一定程度上反映作者的发文数量。

11.2.4　凝聚子群分析

1. 网络成分构成

凝聚子群指一个大的网络中存在的子网络。在本章研究中，由于网络的高度不连通，我们采用成分分析作为我们分析凝聚子群的方式。如果一个图可以分成几个部分，每个部分内部成员之间存在关联，但是各个部分之间没有任何关联，我们就把这些部分称为成分。又因为无论是有权还是无权网络都对成分分布没有影响，因此我们用无权网络来分析。本章构造的网络成分分布如图 11-2 所示。

可以看出，某期刊论文合著网络共有 9 种规模类型的节点，共有成分 56 个，以节点数为 3、4、5、6 个为规模的成分共 49 个，占整体网络的 87.5%。合著网络各个成分规模较小，小规模成分占网络的绝大部分，缺少较大成分，不利于网络的整合和整体的交流与合作，说明我国管理科学领域的合作规模较小，各部分分散不集中，很少有权威人物来统筹全局，这可能和我国管理科学领域研究的内容非常宽，缺乏普遍认可的学科研究范式等因素有关。

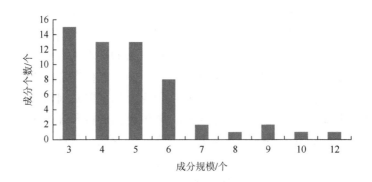

图 11-2　某期刊论文合著的网络成分分布图

另外，我们总结了各个成分内部的合著文章，从合著文章的主题可以看出，各个成分内部作者的研究领域大致相同，有的组群研究的是电子商务，有的是营销渠道，各个作者因为相同的研究方向而产生合著行为，虽然这样容易产生合作也可以较快产生科研成果，但是只限于相同学科背景的学者的合作不容易产生新的思维，不利于该学科领域的创新与较大突破。

2. 最大成分比较分析

因为本章的合著网络结构松散，用平均路径和聚类系数来描述整体网络意义不大，因此挑选出规模最大的两个成分，即分别选取节点 231 和节点 265 存在的两个组群，由于 265 组群的各节点间关系不存在权重，即不存在相同作者间的多次合作，因此采用无权网络来分析各自特点，比较分析该网络的两个最大子群。两个群组的统计属性如表 11-4 所示。

表 11-4　某期刊论文合著网两大子群统计属性

组群	节点数	关系数	密度	平均路径长度	聚类系数	平均点度
231 组群	12	40	0.303	1.9	0.808	6.67
265 组群	10	32	0.355	2.0	0.811	6.40

可以看出这两个组群均表现出平均路径长度小、聚类系数大的特点，呈现比较明显的局部聚类效应，各个合著作者内部联系比较紧密。虽然 231 组群的密度、聚类系数要低于 265 组群，但这是因为 231 组群的节点数比较多。而从平均点度可以看出，231 组群的聚集程度其实要大于 265 组群，其与每个作者节点直接联系合作平均为 6.67 个人。

另外，对节点背景进行了查询，发现以节点 235 形成的团体成分，12 个合著作者中有 10 个来自华中大学管理学院，另外两个分别来自杭州电子科技大学管理学院和华南农业大学经济管理学院。以节点 186 形成的成分也都大多来自大连附近地区。可以看出，该论文合著关系的形成主要来源于地缘关系。虽然地缘型合作模式符合最小投入与最大收益的经济学规律，同一地缘的科研人员进行交往，更容易建立合作关系。但是，不易和外来地区的科研人员产生合作，学术思想不容易产生突破。

11.2.5　网络整体分析

若去掉网络图的一个或几个点后，该图的结构相对来说不会受到太大的影响，就认为该图稳健性较好。我们依据本章上文得到的核心节点，将节点去掉得到新的网络，如图 11-3 所示。

可以看出，去掉 7 个关键节点，虽然产生了一些单个节点和更多的小成分，但是整个网络架构依然存在，没有分崩离析，说明该网络具有较强的稳定性，有利于网络整体信息的传播。产生的单个节点和更多的小成分，主要是因为这些节点在该期刊上发文数量太少，只与核心作者产生合作，一旦与相关作者失去联系，将在网络中处于孤立。而整体结构依然完好，说明该网络不高度依赖于几个核心节点，网络结构较合理。

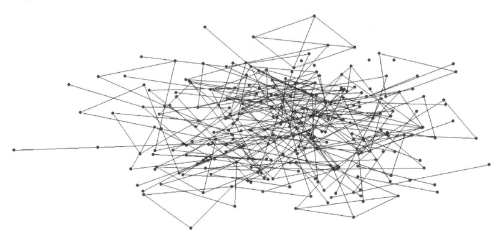

图 11-3   去掉核心节点的合著网络图结构

另外，可以从该期刊所收录文章的作者所在机构来看出该整体网络的特点。经统计，2009～2013 年在该期刊上发文量最大的前 25 位机构和各行政区域的发文机构的数量如表 11-5 所示。从该期刊于 2009～2013 年所收录论文的作者所在机构来看，华中科技大学管理学院投稿最多，有 29 篇，其次是西安交通大学管理学院为 21 篇，再次为东北大学工商管理学院，可以看出该期刊收录论文的来源主要为我国重点 211 或 985 高校，如陕西的西安交通大学、江苏的南京大学、天津的南开大学等，反映了该期刊整体质量较高。另外还有国外学者的投稿也在一定程度上证明了其影响力。从地域上看，该期刊主办单位虽然位于哈尔滨，但是其面向的投稿单位覆盖全国，位于首位的是我国长江三角洲一带，其次是京津地区，然后是武汉、成都和重庆地区，中西部的陕西地区主要是西安交大的投稿，再次是广东地区的投稿，最后是湖南、湖北、江西地区，投稿单位分布较广泛。虽然该期刊发刊单位位于东北地区，但是除了大连地区的几个学校和哈尔滨工业大学，东北地区高校向其投稿反而很少，这大概与东北地区重点高校数量较少有关。这些数据一方面验证了其作为管理领域的 A 级期刊，在管理领域具有着很大的地位，影响遍及全国大部分地区；另一方面说明了北京、天津、广东、上海等经济发达地区科研研究也较为成熟，论文合著现象较为普遍，对我国管理科学领域的研究贡献较大。

表 11-5   某期刊发文机构统计

发文机构	发文数量/篇	行政区域	发文机构数量/个
华中科技大学管理学院	29	江苏	12
西安交通大学管理学院	21	安徽	7

续表

发文机构	发文数量/篇	行政区域	发文机构数量/篇
东北大学工商管理学院	10	上海	5
哈尔滨工业大学	9	天津	8
南开大学商学院	8	北京	8
大连理工大学管理学院	6	武汉	7
上海交通大学	6	成都	4
天津大学管理学院	6	重庆	2
上海财经大学国际工商管理学院	5	陕西	10
中山大学管理学院	5	山西	1
东南大学	4	广东	7
华南理工大学	4	广西	1
南京大学工程管理学院	4	福建	1
华中科技大学经济学院	3	大连	7
南开大学中国公司治理研究院	3	沈阳	2
中山大学岭南学院	3	哈尔滨	1
安徽财经大学工商管理学院	2	美国	4
安徽理工大学	2	香港	3
大连理工大学系统工程研究所	2	加拿大	1
复旦大学	2	新加坡	1
湖北大学	2	江西	3
湖南大学工商管理	2	湖南	3
湖南大学金融与投资	2		
华南农业大学经济管理学院	2		
南京大学商学院	2		

11.3　本章结论

通过对某期刊论文合著网络数据的分析，我们可以发现：①管理科学领域的科研合作越来越普遍，高产作者并非与其他作者联系最多，但是其发挥着重要的中介作用。合著网络的核心节点不仅需要发文数量大还要尽可能地与较多的作者产生联系。②管理科学领域整体网络密度值很小，各节点间联系并不密切，为不连通网络，小成分所占比例大，缺少较大子成分，不利于网络整体的联结与发展。

③各成分内部构成较单一，大多数作者位于同一地域，来自相似的学科背景，不利于新思维的产生。④尽管该领域科研合作整体松散、密度值低，但是各个小团体内部呈现局部聚类效应，联系比较紧密。⑤该领域合作具有较强的稳健性，存在着许多的研究团体，失去一些核心人物不会对整体产生较大影响，说明该期刊发展已相对成熟，稿件学术质量较高。

参 考 文 献

蔡宗宏. 2005. 以D&M信息系统成功模型为基础发展知识管理系统成功模型之研究[J]. 信息评论，（14）：83-112.

曹杜鹃. 2014. 电子商务推荐系统满意度研究[D]. 湘潭：湘潭大学.

陈少龙. 2012. 基于社会网络分析法的合著网络在上海大学管理学院的应用[J]. 现代情报，32（4）：165-168，177.

陈文亮，朱靖波，姚天顺，等. 2003. 基于Bootstrapping的领域词汇自动获取[R]. 全国第七届计算语言学联合学术会议论文集. 北京：清华大学出版社：67-72.

陈瑜林. 2012. 我国教育技术学者合著网络知识图谱构建研究[J]. 远程教育杂志，30（6）：11-17.

邓朝华，鲁耀斌，张金隆. 2007. 基于TAM和网络外部性的移动服务使用行为研究[J]. 管理学报，（2）：216-221.

凡勃仑T B. 1964. 有闲阶级论：关于制度的经济研究[M]. 蔡受百译. 上海：商务印书馆.

高芙蓉，高雪莲. 2011. 国外信息技术接受模型研究述评[J]. 研究与发展管理，23（2）：95-105.

高山. 2013. 问答型虚拟社区用户满意度影响因素研究[D]. 合肥：安徽大学.

郭世月，李睿. 2013. 合著网络模式与论文产出数量及质量的相关性研究——以中国催化剂领域期刊论文合著网络为例[J]. 情报学报，32（3）：314-327.

韩蕊. 2011. 奢侈品网购规模将突破百亿中国奢侈品网络购物行业发展简析[J]. 纺织服装周刊，（47）：71.

何波，涂飞. 2014. 电子商务智能信息推荐系统研究[J]. 情报科学，32（2）：100-102，117.

侯杰泰，成子娟. 1999. 结构方程模型的应用及分析策略[J]. 心理学探新，19（1）：54-59.

黄玮强，庄新田，姚爽. 2012. 基于创新合作网络的产业集群知识扩散研究[J]. 管理科学，25（2）：13-23.

黄学. 2013. 基于UTAUT理论的奢侈品网络商城用户接受行为研究[D]. 哈尔滨：黑龙江大学.

姜维. 2007. 统计中文词法分析及其强化学习机制的研究[D]. 哈尔滨：哈尔滨工业大学.

姜维，王晓龙，关毅，等. 2007. 基于多知识源的中文词法分析系统[J]. 计算机学报，30（1）：137-145.

井淼，周颖. 2005. 基于TAM模型和感知风险的消费者网上购买行为研究[J]. 上海管理科学，27（5）：5-7.

井淼，周颖，王方华. 2007. 网上购物感知风险的实证研究[J]. 系统管理学报，16（2）：164-169.

科特勒 P. 1999. 营销管理[M]. 9 版. 梅汝和，梅清豪，张桁译. 上海：上海人民出版社.

李虹云. 2009. 消费者奢侈品感知价值理论述评[J]. 现代商贸工业，（17）：22-24.

李丽蓉，钱巍，冯玉强. 2010. 管理信息系统领域的合著网络中作者的广度中心度分析[J]. 现代
　　图书情报技术，（5）：66-72.

李顺会，白新荣. 2009. 结构方程模型概述[J]. 沿海企业与科技，（12）：40-42.

李焱，赵苹，姜祎. 2014. 信息系统用户满意度研究文献综述——以 ERP 系统为例[J]. 技术经济，
　　33（3）：119-123.

梁昌勇，冷亚军，王勇胜，等. 2013. 电子商务推荐系统中群体用户推荐问题研究[J]. 中国管理
　　科学，21（3）：153-158.

林海明，张文霖. 2005. 主成分分析与因子分析的异同和 SPSS 软件——兼与刘玉玫、卢纹岱等
　　同志商榷[J]. 统计研究，（3）：65-69.

林莉. 2010. 科研论文合著网络结构与合作关系研究[D]. 长春：吉林大学.

刘蓓琳. 2012. 基于用户满意度的电子商务个性化推荐评价研究[J]. 中国物流与采购，（14）：
　　68-70.

刘军. 2004. 社会网络分析导论[M]. 北京：社会科学文献出版社.

刘军. 2009. 整体网分析讲义——UCINET 软件实用指南[M]. 上海：格致出版社，上海人民出
　　版社.

刘倩，马辉民. 2011. 电子商务网站考察期用户推荐系统的实证分析[J]. 武汉理工大学（信息与
　　管理工程版），（2）：254-257，262.

刘娅. 2011. 从国际科技合著论文状况看中国环境领域国际科技合作态势[J]. 中国软科学，（6）：
　　34-46.

刘远超，王晓龙，刘秉权，等. 2005. 基于聚类分析策略的用户偏好挖掘[J]. 计算机应用
　　研究，（12）：21-23.

刘远超，王晓龙，徐志明，等. 2006. 文档聚类综述[J]. 中文信息学报，20（3）：55-62.

罗旭红，杨荣勤，周珊. 2014. 基于 ISSM 移动支付用户持续使用意愿的实证研究[J]. 经济师，
　　308（10）：49-51.

吕海洋，冯玉强. 2010. 合著网络中作者的角色分析[J]. 情报理论与实践，33（1）：96-99.

马庆国，王凯，舒良超. 2009. 积极情绪对用户信息技术采纳意向影响的实验研究——以电子商
　　务推荐系统为例[J]. 科学学研究，27（10）：1557-1563.

毛伟，徐蔚然，郭军. 2006. 基于 n-gram 语言模型和链状朴素贝叶斯分类器的中文文本分类系
　　统[J]. 中文信息学报，20（3）：29-35.

孟祥武，胡勋，王立才，等. 2013. 移动推荐系统及其应用[J]. 软件学报，（1）：91-109.

苗楠. 2016. 电子商务企业推荐系统用户采纳影响因素研究——基于 UTAUT 模型[D]. 哈尔滨：
　　黑龙江大学.

庞秀丽. 2009. 基于主题的电子商务推荐方法研究[D]. 哈尔滨：哈尔滨工业大学.

庞秀丽，冯玉强，姜维. 2008a. 贝叶斯文本分类中特征词缺失的补偿策略[J]. 哈尔滨工业大学学报，40（6）：956-960.

庞秀丽，冯玉强，姜维. 2008b. 电子商务个性化文档推荐技术研究[J]. 中国管理科学，16：581-586.

庞秀丽，姜维，李媛，等. 2013. 某大学经管学院合著网络构建与分析[J]. 黑龙江大学自然科学学报，30（5）：582-588.

庞秀丽，苗楠，姜维. 2015.《管理科学》期刊作者合著网络模式研究[J]. 黑龙江大学自然科学学报，32（1）：6-14.

秦继伟，郑庆华，郑德立，等. 2013.结合评分和信任的协同推荐算法[J]. 西安交通大学学报，47（4）：100-104.

曲爱妮. 2013. 基于 TAM 和 IDT 模型的手机应用商城用户行为研究[D]. 北京：北京邮电大学.

任禾，曾隽芳. 2006. 一种基于信息熵的中文高频词抽取算法[J]. 中文信息学报. 20（5）：41-43.

荣泰生. 2009. AMOS 与研究方法[M]. 重庆：重庆大学出版社.

宿恺，刘寅，董悦. 2010. 个性化推荐系统对移动电子商务消费者购买决策的影响力及其应用策略[J]. 价值工程，（35）：109-110.

宋辉. 2011. 电子商务推荐系统用户采纳影响因素研究[D]. 哈尔滨：哈尔滨工业大学.

孙建军，成颖，柯青. 2007. TAM 模型研究进展——模型演化[J]. 情报科学，25（8）：1121-1127.

孙耀吾，卫英平. 2011. 高技术企业联盟知识扩散研究——基于小世界网络的视角[J]. 管理科学学报，14（12）：17-26.

唐茹. 2011. 2011 年《商业蓝皮书》指出：经济方式转变为中国商业回归主流提供巨大契机[J]. 商场现代化，（24）：35-37.

王冰川. 2013. 基于 UTAUT 模型的消费者网络团购行为研究[D]. 济南：山东大学.

王林，戴冠中. 2009. 复杂网络的 Scale-free 性、Scale-free 现象及其控制[M]. 北京：科学出版社.

王文韬，谢阳群，谢笑. 2014. 关于 D&M 信息系统成功模型演化和进展的研究[J]. 情报理论与实践，37（6）：73-76，58.

王晓煜，韩雪，王倩. 2010. 基于 UTAUT 理论的 ERP 系统个体采纳模型的探索[J]. 情报杂志，29（s1）：185-187.

王彦涛. 2012. 推荐系统在移动电子商务中的应用研究[J]. 经营管理者，（5）：316-320.

王毅. 2013. 网络推荐系统的三大挑战——从用户体验出发[J]. 清华管理评论，（6）：10-13.

温芳芳. 2013. 基于社会网络分析的专利合作模式研究[J]. 情报杂志，（7）：119-123.

温芳芳，李佳靓. 2011. 中国情报学期刊论文合著现象分析——基于五种情报学核心期刊的统计分析[J]. 情报杂志，30（8）：55-60.

温忠麟，侯杰泰，Marsh H W，等. 2008. 结构方程模型中调节效应的标准化估计[J]. 心理学报，40（6）：729-730.

温忠麟，侯杰泰，马什赫伯特. 2004. 结构方程模型检验：拟合指数与卡方准则[J]. 心理学报，

36（2）：186-194.

温忠麟，侯杰泰，张雷，等. 2005. 调节效应与中介效应的比较和应用[J]. 心理学报，37（2）：268-274.

温忠麟，叶宝娟. 2011. 测验信度估计：从 α 系数到内部一致性信度[J]. 心理学报，43（7）：821.

吴明隆. 2010a. 问卷统计分析实务[M]. 重庆：重庆大学出版社.

吴明隆. 2010b. 结构方程模型[M]. 重庆：重庆大学出版社.

武海东. 2013. 基于信息系统成功模型的数字资源统一检索系统评价[J]. 情报杂志，32（4）：177-182.

徐冬磊，汪祖柱. 2010. C2C 电子商务顾客满意度的影响因素及其模型[J]. 科技情报开发与经济，（3）：143-146.

徐峰，聂彤彤，孙亚男. 2012. 基于 TOE 和 UTAUT 整合的电子政务创新采纳模型研究[J]. 现代管理科学，（2）：81-83.

徐蕾，王建琼，查建平. 2014. 基于 UTAUT 的微型企业电子商务采纳行为研究[J]. 中央财经大学学报，（7）：107-112.

晏杰，亓文娟. 2013. 基于 Aprior & FP-growth 算法的研究[J]. 计算机系统应用，22（5）：122-125.

姚啸华. 2011. 社会网络分析法在图情机构内部合著网络的实证研究[J]. 现代情报，31（7）：51-54.

余芳，姜云飞. 2004. 一种基于朴素贝叶斯分类的特征选择方法[J]. 中山大学学报（自然科学版），43（5）：118-120.

余丰民，汤江明. 2011. 基于可视化知识图谱的合著网络研究——以期刊为研究对象[J]. 图书情报工作，55（12）：109-113.

余文喆，张蓉，王立. 2013. 电子商务中的商品推荐系统[J]. 华东师范大学学报（自然科学版），（3）：46-53.

袁方，苑俊英. 2006. 基于类别核心词的朴素贝叶斯中文文本分类[J]. 山东大学学报（理学版），41（3）：46-49.

张锋，许云，侯艳，等. 2005. 基于互信息的中文术语抽取系统[J]. 计算机应用研究，22（5）：72-73，77.

张富国. 2014. 基于社交网络的个性化推荐技术[J]. 小型微型计算机系统，35（7）：1470-1476.

张光前，雷彩华，吕晓敏. 2011. 电子商务推荐的研究现状及其发展前景[J]. 情报杂志，30（12）：60-65.

张虎，田茂峰. 2007. 信度分析在调查问卷设计中的应用[J]. 统计与决策，（21）：25-27.

张建颖. 2014. 基于 TAM 和 IDT 的大学生手机报使用意向研究[J]. 南京邮电大学学报（社会科学版），16（2）：76-83.

张利华，闫明. 2010. 基于 SNA 的中国管理科学科研合作网络分析——以《管理评论》（2004-2008）为样本[J]. 管理评论，（4）：39-46.

张洋, 刘锦源. 2012. 基于 SNA 的我国竞争情报领域论文合著网络研究[J]. 图书情报知识, (2): 87-94.

张玉峰, 蔡皎洁. 2011. 基于 Web 挖掘技术的用户兴趣本体学习研究[J]. 情报学报, 30 (4): 380-386.

中国互联网络信息中心. 2016. 第 39 次中国互联网络发展状况统计报告[R]. 北京: 中国互联网络信息中心.

中国互联网信息中心. 2014. 第 34 次中国互联网发展状况统计报告[R]. 北京: 中国互联网络信息中心.

周蓓婧, 侯伦. 2011. 消费者微博营销参与意愿影响因素分析——基于 TAM 和 IDT 模型[J]. 管理学家 (学术版), (12): 22-40.

周涛, 鲁耀斌, 张金隆. 2009. 整合 TTF 与 UTAUT 视角的移动银行用户采纳行为研究[J]. 管理科学, 22 (3): 75-82.

朱继文. 2005. 消费者网上购物的影响因素研究[D]. 成都: 西南交通大学.

朱青. 2017. 移动电子商务推荐系统的顾客满意度研究[D]. 哈尔滨: 黑龙江大学.

朱晓辉. 2006. 中国消费者奢侈品消费动机的实证研究[J]. 商业经济与管理, (7): 42-48.

朱岩, 林泽楠. 2009. 电子商务中的个性化推荐方法评述[J]. 中国软科学, (2): 183-192.

朱志国, 邓贵仕. 2010. 持久偏爱的 Web 用户访问路径信息挖掘方法[J]. 情报学报, 29 (2): 208-214.

Abbasi A, Altmann J, Hossain L. 2011. Identifying the effects of co-authorship networks on the performance of scholars: a correlation and regression analysis of performance measures and social network analysis measures[J]. Journal of Informetrics, 5 (4): 594-607.

Abbattista F, Degemmis M, Licchelli O, et al. 2002. Improving the usability of an E-commerce web site through personalization[J]. In Proceedings of the Workshop on Recommendation and Personalization in Ecommerce: 20-29.

Abdesslem F B, Henderson T, Brostoff S, et al. 2011. Context-based personalised settings for mobile location sharing[R].

Adomavicius G, Tuzhilin A. 2005. Toward the next generation of recommender systems: a survey of the state-of-the-art and possible extensions[J]. IEEE Transactions on Knowledge and Data Engineering, 17 (6): 734-749.

Agarwal R, Karahanna E. 2010. On the multi-dimensional nature of compatibility beliefs in technology acceptance [J]. MIS Quarterly, 28 (5): 410-432.

Ajzen I. 1991. From intentions to actions: a theory of planned behavior[J]. Organizational Behavior and Decision Processes, 50 (2): 179-211.

Ajzen I, Fishbein M. 1980. Understanding Attitudes and Predicting Social Behavior[M]. Prentice-Hall: Englewood Cliffs.

Al-Ghazali B, Rasli A, Yusoff R, et al. 2015. Antecedents of continuous usage intention of mobile banking services from the perspective of DeLone and McLean model of information system success[J]. International Journal of Economics and Financial Issues, 5 (1): 13-21.

Ansari A, Essegaier S, Kohli R. 2000. Internet recommendation systems[J]. Journal of Marketing Research, 37 (3): 363-375.

Avancini H, Lavelli A, Magnini B, et al. 2003. Expanding domain-specific lexicons by term categorization[R].

Balabanovic M, Shoham Y. 1997. Fab: content-based, collaborative recommendation[J]. Communication of the ACM, 40 (3): 66-72.

Basilico J, Hofmann T. 2004. Unifying collaborative and content-based filtering[R].

Basu C. 2002. Recommendation as classification and recommendation as matching: two information-centered approaches to recommendation[D]. New Brunswick, NJ: Rutgers University Ph.D Thesis.

Billsus D, Pazzani M J. 2000. User modeling for adaptive news access[J]. User Modeling and User-Adapted Interaction, 10 (2/3): 147-180.

Böhmer M, Bauer G, Krüger A. 2010. Exploring the design space of context-aware recommender systems that suggest mobileapplications[R].

Burke R. 2007. Hybrid Web Recommender Systems[M]. Berlin: Springer.

Cakmak Z, Taskin E. 2012. Research on determining user satisfaction in the enterprise resource planning (ERP) [J]. European Journal of Social Sciences, 34 (3): 493-504.

Calisir F. 2004. The relation of interface usability characteristics, perceived usefulness, and perceived ease of use to end-user satisfaction with enterprise resource planning (ERP) systems[J]. Computers in Human Behavior, 20 (4): 505-515.

Cardozo R N. 1965. An experimental study of customer effort, expectation and satisfaction[J]. Journal of Marketing Research, (3): 244-249.

Casillas A, Lena M T G D, Martínez R. 2003. Document clustering into an unknown number of clusters using a Genetic Algorithm[M]. Springer-Verlag GmbH: Lecture Notes in Computer Science Publisher.

Cena F, Console L, Gena C, et al. 2006. Integrating heterogeneous adaptation techniques to build a flexible and usable mobile tourist guide[J]. AI Communications, 19 (4): 369-384.

Chen L D, Gillenson M L, Sherrell D L. 2002. Enticing online consumers: an extended technology acceptance perspective[J]. Information & Management, 39 (8): 705-719.

Chen S F, Goodman J. 1999. An empirical study of smoothing techniques for language modeling[J]. Computer Speech and Language, 13: 369-394.

Chen Y L, Cheng L C. 2008. A novel collaborative filtering approach for recommending ranked items[J]. Expert Systems with Applications, 34 (4): 2396-2405.

Chih-Ping W, Chin-Sheng Y, Han-Wei H. 2008. A collaborative filtering-based approach to personalized document clustering[J]. Decision Support Systems, 45 (3): 413-428.

Ching-wen C. 2010. Impact of quality antecedents on taxpayer satisfaction with online tax-filing system an empirical study[J]. Information & managenment, 47 (6): 308-315.

Chiu P H, Kao Y M, Lo C C. 2010. Personalized blog content recommender system for mobile phone users[J]. International Journal of Human-Computer Studies, 68 (8): 496-507.

Chiu S I, Cheng C C, Yen T M. 2011. Preliminary research on customer satisfaction models in Taiwan: A case study from the automobile industry[J]. Expert Systems with Applications, (3): 34-42.

Choi J, Lee H J, Sajjad F, et al. 2014.The influence of national culture on the attitude towards mobile recommender systems[J]. Technological Forecasting & Social Change, 86 (340): 65-79.

Darko S, Ugljesa M. 2016. Assessing the success of e-government systems: an employee perspective[J]. Information & Management, 53 (6): 717-726.

Davis F D. 1986. A technology acceptance model for empirically testing new end-user information systems: theory and result[D]. Cambridge, MA: Dissertation, MIT Slon School.

Davis F D. 2010. Perceived usefulness, perceived ease of use, and user acceptance of information technology[J]. MIS Quarterly, 13 (3): 319-340.

de Stefano D, Fuccella V, Vitalec M P, et al. 2013.The use of different data sources in the analysis of co-authorship networks and scientific performance[J]. Social Networks, 35 (3): 375-381.

del Rodríguez-Hernández C M, Ilarri S. 2016. Pull-based recommendations in mobile environments[J]. Computer Standards & Interfaces, 44 (4): 185-204.

DeLone W H, McLean. 2003. The Delone and Mclean model of information systems success: a ten-year update[J]. Journal of Management Information Systems, 19 (4): 17-21.

Ding Y. 2011. Scientific collaboration and endorsement: network analysis of coauthorship and citation networks[J]. Journal of Informetrics, (5): 187-203.

Dubois B, Duquesne P. 1993. The market for luxury goods: income versus culture[J]. European Journal of Marketing, 27 (1): 35-44.

Einav L, Levin, Jonathan, et al. 2014. Growth, adoption, and use of mobile e-commerce[J]. American Economic Review, (5): 489-494.

Eric H, Yoon V. 2012. Recommendation agent impact on consumer online shopping: the movie magic case study[J]. Expert Systems with Applications, 39 (3): 2989-2999.

Escobar-Rodríguez T, Carvajal-Trujillo E. 2014. Online purchasing tickets for low cost carriers: an application of the unified theory of acceptance and use of technology (UTAUT) model[J]. Tourism Management, 43 (5): 70-88.

Fishbein M, Ajzen I. 1975. Belief, Attitude, Intention and Behavior: An Introduction to Theory and Research[M]. Philadelphia: Penn State University Press.

Gale W A, Sampson G. 1995. Good-turing frequency estimation without tears[J]. Journal of Quantitative Linguistics, 2: 217-237.

Gao J, Goodman J. 2001. The use of clustering techniques for language modeling application to Asian language[J]. Computational Linguistics and Chinese Language Processing, 6 (1): 27-60.

Gavalas D, Kenteris M. 2011. A web-based pervasive recommendation system for mobile tourist guides[J]. Personal and Ubiquitous Computing, 15 (7): 759-220.

Goren-Bar D, Kuflik T. 2010. Off the beaten track: a mobile field study exploring the long tail of tourist recommendations[R].

Goy A, Ardissono L, Petrone G. 2007.The Adaptive Web: Methods and Strategies of Web Personalization[M]. Berlin: Springer: 485-520.

Guo F, Lu Q. 2015. A novel contextual information recommendation model and its application in e-commerce customer satisfaction management[J]. Discrete Dynamics in Nature & Society, 4 (7): 1-11.

Guo G, Wand H, Bell D, et al. 2005. Using kNN model for automatic text categorization[J]. Soft Computing-A Fusion of Foundations, Methodologies and Applications, 10 (5): 423-430.

Guo Y, Wang M. 2017. Application of an improved apriori algorithm in a mobile e-commerce recommendation system[J]. Industrial Management & Data Systems, (2): 287-303.

Haubl G, Murray K B. 2006. Double agent: assessing the role of electronic product recomrnendation systems[J]. Sloan Management Review, (7): 8-12.

Hofmann T. 2004. Latent semantic models for collaborative filtering[J]. ACM, 22 (1): 89-115.

Hosmer L T. 1995. Trust: the connecting link between organizational theory and philosophical ethics[J]. Academy of Management Review, 20 (2): 379-403.

Hostler R E, Yoon V Y, Guimaraes T, et al. 2004. Assessing the impact of internet agent on end users performance[J]. Decision Support Systems, 41 (1): 313-325.

Howard J A, Sheth J N. 1970.The theory of buyer behavior[J]. British Journal of Marketing, 4 (2): 106-108.

Hsu S H, Hsu. 2008. Developing an index for online customer satisfaction: adaptation of American customer satisfaction index[J]. Expert Systems with Applications, (34): 33-42.

Huang Z, Zeng D D, Chen H. 2004. A unified recommendation framework based on probabilistic relational models[R].

Jin C H. 2014. Adoption of e-book among college students: the perspective of an integrated TAM[J]. Computers in Human Behavior, 41: 471-477.

Joachims T. 1998. Text categorization with support vector machines: learning with many relevant features[J]. Machine Learning，Lecture notes in computer science，1398：137-142.

Jung Y L. 2014. E-SERVCON and e-commerce success: applying the Delone & Mclean model[J]. Journal of Organizational & End User Computing，26（3）：1-22.

Kleinberg J，Sandler M. 2007. Using mixture models for collaborative filtering[J]. Journal of Computer and System Sciences，74（1）：49-69.

Koenig-Lewis N，Palmer A，Moll A. 2010. Predicting young consumers' take up of mobile banking services[J]. International Journal of Bank Marketing，28（5）：410-432.

Kohonen T. 2012. Organization and Associative Memory[M]. Berlin：Springer.

Komiak S Y X，Benbasat I. 2006. The effects of personalization and familiarity on trust and adoption of recommendation agents[J]. MIS Quarterly，30（4）：941-960.

Kwon S J，Chung N. 2010. The moderating effects of psychological reactance and product involvement on online shopping recommendation mechanisms based on a causal map[J]. Electronic Commerce Research and Applications，9（6）：522-536.

Leibenstein H. 1950. Effects in the Theory of consumer's demand[J].Quarterly Journal of Economics，64（2）：183-207.

Lemarchand G A. 2011. The long-term dynamics of co-authorship scientific networks: Iberoamerican countries（1973-2010）[J]. Research Policy，41（2）：291-305.

Leong L Y，Ooi K，Chong A，et al. 2013. Modeling the stimulators of the behavioral intention to use mobile entertainment: does gender really matter? [J]. Computers in Human Behavior，29：2109-2121.

Li E Y，Liao C H，Yen H R. 2013. Co-authorship networks and research impact: a social capital perspective[J]. Research Policy，（42）：1515-1530.

Li S，Karahanna E. 2012.Peer-Based recommendations in online B2C e-commerce: comparing collaborative personalization and social network-Based personalization[R].

Li T. 2004. Document clustering via adaptive subspace iteration[R].

Liang T P，Lai H J，Ku Y C. 2006. Personalized content recommendation and user satisfaction: theoretical synthesis and empirical findings[J]. Journal of Management Information Systems，3（23）：45-70.

Liao H H，Chang，Hsiao K. 2016. A rough set-based association rule approach for a recommendation system for online consumers[J]. Information Processing & Management，52（6）：1142-1160.

Lin Z. 2014. An empirical investigation of user and system recommendations in e-commerce[J]. Decision Support Systems，68：111-124.

Luo S F，Sun M S. 2003. Two-character chinese word extraction based on Hybrid of internal and contextual measures[R].

Maedche A，Staab S. 2004. Ontology learning. Handbook on Ontologies in Information Systems[M].

Heidelberg: Springer Verlag: 173-190.

Magsamen-Conrad K, Upadhyaya S, Joa C Y, et al. 2015. Bridging the divide: using UTAUT to predict multigenerational tablet adoption practices[J]. Computers in Human Behavior, 50: 186-196.

Malone T W, Grant K R, Turbak F A, et al. 1987. Intelligent information-sharing systems[J]. Communication of the ACM, 30 (5): 390-402.

Mardiana S. 2015. DeLone-McLean information system success model revisited: the separation of intention to use-use and the integration of technology acceptance models[J]. International Journal of Economics and Financial Issues, (5): 172-182.

Mehri A, Darooneh A H, Shariati A. 2012. The complex networks approach for authorship attribution of books[J]. Physica A, 391: 2429-2437.

Nigam K, Lafferty L, McCallum A. 1999. Using maximum entropy for text classification[R].

Oh J C, Yoon S J. 2014. Validation of haptic enabling technology acceptance model (HE-TAM): integration of IDT and TAM[J]. Telematics & Informatics, 31 (4): 585-596.

Oliveira T, Faria M, Thomas M A, et al. 2014. Extending the understanding of mobile banking adoption: when UTAUT meets TTF and ITM[J]. International Journal of Information Management, 34 (34): 689-703.

Oliver. 1993. Conceptual issues in the structural analysis of consumption emotion, satisfaction andquality: Evidence in a service setting[J]. Advances in Consumer Research, (21): 205-213.

Ong T H, Chen H. 1999. Updateable PAT Tree approach to chinese key phrase extraction using mutual information: a linguistic foundation for knowledge management[J]. Proceedings of the 2nd Asian Digital Library Conference.: 63-84.

Parasuraman A, Malhotra A. 2005. E-S-QUAL a multiple-item scale for assessing electronic service quality [J]. Journal of Service Research, 7 (3): 213-233.

Patrick P, Dekang L. 2001. A Statistical Corpus-based Term Extractor[M]. Ottawa, Canada: Lecture Notes in Artificial Intelligence: 36-46.

Peng F, Schuurmans D. 2003. Combining naive bayes and n-gram language models for text classification[R].

Peng H. 2004. A scalable P2P recommender system based on distributed collaborative filtering[J]. Expert Systems with Applications, 27: 203-210.

Pernici B. 2006. Mobile Information Systems[M]. Berlin: Springer.

Petter S, DeLone W. 2013. Information systems success: the quest for the independent variables[J]. Journal of Management Information Systems, 29 (4): 56-62.

Petter S, McLean E R. 2009. A meta-analytic assessment of the DeLone and McLean IS success model [J]. Information & Management，46（3）：159-166.

Pu P，Chen L. 2007. Trust-inspiring explanation interfaces for recommender systems[J]. Knowledge-Based Systems，20（6）：542-556.

Qiu L，Benbasat I. 2009. Evaluating anthropomorphic product recommendation agents：a social relationship perspective to designing information systems[J]. Journal of Management Information Systems，25（4）：145-182.

Qiu L，Benbasat I. 2010. A study of demographic embodiments of product recommendation agents in electronic commerce[J]. International Journal of Human-Computer Studies，68（10）：669-688.

Ramaswamy L，Deepak P，Polavarapu R，et al. 2009. Caesar: A context-aware，social recommender system for low-end mobile devices[R].

Resnick P，Varian H R. 1997.Recommender sysytem[J]. Commnunieations of the ACM，40（3）：56-58.

Rogers E M. 1983. The Diffusion of Innovations[M]. New York：New York Free Press.

Rose L K. 2011. Antecedents of end-user satisfaction with an ERP system in a transnational bank：evaluation of user satisfaction with information systems[J]. Journal of Information Systems and Technology Management，8（2）：389-406.

Rosenfeld R. 1994. A maximum entropy approach to adaptive statistical language modeling[D]. Pittsburgh Carnegie Mellon University.

Roussinov D G，Chen H. 1999. Document clustering for electronic meetings：an experimental comparison of two techniques[J]. Decision Support Systems，27（12）：67-79.

Schein A I，Popescul A，Ungar L H，et al. 2002. Methods and metrics for cold-start recommendations[R].

Salton G，Buckley C. 1988. Term weighting approaches in automatic text retrieval[J]. Processing and Management：an International Journal，24（5）：513-523.

Salton G，Buckley C. 1990. Improving retrieval performance by relevance feedback[J]. Journal of the American Society for Information Science，41（4）：288-297.

Sathick J，Venkat J. 2015. A generic framework for extraction of knowledge from social web sources （social networking websites）for an online recommendation system[J]. International Review of Research in Open and Distributed Learning，16（2）：247-271.

Satty T L.1980.The Analytic Hierarchy Process[M]. New York：McGraw-hill：25-34.

Su M，Chang H T，Chou C. 2002. A novel measure for quantifying the topology preservation of self-organizing feature maps[J]. Neural Processing Letters，15：137-145.

Udo G J，Bagchi K K，Kirs P J. 2010. An assessment of customers' e-service quality perception，satisfaction and intention[J]. International Journal of Information Management，（30）：

481-492.

Urbach N, Smolnik S, Riempp G. 2009. The state of research on information systems success: a review of existing multidimensional approaches [J]. Business & Information Systems Engineering, （4）: 315-325.

Venkatesh V, Morris M G, Davis G B, et al. 2003. User acceptance of information technology: toward a unified view[J]. MIS Quarterly Management Information Systems, 27 （3）: 425-478.

Venkatesh V, Thong J Y L, Xu X. 2012.Consumer acceptance and use of information technology: extending the unified theory of acceptance and use of technology[J]. Social Science Electronic Publishing, 36 （1）: 157-178.

Wang H C, Doong H S. 2010. Online customers' cognitive differences and their impact on the success of recommendation agents[J]. Information&management, 47 （2）: 109-114.

Wang S L, Chen Y L. 2016. Design and evaluation of a cloud-based mobile health information recommendation system on wireless sensor networks [J]. Computers & Electrical Engineering, 49 （6）: 221-235.

Wang W, Benbasat I. 2005. Trust in and adoption of online recommendation agents[J]. Journal of the Association for Information Systems, 6 （3）: 72-101.

Wang W, Benbasat I. 2007. Recommendation agents for electronic commerce: effects of explanation facilities on trusting beliefs[J]. Journal of Management Information Systems, 23 （4）: 217-246.

Wang W, Benbasat I. 2008. Attributions of trust in decision support technologies: a study of recommendation agents for E-commerce[J]. Social Science Electronic Publishing, 24 （4）: 249-272.

Won C K, Sung-Kwon B, Ji-Hye R, et al. 2015. Performance evaluation of public hospital information systems by the information system success model[J]. Healthcare Informatics Research, 21 （1）: 43-48.

Wu J H, Wang S C. 2005. What drives mobile commerce? [J]. Information & Management, 42 （5）: 719-729.

Xiao B, Benbasat I. 2007. E-commerce product recommendation agents: use, characteristics, and impact[J]. MIS Quarterly, 31 （1）: 137-209.

Xu C Y, Peak D, Prybutok V. 2015. A customer value, satisfaction, and loyalty 62 perspective of mobile application recommendations[J]. Decision Support Systems, （9）: 171-183.

Xu F, Kurz D. 2002. A domain adaptive approach to automatic acquisition of domain relevant terms and their relations with bootstrapping[R].

Xu J. 2013. Integration service quality with system and information qulity: an empiricaltest in thee-service context[J]. MIS Quarterly, 37 （3）: 777-794.

Yang Y, Pedersen J. 1997. A comparative study on feature set selection in text categorization[R].

Yu C S. 2012. Factors affecting individuals to adopt mobile banking: empirical evidence from the UTAUT model[J]. Journal of Electronic Commerce Research, 13（2）: 104-121.

Yuan C J. 2010. Maximizing customer satisfaction through an online recommendation system: a novel associative classification model[J]. Decision Support Systems, 48（3）: 470-479.

Zhao X W, Guo Y, He Y, et al. 2014. We know what you want to buy: a demographic-based system for product recommendation on microblogs[R].

附 录 一

奢侈品网络商城用户接受行为调查问卷

尊敬的朋友：

您好，目前来看，中国已经成为奢侈品主要的消费国，奢侈品也已经从线下的实体销售转向电子商务。这份问卷通过了解您在上奢侈品网络商城时的体验情况和对奢侈品网络商城的看法，来了解影响奢侈品网络商城用户接受行为的主要因素，从而为奢侈品网络商城提供良好可行的建议。

题目	很不同意	不同意	一般	同意	非常同意
1. 如果您有一定消费能力，您认为奢侈品网络商城在日常生活中有用吗？					
2. 使用奢侈品网络商城网站能够使您更容易完成购物体验吗？					
3. 您认为使用奢侈品网络商城网站能买到更便宜的商品吗？					
4. 您认为使用奢侈品网络商城网站能够提高您购买商品的效率吗？					
5. 您认为使用奢侈品网络商城可以提高您的生活质量吗？					
6. 您对使用奢侈品网络商城购买商品的流程清楚吗？					
7. 您能熟练地在奢侈品网络商城上购买商品吗？					
8. 对您来说在奢侈品网络商城上完成购物体验很容易吗？					
9. 对您来说教别人如何使用奢侈品网络商城网站购物很容易吗？					
10. 周围的朋友和亲戚都推荐您在奢侈品网络商城上购物吗？					
11. 在您周围，朋友通过奢侈品网络商城购买奢侈品已经是很平常的事吗？					
12. 对您来说，在奢侈品网络商城上完成购物，可以给生活带来很多乐趣吗？					

续表

题目	很不同意	不同意	一般	同意	非常同意
13. 奢侈品网络商城在网络上广告宣传，促使您浏览其网站并购物吗？					
14. 对于社交网站上关注好友的分享会，促使您在奢侈品网络商城上浏览并购物吗？					
15. 奢侈品网络商城用户对于商品和商城服务的评价好坏会使您考虑是否在其网站上购物吗？					
16. 您会担心因奢侈品网络商城购物，而在社交中产生消极情绪吗？					
17. 您会担心在奢侈品网络商城上花费过多时间或购物服务过程时间过长吗？					
18. 您会担心在奢侈品网络商城购买的商品价格高质量差或非正品吗？					
19. 您会担心在奢侈品网络购物商城没有得到良好的购物体验吗？					
20. 您会担心在奢侈品网络商城购物产生后悔等消极情绪吗？					
21. 奢侈品网络商城有良好的浏览系统支付系统会促使您尝试购买吗？					
22. 奢侈品网络商城的完善的物流系体系和售后体系，会促使您尝试购买吗？					
23. 您有在奢侈品网络商城购物的经济和技术的条件吗？					
24. 奢侈品网络商城的商品价格、品牌名誉度和在线服务，会促使您尝试购买吗？					
25. 您有兴趣在奢侈品网站上购买奢侈品吗？					
26. 对于奢侈品网站的购物流程规则和服务，您愿意去了解吗？					
27. 您愿意推荐朋友去奢侈品网络商城购物吗？					
28. 在未来，您可能会继续在奢侈品网络商城上购物？					
29. 您在奢侈品网络商城购物的周期为以下哪个？	一年	一个季度	一个月	一周	几天

续表

题目	很不同意	不同意	一般	同意	非常同意
30. 您使用奢侈品网络商城多长时间？	没试用过	一周	几个月	半年以上	一年以上
31. 您愿意经常推荐朋友去奢侈品网络商城购物吗？	非常不愿意	不愿意	一般	愿意	非常愿意
32. 您预计在奢侈品网络商城购物会持续多长时间？	不会持续	持续数天	持续数周	持续数月	长期
33. 您的性别	男			女	
34. 您的年龄	25 岁以下	25（含）～30 岁	30（含）～35 岁	35 岁（含）以上	
35. 您的学历	大专及以下	本科	硕士研究生	博士研究生	
36. 您的收入	1000 元以下	1000（含）～3000 元	3000（含）～5000 元	5000（含）～10 000 元	10 000（含）元以上
37. 您使用电子商务网站的时间	1 年以下	2～3 年	3～5 年	5 年以上	

附 录 二

关于用户采纳移动电子商务推荐系统影响因素的调查问卷

尊敬的女士/先生:

这是一份由黑龙江大学研究生学院企业管理专业学生设计的调查问卷,旨在就您目前使用移动电子商务推荐系统的情况进行调查分析,需要您的支持与合作,我们承诺对您所填的信息保密,感谢您的配合!

移动电子商务推荐即在移动电子商务中,以移动客户端为平台充当销售员,根据您的浏览历史、检索痕迹等向您推荐可能符合您需求的产品。下面列举 2 种电子商务网站的推荐系统供您参考。

网站名称	推荐系统标签名称	出现位置
亚马逊	"为您推荐""Z秒杀""热门促销" 等	页面上方或下方
淘宝	"宝贝推荐""今日必抢""淘抢购""有好货" 等	页面上方

为了统一标准,本问卷涉及的推荐系统以手机淘宝推荐系统为准,请您针对手机淘宝推荐系统的实际情况进行作答。若您对手机淘宝推荐系统没有印象,请放弃本问卷的作答!

1. 您的性别:男 女

2. 您的职业:学生 上班族 其他____

3. 您的年龄:____

4. 您一个月之内平均上几次淘宝? ____

A.0~2 次   B.3~5 次   C.6~10 次

D.11~15 次   E.16 次及以上

针对您对淘宝推荐系统的印象,请在代表您态度的数字中(1~5),填入您的答案。"1"表示非常不赞同;"2"表示不赞同;"3" 表示一般;"4" 表示赞同;"5"表示非常赞同。

题项	您的答案
1. 购物前,我认为移动电子商务推荐系统提供的服务能够满足我的需求	
2. 总的来说,我对移动电子商务推荐系统的作用有较高的期望	

续表

题项	您的答案
3. 我认为移动电子商务推荐系统提供的产品内容符合我一贯的风格和需求	
4. 我认为移动电子商务推荐系统推荐的产品是全面的、丰富的、符合潮流的	
5. 我认为移动电子商务推荐系统的内容清晰明了，易于接受和使用	
6. 我认为移动电子商务推荐系统操作简单、界面友好，交互过程清晰	
7. 我认为移动电子商务推荐系统的推荐形式多样，可选择空间大	
8. 我认为移动电子商务推荐系统很可靠，很安全，不会泄露我的个人隐私	
9. 我认为移动电子商务推荐系统能够帮助我做出满意的购物决策	
10. 我认为移动电子商务推荐系统能够及时地对我提出的要求做出相应的反应	
11. 我认为移动电子商务推荐系统提供的服务能够满足我的个性化需求	
12. 我愿意使用移动电子商务推荐系统查找商品	
13. 我会继续使用移动电子商务推荐系统帮助我筛选信息	
14. 我认为移动电子商务推荐系统提供的整体服务达到了我的预期	
15. 我愿意将移动电子商务推荐系统介绍给其他人使用	
16. 总的来说，我对移动电子商务推荐系统是满意的	
17. 总的来说，我对这次购物的整个体验过程都很满意	
18. 下次购物时，我愿意继续在该电子商务 APP 上购买商品	

附 录 三

关于用户采纳电子商务推荐系统影响因素的调查问卷

尊敬的女士/先生：

这是一份关于用户采纳电子商务推荐系统影响因素的调查问卷，旨在就您目前对电子商务推荐系统的使用情况进行调查分析，需要您的支持与合作，谢谢！

电子商务推荐系统系电子商务网站向顾客提供商品信息和建议，模拟销售人员帮助用户决定应该购买什么产品完成购买过程。下面列举两种国内电子商务推荐系统供您参考。

网站	推荐系统标签名称	出现位置
当当	"购买本书的用户，还关注了""主编推荐""热卖榜"等	页面两侧、商品信息下方
淘宝	"宝贝推荐""看（买）了该宝贝的人还看（买）了"等	页面左侧、商品信息下方

为了统一标准，本问卷收集的推荐系统，以淘宝推荐系统为准，请您针对淘宝推荐系统的实际情况进行作答。若您对淘宝推荐系统没有印象，请放弃本卷的作答。

1. 您的性别：男　　女

2. 您一个月之内平均上几次淘宝？　_____

A. 0～2 次　　　　　　　　　　B. 3～5 次　　　　　　　　　　C. 6～10 次

D. 11～15 次　　　　　　　　　E. 16 次及以上

针对您对淘宝推荐系统的印象，请在代表您态度的数字中（1～5），填入您的答案。"1"表示非常不赞同；"2"表示不赞同；"3" 表示一般；"4"表示赞同；"5"表示非常赞同。

题项	您的答案
1. 我发现推荐系统在我的购物过程中很有用	
2. 使用推荐系统能让我更快地完成购物	
3. 使用推荐系统能让我做出更好的购买决策	
4. 使用推荐系统能使我的购物过程更加简单	
5. 使用推荐系统能提高我的购物能力	

续表

题项	您的答案
6. 使用推荐系统能增加我得到更好产品的机会	
7. 对我来说，学习如何使用推荐系统很简单	
8. 我和推荐系统的交互过程清晰明了（交互即系统对您的操作做出的反应）	
9. 我发现推荐系统使用简单	
10. 对我来说，熟练使用推荐功能很简单	
11. 若周围的人向我建议使用淘宝推荐功能，我会考虑使用	
12. 若对我重要的人向我建议使用淘宝推荐功能，我会考虑使用	
13. 我习惯使用推荐系统来寻找商品	
14. 推荐系统提供的服务与我想要的生活方式一致（方便、快捷、信息化等）	
15. 推荐系统提供的信息符合我的决策风格（如寻找低价、注重品牌、追求潮流）	
16. 推荐系统的推荐形式符合我的习惯	
17. 我相信推荐系统有能力来帮我找到心仪的商品	
18. 我相信推荐系统做出的推荐并非为特定的卖家所服务	
19. 我相信推荐产品所需的个人信息能被保密，不被商家挪用	
20. 总而言之，我认为推荐系统是可信赖的	
21. 我愿意进一步了解推荐系统及其提供的服务	
22. 我愿意提供必要的个人信息使得推荐系统能更好地为我服务	
23. 我打算在我以后的购物中使用推荐系统	
24. 我愿意将推荐系统介绍给其他人使用	